Jaime Balmes

Cartas a un Escéptico en materia de religión

Barcelona **2024**
Linkgua-ediciones.com

Créditos

Título original: Cartas a un escéptico en materia de religión.

© 2024, Red ediciones S.L.

e-mail: info@linkgua.com

Diseño de cubierta: Michel Mallard.

ISBN rústica: 978-84-9816-551-7.
ISBN ebook: 978-84-9897-022-7.

Sumario

Brevísima presentación

La vida

Jaime Luciano Balmes Urpià (1810-1848). España.
Estudió en el Seminario de Vic filosofía y teología, y continuó su formación
en la Universidad de Barcelona, en teología y derecho. Se licenció en 1833
y fue profesor auxiliar y más tarde profesor titular, tras ser doctor en leyes
y cánones. En 1834 estudió física y matemáticas, siendo profesor de esta
asignatura en el seminario de Vic. En 1840, tras vivir consagrado al estudio,
comenzó a publicar sus obras, entre las que destacan: *El Criterio*, *El protestantismo comparado con el catolicismo en sus relaciones con la civilización
europea* (1844), *Filosofía fundamental* (1846) y la *Filosofía elemental* (1847).

En 1843 Balmes fundó la revista *La Sociedad*, en la que publicó artículos
sobre las exigencias sociales, políticas y religiosas de su tiempo. *La Sociedad*
se reimprimió en Barcelona en 1851. En sus páginas estaba la mayor parte
de las *Cartas a un escéptico*, en las que, como anuncia su título, se reflexiona
sobre la religión y su vigencia en la España del siglo XIX.

Carta I. Cuestiones importantes sobre el escepticismo

Carácter de la autoridad ejercida por la Iglesia católica. La fe y la libertad de pensar. Vano prestigio de las ciencias. Un pronunciamiento científico. Naufragio de las convicciones filosóficas. Sistema para aliar cierto escepticismo filosófico con la fe católica. El escepticismo y la muerte. El escepticismo origen de un tedio insoportable. Es una de las plagas características de la época. Motivos de la permisión divina. La fe contribuye a la tranquilidad de espíritu.

Mi estimado amigo: Difícil tarea me ha deparado usted en su apreciada, hablándome del escepticismo: éste es el problema de la época, la cuestión capital, dominante, que se levanta sobre todas las demás, cual entre tenues arbustos el encumbrado ciprés. ¿Qué pienso del escepticismo; qué concepto formo de la situación actual del espíritu humano, tan tocado de esta enfermedad?; ¿cuáles son los probables resultados que ha de acarrear a la causa de la religión? Todo esto quiere usted que le diga; a todas estas preguntas exige usted una respuesta cabal y satisfactoria; añadiéndome que «quizás de esta manera se esclarezcan algún tanto las tinieblas de su entendimiento, y se disponga a entrar de nuevo bajo el imperio de la fe».

Deja usted entrever algunos recelos de que mis respuestas sean sobrado dogmáticas y decisivas; haciéndome, la caritativa. Advertencia de que «es menester despojarse por un momento de las convicciones propias, y procurar que la discusión filosófica se resienta todo lo menos posible de la invariable fijeza de las doctrinas religiosas». Asomaba a mis labios la sonrisa al leer las palabras que acabo de transcribir, viendo que de tal manera vivía usted equivocado sobre la verdadera situación de mi espíritu; pues se figuraba hallarme tan dogmático en filosofía como me había encontrado en religión. Paréceme que, a fuerza de declamar contra la esclavitud del entendimiento de los católicos, han logrado en buena parte su dañado objeto los incrédulos y los protestantes, persuadiendo a los incautos de que nuestra sumisión a la autoridad de la Iglesia en materias de fe, quebranta de tal suerte el vuelo del espíritu y anonada tan completamente la libertad de examinar, hasta en los ramos no pertenecientes a religión, que somos incapaces de una filosofía elevada e independiente. Así tenemos por lo común la desgracia de que sin conocernos se nos juzgue, y sin oírnos se nos condene. La autoridad ejercida por la Iglesia católica sobre el entendimiento de los fieles, en nada cercena la libertad justa y razonable que se expresa en aquellas palabras del Sagrado Texto: entregó el mundo a las disputas de los hombres.

Todavía me atreveré a añadir que, seguros los católicos de la verdad en los negocios que más les importan, pueden ocuparse en las cuestiones puramente filosóficas con ánimo más tranquilo y sosegado, que no los incrédulos y escépticos: mediando entre ellos la diferencia que va de un observador que contempla los fenómenos terrestres y celestes desde un lugar a cubierto de todo peligro, a otro que se halla precisada a verificarlo desde una frágil tabla abandonada a la merced de las olas. ¿Cuándo entenderán los enemigos de la religión que la sumisión a la autoridad legítima nada tiene de servilismo, que el homenaje tributado a los dogmas revelados por Dios no es torpe esclavitud, sino el más noble ejercicio que hacer podamos de la libertad? También los católicos examinamos, también dudamos, también nos engolfamos en el piélago de las investigaciones; pero no dejamos la brújula de la mano, es decir, la fe; porque, así en la luz del día como en las tinieblas de la noche, queremos saber dónde está el polo para dirigir cual conviene nuestro rumbo.

Habla usted de la flaqueza de nuestro espíritu, de la incertidumbre de los conocimientos humanos, de la necesidad de discutir con aquella modesta reserva inspirada por el sentimiento de la propia debilidad; ¿pues qué?, ¿por ventura esas mismas reflexiones no son la más elocuente apología de nuestra conducta?; ¿no es esto mismo lo que estamos continuamente encareciendo, cuando probamos y evidenciamos que es útil, que es prudente, que es cuerdo, que es indispensable el vivir sometido a una regla? Supuesto que se ofrece la oportunidad, y que la buena fe exige que hablemos con toda sinceridad y franqueza, debo manifestarle, mi estimado amigo, que, salvo en materias religiosas, me inclino a creer que no lleva usted tan adelante el escepticismo como éste que usted se imaginaba tan dogmático.

Hubo un tiempo en que el prestigio de ciertos hombres, el deslumbramiento producido por la radiante aureola que coronaba sus sienes, la ninguna experiencia del mundo científico, y, sobre todo, el fuego de la edad, ávido de cebarse en algún pábulo noble y seductor, me habían comunicado una viva fe en la ciencia y me hacían saludar con alborozo el día afortunado, en que introducirme pudiera en su templo para iniciarme en sus profundos arcanos, siquiera como el último de sus adeptos. ¡Oh!, aquélla es la más hermosa ilusión que halagar pudo el alma humana: la vida de los sabios me parecía a mí la de un semidiós sobre tierra; y recuerdo que más de una vez fijaba con infantil envidia mis ojos sobre un albergue que encerraba un hombre mediano, que yo en mi experiencia conceptuaba gigante. Penetrar los principios de todas las cosas, levantar un tupido velo que cubre los secretos de la naturaleza, levantarse a regiones superiores descubriendo nuevos mundos que se escapan a los ojos de los profanos, respirar en una atmósfera de purísima luz, donde el espíritu se despegara del cuerpo, adelantándose a gozar de las delicias de un nuevo porvenir: éstos creía yo que eran los beneficios que proporcionaba la ciencia; nadando en esta felicidad contemplaba yo a los sabios; viniendo, por fin, los aplausos y la gloria que a porfía les rodeaban, a solazarlos en los breves momentos en que, descendiendo de sus celestiales excursiones, se dignaban poner de nuevo sus pies sobre la tierra.

La literatura, me decía yo a mí mismo, sus investigaciones sobre lo bello, lo sublime, sobre el buen gusto, sobre las pasiones, les suministrarán reglas seguras para producir en el ánimo del oyente o del lector el efecto que se quiera; sus estudios sobre la lógica e ideología les darán un clarísimo conocimiento de las operaciones del espíritu, y de la manera de combinarlas y conducirlas para alcanzar la verdad en todo linaje de materias; las ciencias matemáticas y físicas deben de rasgar el velo que cubre los secretos de la naturaleza; y la creación entera con sus arcanos y maravillas se desplegará a los ojos de los sabios, como se desarrolla un raro y precioso lienzo a la vista de favorecidos espectadores; la psicología los llevará a formarse una completa idea del alma humana, de su naturaleza, de sus relaciones con el cuerpo, del modo de ejercer sobre éste su acción, y de recibir de él las varias impresiones; las ciencias morales, las sociales y políticas les ofrecerán en un vasto cuadro la admirable armonía del mundo moral, las leyes del progreso y perfección de la sociedad, las infatigables reglas para bien gobernar; en una palabra, me imaginaba yo que la ciencia era un talismán que obraba maravillas sin cuento, y que quien llegase a poseerla, se levantaba a inmensa altura sobre el vulgo de la triste humanidad. ¡Vana ilusión, que bien pronto comenzó a marchitarse, y que al fin se deshojó como flor secada por los ardores del estío!

Cuanto más dorados habían sido mis sueños, y mayor, por consiguiente, mi avidez de conocer lo que tenían de realidad, tanto más dura fue la lección que recibí y más temprana vino la hora de entender mi engaño. Apenas entrado en aquellas asignaturas donde se ventilan algunas cuestiones importantes, principió mi espíritu a sentir una inquietud indefinible, a causa de no hallarme bastante ilustrado por lo que leía ni por lo que oía. Ahogaba en el fondo de mi alma aquellos pensamientos que surgían incesantemente sin poderlo yo remediar; y procuraba acallar mi descontento, lisonjeándome con la esperanza de que para más adelante me estaba reservado el quedarme enteramente satisfecho. «Será menester, me decía yo, ver primero todo el cuerpo de doctrina, de la cual no alcanzas ahora más que los primeros rudimentos; y entonces, a no dudarlo, encontrarás la luz y la certeza que en la actualidad echas de menos.»

Difícilmente hubiera podido persuadirme a la sazón de que hombres cuya vida se había consumido en ímprobos trabajos, y que con tal seguridad ofrecían al mundo el fruto de sus sudores, hubiesen aprendido sobre las gravísimas materias en que se ocupan, poco más que el arte de hablar con facilidad en pro o en contra de una opinión, metiendo mucho ruido con palabras huecas y con discursos pomposos. Todas mis dificultades, todas mis dudas y escrúpulos, todo lo atribuía a mi inexperiencia, a mi torpeza en comprender el sentido de lo que me decían autores tan respetables: por cuyo motivo se apoderó de mí la idea de saber el arte de aprender. No se afanaron tanto los antiguos químicos en pos de la piedra filosofal, ni los modernos publicistas en busca del equilibrio de los poderes, como yo andando en zaga del arte maravilloso: y Aristóteles, con sus infinitos sectarios, y Raimundo Lulio, y Descartes, y Malebranche, y Locke, y Condillac, y no sé cuántos menos notables, cuyos nombres no recuerdo, no bastaban a satisfacer mi ardor. Quién me ocupaba y confundía con las mil reglas sobre los silogismos, quién señalaba mayor importancia a los juicios y proposiciones, quién a la claridad y exactitud de la percepción, quien me abrumaba con preceptos sobre el método, quién me llevaba de la mano a la investigación del origen de las ideas, dejándome más en oscuras que antes: en breve no tardé en advertir que cada cual echaba por su camino favorito, y que a quien en seguirlos se empeñase le habían de volver la cabeza.

Estos señores directores del entendimiento humano, dije para mí mismo, no se entienden entre sí: esto es la torre de Babel, en que cada cual habla su lengua; con la diferencia de que allí el orgullo acarreó el castigo de la confusión y aquí la confusión misma aumenta el orgullo, erigiéndose cada cual en único legítimo maestro, y pretendiendo que todos los demás no ofrecen para el derecho de enseñanza sino títulos apócrifos. Al propio tiempo, iba notando que lo mismo con corta diferencia sucedía en los demás ramos del humano saber; con lo que entendí que era necesario, urgente, desterrar la hermosa ilusión que sobre las ciencias me había formado. Estos desengaños habían preparado mi espíritu a una verdadera revolución; y, aunque vacilando algunos momentos, al fin me decidí a pronunciarme contra los poderes científicos, y, alzando en mi entendimiento una bandera, escribí en ella: abajo la autoridad científica.

Nada tenía yo para sustituir al poder destruido, porque, si esos respetables filósofos sabían poco sobre las altas cuestiones cuya solución andaba buscando, yo sabía menos que ellos, pues que no sabía nada. Ya puede usted imaginarse que no dejaría de serme doloroso el consumar una revolución semejante; y que a veces hasta me acusaba de ingrato, cuando, llevando la revolución hasta sus últimas consecuencias, forzaba a emigrar de mi espíritu personas tan respetables como Platón, Aristóteles, Descartes, Malebranche, Leibnitz, Locke y Condillac. La anarquía era el necesario resultado de un paso semejante; pero yo me resignaba gustoso a ella, antes que llamar nuevamente al gobierno de mi entendimiento a estos señores que así me habían engañado. Además, que, habiendo probado ya el placer de la libertad, no quería deslustrar el triunfo pasando por las horcas caudinas.

Apremiado mi espíritu por la sed de verdad, no podía quedar en un estado de completa inercia; y así es que emprendí buscarla con mayor empeño, no pudiendo creer que estuviera el hombre condenado a ignorarla mientras vive en este mundo. Sin duda creerá usted que un escepticismo universal fue el inmediato resultado de mi revolución, y que, concentrado dentro de mí mismo, dudé de la existencia del mundo que me rodeaba, dudé de la existencia de mi propio cuerpo, y que, temeroso de que se me escapara toda existencia, y que a manera de encantamiento me hallase reducido a la nada, me apresuré a asirme del raciocinio de Descartes: yo pienso, luego soy; ego cogito, ergo sum. Pues nada de eso, mi estimado amigo: que, si bien tenía alguna afición a la filosofía, no estaba, sin embargo, fanatizado por el filósofo; y sin reflexionar mucho me convencí de que dudar de todo, es carecer de lo más precioso de la razón humana, que es el sentido común. No me faltaba la noticia del axioma o entimema de Descartes y de otras semejantes proposiciones o principios; pero siempre me pareció que tan cierto me estaba de que existía como de que pensaba, como de que tenía cuerpo, como del movimiento, como de las impresiones de los sentidos, como del mundo que me rodeaba; y, por consiguiente, reservándome fingir por algunos momentos esa duda para cuando el ocio y el humor lo consintieran, me quedé con todas las convicciones y creencias que antes, salvo las llamadas filosóficas. Para éstas fui, y he sido, y seré inexorable: la filosofía proclama sin cesar el examen, la evidencia, la demostración; enhorabuena; pero sepa al menos que, cuando seamos hombres y no más, nos arreglaremos en nuestras convicciones cuál a nosotros nos cumpla, siguiendo las inspiraciones del buen sentido; pero, en los ratos en que seamos filósofos, que para todo hombre son ratos muy breves, reclamaremos sin cesar el derecho de examen, exigiremos evidencia, pediremos demostración seca. Quien reina en nombre de un principio, menester es que se resigne a sufrir los desacatos que dimanar puedan de las consecuencias.

Claro es que en este naufragio universal de las convicciones filosóficas no entraban las religiosas: éstas las había adquirido por otro camino, se presentaban a mi espíritu con otros títulos, y, sobre todo, se encaminaban de suyo a dirigir la conducta, a hacerme, no sabio, sino bueno; de consiguiente, contra ellas no se irritó mi susceptibilidad pirrónica. Todavía más: lejos de que sintiera inclinación a separarme de las creencias que se me habían inspirado en la infancia, me convencí más y más de la necesidad, y hasta del interés propio, que tenía en no perderlas; pues que comencé a mirarlas como la única tabla de salvación en este proceloso mar de las cavilaciones humanas. Acrecentóse el deseo de aferrarme en la fe católica, cuando, ocupándome algunos ratos, con espíritu de completa independencia, en el examen de las transcendentales cuestiones que la filosofía se propone resolver, me vi rodeado por todas partes de espesísimas tinieblas; sin que se descubriese más luz que algunas ráfagas siniestras, que, sin alumbrar el camino, solo servían para hacerme visible la profundidad de los abismos a cuyo borde se hallaban mis plantas.

Por esto conservaba en el fondo de mi alma la fe católica como un tesoro de inestimable valor; por esto, al encontrarme angustiado en vista de la nada de la ciencia del hombre, y cuando me parecía que la duda se iba apoderando de mi espíritu, haciendo desaparecer de mis ojos el universo entero, como desaparecen de la vista de los espectadores las mentirosas ilusiones con que por algunos momentos los ha entretenido un hábil prestigiador, daba una mirada a la fe, y su solo recuerdo era bastante a conformarme y alentarme.

Recorriendo las cuestiones que cual insondables piélagos rodean los principios de la moral, examinando los incomprensibles problemas de la ideología y de la metafísica, echando una ojeada a los misterios de la historia y a los escrúpulos de la crítica, contemplando la humanidad entera en su actual existencia y en los sombríos arcanos de su porvenir, deslizábanse a veces por mi entendimiento pensamientos aciagos, cual monstruos desconocidos que asoman su cabeza, asustando al viajero en una playa solitaria; pero yo tenía fe en la Providencia, y la Providencia me salvó. He aquí cómo discurría para fortificar mi espíritu, dejando a la gracia que no dejara estériles mis débiles esfuerzos. «Si dejas de ser católico, no serás por cierto ni protestante, ni judío, ni musulmán, ni idólatra; estarás, pues, de golpe en el deísmo. Entonces te hallarás con Dios; pero, no sabiendo nada sobre tu origen y tu destino, nada sobre los incomprensibles misterios que por experiencia ves y sientes en ti mismo y en la humanidad entera, nada sobre la existencia de premios, y penas en otro mundo, sobre la otra vida, sobre la inmortalidad, del alma; nada sobre los motivos que haya podido tener la Providencia en condenar a sus criaturas a tantos sufrimientos sobre la tierra, sin darles ninguna noticia que consolarlas pudiera con la esperanza de otros destinos; nada entenderás de las grandes catástrofes que con tanta frecuencia ha padecido, padece y andará padeciendo el humano linaje, es decir, que no hallarás la acción de la Providencia en ninguna parte; no hallarás, por consiguiente, a Dios; por tanto, dudarás de su existencia, si es que no abraces decididamente el ateísmo. Fuera Dios del universo, el mundo es hijo del acaso, y el acaso es una palabra sin sentido, y la naturaleza un enigma, y el alma humana una ilusión, y las relaciones morales nada, y la moral una mentira. Consecuencia lógica, necesaria, inflexible; el término fatal que no puede el hombre contemplar sin estremecerse, negro e insondable abismo al cual no cabe abocarse sin espanto y horror.»

Así medía el camino que me era preciso seguir, una vez apartado de la fe católica, si continuar intentara en el examen filosófico sacando consecuencias de los principios que yo propio hubiera sentado en el momento de la defección. A tanta insensatez no quería yo llegar, no quería suicidarme de tal suerte matando mi existencia intelectual y moral, apagando de un soplo la sola antorcha que alumbrarme podía en el breve trecho de la vida. Así me he quedado con mucha desconfianza en la ciencia del hombre, pero con profunda fe religiosa: llámelo usted pusilanimidad o como más le agradare: no creo, sin embargo, que me pese de la resolución cuando me halle al borde de la tumba.

Hay en las regiones de la ciencia, como en los senderos de la práctica, ciertas reglas de buen juicio y prudencia de que no debe el hombre desviarse jamás. Todo lo que sea luchar con el grito de nuestro sentido íntimo, con la voz de la naturaleza misma, para entregarse a vanas cavilaciones, es ajeno de la cordura, es contrario a los principios de la sana razón. Por esta causa, debe condenarse como insensato el sistema de un escepticismo universal hasta en las materias puramente filosóficas; sin que por esto sea menester abrazar ciegamente las opiniones de esta o aquella escuela. Pero donde conviene particularmente la sobriedad en el uso de la razón, es en materias religiosas: porque, siendo éstas de un orden muy elevado, y rozándose en muchos puntos con las torcidas inclinaciones del corazón, tan presto como la razón, empieza a cavilar y sutilizar en demasía, se halla el hombre en un laberinto donde paga muy caros su presunción y orgullo. Quédase el entendimiento en un cansancio, en un abatimiento, en una postración indecibles, desde que se ha levantado contra el cielo; como nos cuentan las historias de aquel brazo que, en el momento de extenderse a un objeto sagrado, se sintió herido de parálisis.

¡Singularidad notable!, el escepticismo religioso sirve únicamente en medio de la dicha terrena, solo se alberga tranquilamente en el hombre, cuando, rebosando de salud y de vida, mira como eventualidad muy lejana el instante supremo en que le será preciso al espíritu el despegarse del cuerpo mortal y pasar a otra vida. Pero desde el momento en que la existencia está en peligro, cuando vienen las enfermedades, como heraldos de la muerte, a indicarnos que no está lejos el terrible trance; cuando un riesgo imprevisto nos advierte que estamos como colgantes de un hilo sobre el abismo de la eternidad, entonces el escepticismo deja de ser satisfactorio; la mentida seguridad que poco antes nos proporcionara, se trueca en incertidumbre cruel, angustiosa, llena de remordimientos, de sobresalto, de espanto. Entonces el escepticismo deja de ser cómodo, y pasa a ser horroroso; y en su mortal postración busca el hombre la luz, y no la encuentra; llama a la fe, y la fe no le responde; invoca a Dios, y Dios se hace sordo a sus tardías invocaciones.

Y para ser el escepticismo duro, cruel tormento del alma, no es necesario hallarse en esos trances formidables en que el hombre fija azorada su vista en las tinieblas de un incierto porvenir; en el curso ordinario de la vida, en medio de los acontecimientos más comunes, siente mil veces el hombre cual cae gota a gota sobre su corazón el veneno de la víbora que en su seno abriga. Momentos hay en que los placeres cansan, el mundo fastidia, la vida se hace pesada, la existencia se arrastra sobre un tiempo que camina con lentitud perezosa. Un tedio profundo se apodera del alma; un indecible malestar le aqueja y atormenta. No son los pesares abrumadores destrozando el corazón, no es la tristeza abatiendo el espíritu y arrancándole dolorosos suspiros por medio de punzantes recuerdos: es una pasión que nada tiene de vivo, de agudo; es una languidez mortal, es un disgusto de cuanto nos circunda, es un penoso entorpecimiento de todas las facultades, como aquel desasosegado estupor que en ciertas dolencias anuncia crisis peligrosas. ¿A qué estoy yo en el mundo?, se dice el hombre a sí mismo. ¿Qué ventajas me trae el haber salido de la nada? ¿Qué pierdo apartándome de la vista de una tierra para mí agostada, de un Sol que para mí no brilla? El día de hoy es insípido como el día de ayer, y el día de mañana lo será como el de hoy; mi alma está sedienta de gozar y no goza; ávida de dicha y no la alcanza; consumiéndose como una antorcha que por falta de pábulo desfallece. ¿No ha sentido usted repetidas veces, mi estimado amigo, este tormento de los afortunados del mundo, ese gusano roedor de los espíritus que se pretenden superiores?; ¿no asoma jamás en su pecho ese movimiento de desesperación que se ofrece al hombre como el único remedio de un mal tan insoportable? Pues sepa usted que uno de sus funestos manantiales es el escepticismo, ese vacío del alma que la desasosiega y atormenta, esa ausencia espantosa de toda fe, de toda esperanza, esa incertidumbre sobre Dios, sobre la naturaleza, sobre el origen y destino del hombre. Vacío tanto más sensible cuanto más recae en almas ejercitadas en el discurso por el estudio de las ciencias, excitadas en todas sus facultades mentales por una literatura loca que solo se propone producir efecto, aunque sean los sacudimientos de la electricidad o las convulsiones del galvanismo; almas que sienten avivadas y aguzadas todas las pasiones por un mundo sagaz, que les habla en todos los idiomas y las conmueve de tan varias maneras, echando mano de infinidad de recursos.

He aquí, mi estimado amigo, lo que pienso del escepticismo, lo que opino de sus efectos sobre el espíritu humano. Le considero como una de las plagas características de la época, y uno de los más terribles castigos que ha descargado Dios sobre el humano linaje.

¿Cómo se puede remediar un mal tamaño? No lo sé; pero sí me atreveré a decir que se pueden atajar algún tanto sus progresos; y me inclino a esperar que así se hará, siquiera por el interés de la sociedad, por el buen orden y bienestar de la familia, por el reposo y sosiego del individuo. El escepticismo no ha caído de repente sobre los pueblos civilizados; es una gangrena que ha cundido con lentitud; lentamente se ha de remediar también; y sería uno de los más estupendos prodigios de la diestra del Omnipotente, si para su curación no fuera menester el transcurso de muchas generaciones.

Así entenderá usted, mi estimado amigo, que no me hago ilusiones sobre la verdadera situación de las cosas; y que, flotando yo en medio de las olas sobre la tabla que me conducirá a salvamento, no pierdo de vista el destrozo que en mis alrededores existe, no olvido la funesta catástrofe que han sufrido los espíritus por un fatal concurso de circunstancias durante los tres últimos siglos.

¿Cómo permite Dios, me dice usted, que ande fluctuando la humanidad en medio de tantos errores, y que de tal suerte se extravíe sobre los puntos que más le interesan? Esta dificultad no se limita a la permisión divina con respecto a las sectas separadas, sino que se extiende a las demás religiones; y, como éstas han sido muchas y extravagantes desde que el humano linaje se apartó de la pureza de las tradiciones primitivas, la objeción abarca la historia entera, y el pedir su solución es nada menos que demandar la clave para explicar los arcanos que en tanta abundancia se ofrecen en la historia de los hijos de Adán.

No es éste asunto que se preste a ser aclarado en pocas palabras, si aclaración llamarse puede lo que sobre tan profundo misterio alcanza el débil hombre; como quiera, procuraré hacerlo en otra carta, dado que la presente va tomando más ensanche del que fue menester.

Manifestada tiene usted mi opinión sobre el escepticismo religioso, y declarado también cuál se aviene la fe católica con una prudente desconfianza de los sistemas de los filósofos. Muchos quizás no se avengan con esta manera de mirar las cosas; sin embargo, la experiencia demuestra que el espíritu se halla muy bien en este estado; y que cierto grado de escepticismo científico hace más fácil y llevadera la fe religiosa. Si en ella no me mantuviese la autoridad de una Iglesia que lleva más de 18 siglos de duración, que tiene en confirmación de su divinidad su misma conservación al través de tantos obstáculos, la sangre de innumerables mártires, el cumplimiento de las profecías, infinitos milagros, la santidad de la doctrina, la elevación de sus dogmas, la pureza de su moral, su admirable armonía con todo cuanto existe de bello, de grande, de sublime, los inefables beneficios que ha dispensado a la familia y a la sociedad, el cambio fundamental que en pro de la humanidad ha realizado en todos los países donde se ha establecido, y la degradación, el envilecimiento, que sin excepción veo reinando allí donde ella no domina; si no tuviera, digo, todo este imponente conjunto de motivos para conservarme adicto a la fe, haría un esfuerzo para no apartarme de ella, cuando no fuera por otra razón, por no perder la tranquilidad de espíritu.

Dé usted una ojeada en torno, mi estimado amigo; no verá más por doquiera que horribles escollos, regiones desiertas, playas inhospitalarias. Éste es el único asilo para la triste humanidad: arrójese quien quiera al furor de las olas; yo no dejaré esta tierra bendita donde me colocó la Providencia. Si algún día, fatigado y rendido de luchar con las tempestades, se aproxima usted a las venturosas orillas, se tendrá por feliz si en algo puede favorecerle tendiéndole una mano auxiliadora este S. S. S. Q. B. S. M.

J. B.

Carta II. Multitud de religiones

Profundo misterio que aquí se envuelve. Los católicos reconocen y lamentan este daño mucho más que todos los sectarios. Explicación del principio «quod nimis probat nihil probat», lo que prueba demasiado no prueba nada. Aplicación de este principio a la dificultad presente. Reglas de prudencia que conviene no perder de vista. Motivos de la permisión divina. Fatales consecuencias del pecado del primer padre. Impotencia de la filosofía en la explicación de los misterios del hombre.

Voy a pagar, mi estimado amigo, la deuda que en mi anterior contraje, de responder a la dificultad que usted me proponía, relativa a la permisión de Dios sobre tantas y tan diferentes religiones. Éste es uno de los argumentos que sin cesar producen los enemigos de la religión, y que suelen proponer con tal aire de seguridad y de triunfo, como si él solo bastara a echarla por tierra. No se crea que trate yo de desvanecer la dificultad, eludiendo el mirarla cara a cara, ni de disminuir su fuerza presentándola cubierta con velos que la disfracen; muy al contrario, opino que el mejor modo de desatarla es ofrecerla en toda su magnitud. Añadiré, además, que no niego que haya en esto un misterio profundo, que no me lisonjeo de señalar razones del todo satisfactorias en esclarecimiento de la objeción indicada, pues estoy íntimamente convencido de que éste es uno de los incomprensibles arcanos de la Providencia, que al hombre no le es dado penetrar. Me parece, no obstante, que les hace a muchos más mella de la que hacerles debiera; y tan distante me hallo de creer que en nada destruya ni debilite la verdad de la Religión Católica, que antes juzgo que en la misma fuerza de dicha dificultad podemos encontrar un nuevo indicio de que nuestra creencia es la única verdadera.

Es cierto que la existencia de muchas religiones es un mal gravísimo; esto lo reconocemos los católicos mejor que nadie, pues que somos los que sostenemos que no hay más que una religión verdadera, que la fe en Jesucristo es necesaria para la eterna salvación, que es un absurdo el decir que todas las religiones pueden ser igualmente agradables a Dios; y, por fin, los que tal importancia damos a la unidad de la enseñanza religiosa, que consideramos como una inmensa calamidad la alteración de uno cualquiera de nuestros dogmas. Por donde se ve que no es mi ánimo atenuar en lo más mínimo la fuerza de la dificultad ocultando la gravedad del mal en que estriba; y que a mis ojos es mayor este daño que no a los del mismo que me la ofrece. Nadie aventaja ni aun iguala a los católicos en confesar lo inmenso de esa calamidad del humano linaje; porque sus creencias los precisan a mirarla como la mayor de todas. Los que consideran como falsas todas las religiones, los que se imaginan que en cualquiera de ellas puede el hombre hacerse agradable a Dios y alcanzar la eterna salud, los que profesando una religión que creen única verdadera, no profesan el principio de la caridad universal sin distinción de razas, pueden contemplar con menos dolor esas aberraciones de la humanidad; pero esto no es dado a los católicos, para quienes no hay verdad ni salvación fuera de la Iglesia, y que, además, están obligados a mirar a todos los hombres como hermanos, y desearles en lo íntimo del corazón que abran los ojos a la luz de la fe, y que entren en el camino de la salud eterna. Bien se echa de ver que no trato, como suele decirse, de huir el cuerpo a la dificultad, y que antes procuro pintarla con vivos colores. Ahora voy a examinar su valor, presentándola desde un punto de vista en que por desgracia no se la considera comúnmente.

Tienen los dialécticos un principio que dice: quod nimis probat nihil probat; lo que prueba demasiado no prueba nada; lo que significa que, cuando un argumento cualquiera no solo concluye lo que nosotros nos proponemos, sino también lo que a las claras es falso, de nada sirve para probar ni aún lo que nosotros intentamos. La razón en que este principio se funda es muy clara: lo que conduce a un resultado falso, ha de ser falso también; luego, por más especioso que sea su argumento, por más apariencias que tenga de solidez, por el mismo hecho de llevarnos a una consecuencia falsa, nos da una infalible señal de que o entraña alguna falsedad en las proposiciones de que se compone, o algún vicio de razonamiento en el enlace de las mismas, y por tanto en la deducción a que nos lleva. Si, por

ejemplo, me propongo demostrar que la suma de los ángulos de un trián-
gulo es mayor que un recto, y con mi demostración pruebo que dicha suma
es mayor que dos rectos, esta demostración de nada servirá, porque con ella
pruebo demasiado, es decir, que es mayor que dos rectos, lo que no puede
ser; y este resultado será para mí una infalible señal de que hay un vicio en
la demostración, y que no puedo aprovecharme de ella para probar nada.

Otros ejemplos: si, examinando un antiguo manuscrito, pretendo
desecharle como apócrifo, y señalo para ello una razón crítica, de la que
resulten condenados también códices cuya autenticidad no admita duda,
claro es que debo apartarme de mi razonamiento, seguro de que está mal
concebido: prueba demasiado, y por lo mismo no prueba nada. Si, examinando la veracidad de la narración de un viajero, me empeño en que se
ha de dar fe a sus palabras alegando razones de las que se infiere que es
menester dar crédito a otras relaciones conocidamente falsas, mi manera de
discurrir sería mala también porque probaría demasiado.

Perdone usted, mi querido amigo, si me he detenido algún tanto en
desenvolver este principio que en muchísimos casos sirve y de que pienso
hacer uso en la cuestión que nos ocupa: y con esto entenderá usted que no
juzgo del todo inútiles las reglas para bien discurrir, y que mi desconfianza
en los filósofos no se extiende a todo lo que se halla en la filosofía.

Apliquemos estos principios. Se nos objeta a los católicos la multiplicidad
de religiones, como si a nosotros únicamente embarazara la dificultad, como
si todos los que profesan un culto, sea cual fuere, no debiesen sobrellevar
in solidum todos los inconvenientes que de ahí pueden resultar. En efecto:
si la multiplicidad de religiones algo prueba contra la verdad de la católica,
lo mismo prueba contra la de todas; tenemos, pues, que no solo viene al
suelo la nuestra, sino cuantas existen y han existido. Además: si la dificultad
que se levanta contra la permisión de este mal significa algo, es nada menos
que una completa negación de toda providencia, es decir, la negación de
Dios, el ateísmo. La razón es obvia: el mal de la multiplicidad de religiones
es innegable; está a nuestra vista en la actualidad, y la historia entera es un
irrefragable testimonio de que lo mismo ha sucedido desde tiempos muy
remotos; si se pretende, pues, que la Providencia no puede permitirlo, se
pretende también que la Providencia no existe, es decir, que no hay Dios.

Infiérese de aquí que la permisión de la muchedumbre de religiones es una dificultad que embaraza al católico y al protestante, al idólatra y al musulmán, al hombre que admite una religión cualquiera, como al que no profesa ninguna, con tal que no niegue la existencia de Dios. Por ejemplo: si se me presenta un mahometano con su Alcorán y su Profeta, pretendiendo que su religión es verdadera y que ha sido revelada por el mismo Dios, le podré objetar el argumento y decirle: «Si tu creencia es verdadera ¿cómo es que Dios permite tantas otras? Si se engañan miserablemente los que viven en religión diferente de la tuya, ¿por qué, permite Dios que todos los demás pueblos del mundo permanezcan privados de la luz?». A quien no niegue la existencia de Dios, imposible le ha de ser el no admitir su bondad y providencia; un Dios malo, un Dios que no cuida de la obra que él mismo ha criado, es un absurdo que no tiene lugar en cabeza bien organizada; y hasta me atreveré a decir que menos imposible se hace el concebir el ateísmo en todo su error y negrura, que no la opinión que admite un Dios ciego, negligente y malo. Suponiendo, pues, la existencia de un Dios con bondad y providencia, queda en pie la misma dificultad arriba propuesta: ¿Cómo es que permite que el humano linaje yerre tan lastimosamente en el negocio más grave e importante, que es la religión? Si se nos dijera que Dios se da por satisfecho de los homenajes de la criatura, sean cuales fueren las creencias que profese y el culto en que le tribute la expresión de su gratitud y acatamiento, entonces preguntaremos: ¿cómo es posible que a los ojos de un Ser de infinita verdad sean indiferentes la verdad y el error?; ¿cómo es dable concebir que a los ojos de la santidad infinita sean indiferentes la santidad y la abominación?; ¿cómo es posible que un Dios infinitamente sabio, infinitamente bueno, infinitamente próvido, no haya cuidado de proporcionar a sus criaturas algunos medios para alcanzar la verdad, para saber cuál era el modo que le era agradable de recibir los obsequios y las súplicas de los mortales? Si las religiones solo tuviesen entre sí diferencias muy ligeras, el absurdo de darlas todas por buenas fuera menos repugnante, pero recuérdese que casi todas ellas están diametralmente opuestas en puntos importantísimos; que las unas admiten un solo Dios, y otras los adoran en crecido número; que unas reconocen el libre albedrío del hombre, y otras lo desechan; que unas asientan por uno de los principios fundamentales la creación, otras se avienen con la eternidad de la materia; recórrase la enorme variedad de sus respectivos dogmas, de su moral, de su culto, y dígase si no es el mayor de los absurdos el suponer que Dios puede darse por satisfecho con adoraciones tan contradictorias.

Vea usted, mi estimado amigo, cuán bien se aplica a esta cuestión el principio dialéctico que más arriba he recordado; y cómo una dificultad que algunos se empeñan en dirigir exclusivamente contra los católicos, no les toca a ellos únicamente, sino a todos los hombres que profesan una religión, y aún a los puros deístas. ¿Qué debe hacerse en semejantes casos? ¿Cómo se pueden obviar tamañas dificultades? He aquí el camino que en mi concepto debe seguir un hombre juicioso y prudente; he aquí la manera de discurrir más conforme a razón: «El mal existe, es cierto; pero la Providencia existe también, no es menos cierto; en apariencia son dos cosas que no pueden existir juntas; pero, supuesto que tú sabes ciertamente que existen, esta apariencia de contradicción no te basta para negar esa existencia; lo que debes hacer, pues, es buscar el modo con que pueda desaparecer esta contradicción, y, en caso de que no te sea posible, considerar que esta imposibilidad nace de la debilidad de tus alcances».

Si bien se observa, en los negocios más comunes de la vida hacemos a cada paso un raciocinio semejante. Nos encontramos con dos hechos cuya coexistencia nos parece imposible; a nuestro juicio se excluyen, se repugnan; pero ¿nos obstinamos por esto en negar que los hechos existan, cuando tenemos bastantes motivos para darnos la competente certeza? De seguro que no. «Esto es para mí un misterio, decimos; no lo entiendo, me parece imposible que así sea, pero veo que así es.» Enseguida, si la cosa merece la pena, buscamos la razón secreta que nos explique el misterio; pero, si no damos con ella, no por esto nos creemos con derecho a desechar aquellos extremos de cuya existencia no podemos dudar, por más que nos parezcan contradictorios.

Por donde verá usted, mi estimado amigo, que una inconcebible ceguera nos impide a menudo el emplear en el examen de las verdades más importantes, que son las religiosas, aquellas reglas de prudencia de que nos valemos en los negocios más comunes; y rechazamos como ofensiva de nuestra independencia y de la dignidad de nuestra razón, aquella conducta que no vacilamos en seguir a cada paso en la dirección y arreglo de nuestros más pequeños asuntos.

Tan grabados tengo en mi ánimo estos principios enseñados por la buena lógica y por la más sana prudencia, que me sirven sobremanera en muchas otras dificultades pertenecientes a la religión y no dejan que se perturbe mi espíritu a la vista de la oscuridad que en ellas descubro y que en mi debilidad no soy bastante a desvanecer. ¿Qué consideraciones más espantosas que las sugeridas por la terrible dificultad de conciliar la libertad humana con los dogmas de la presciencia y predestinación? Si el hombre no atiende a más que a la certeza e infalibilidad de la presciencia divina, quédase sobrecogido de horror, erízansele los cabellos a la sola consideración de la fijeza del destino, la sangre se le hiela en las venas al pensar que, antes de nacer él, ya sabía Dios cuál había de ser su paradero; pero, tan luego como reflexiona un instante, sobreponiéndose al terror y a la desesperación que se apoderaban de su alma, encuentra abundantes motivos para sosegarse, halla aquí un misterio pavoroso, es verdad, pero que no le abate ni desalienta.

»¿Eres libre, se dice a sí mismo, para obrar el bien y el mal? Sí, dudarlo no puedes, te lo enseña la fe, te lo dicta la razón, lo experimentas por el sentido íntimo, y con experiencia tan clara, tan infalible, que no quedas más cierto de tu existencia que de tu libre albedrío. Luego nada importa que no comprendas cómo esta libertad se concilia con la presciencia de Dios.»

»Este misterio que yo no comprendo, ¿debe alterar en algo mi conducta, volviéndome flojo para el bien, y poco cuidadoso de evitar el mal?; ¿es prudente, es lógico el pensar que, haga yo lo que quiera, siempre se verificará lo que Dios tiene previsto, y que, por consiguiente, son vanos todos mis esfuerzos en seguir el camino de la virtud? No. ¿Y por qué? Porque lo que prueba demasiado no prueba nada; y, si este raciocinio valiera, se seguiría que tampoco he de cuidar de mis negocios temporales, porque al fin no será de ellos más de lo que Dios tiene previsto; que por la misma razón no he de comer para sustentarme, ni guarecerme de la intemperie, ni andar con tiento al pasar por la orilla de un precipicio, ni medicarme cuando me halle indispuesto, ni retirarme cuando se me viene encima un caballo desbocado, ni salir de una casa que se está desplomando, y cien y cien otras locuras por este jaez; es decir, que el atenerme a tal regla me privaría de sentido común, hasta de juicio; haría de mí un loco rematado. Luego la tal regla es falsa, luego de nada debe servirme, luego lo que he de hacer es dejarle a Dios sus incomprensibles arcanos, y portarme yo como hombre recto, juicioso y prudente.»

A esto vienen a parar muchas de las dificultades que contra la religión se proponen: miradas superficialmente, ofrecen una balumba abrumadora; examinadas de cerca, al tocarlas con la vara de la razón y del buen sentido, desaparecen cual vanos fantasmas.

Veamos ahora si se puede encontrar la razón de que Dios permita tal muchedumbre de religiones, tal masa de informes errores en el punto que más interesa al humano linaje. La explicación de este misterio, yo no alcanzo que pueda encontrarse sino en otro misterio, en el dogma de la Religión Católica sobre la prevaricación y consiguiente degeneración de la descendencia de Adán. El pecado, y, como su consiguiente castigo, las tinieblas en el entendimiento, la corrupción en la voluntad: he aquí la fórmula para resolver el problema; revolved la historia, consultad la filosofía, nada os dirán que pueda ilustraros, si no se atienen a este hecho misterioso, oscuro, pero que, como ha dicho Pascal, es menos incomprensible al hombre que no lo es el hombre sin él.

Ésta es la única clave para descifrar el enigma; solo por ella alcanzamos a explicar esas lamentables aberraciones de la mayor parte de la humanidad; no hay otro medio de dar una explicación plausible a esta calamidad inmensa, como ni a tantas otras que afligen la infortunada prole de los primeros prevaricadores. El dogma es incomprensible, es verdad; pero atreveos a desecharle, y el mundo se os convierte en un caos, y la historia de la humanidad no es más que una serie de catástrofes sin razón ni objeto, y la vida del individuo es una cadena de miserias; y no encontráis por doquiera sino el mal, y el mal sin contrapeso, sin compensación; todas las ideas de orden, de justicia, se confunden en vuestra mente, y, renegando de la creación, acabáis por negar a Dios.

Sentad, al contrario, este dogma como piedra fundamental; el edificio se levanta por sí mismo, vivísima luz esclarece la historia del género humano, divisáis razones profundas, adorables designios, allí donde no vierais sino injusticias, o acaso; y la serie de los acontecimientos desde la creación hasta nuestros días se desarrolla a vuestros ojos, como un magnífico lienzo donde encontráis las obras de una justicia inflexible y de una misericordia inagotable, combinadas y hermanadas bajo el inefable plan trazado por la sabiduría infinita.

Si entonces me preguntáis ¿por qué tan considerable porción de la humanidad está sentada en las tinieblas y sombras de la muerte?, os diré que el primer padre quiso ser como un Dios sabiendo el bien y el mal, que su pecado se ha transmitido a toda su descendencia, y que en justo castigo de tanto orgullo está el género humano tocado de ceguera. Esta calamidad, grande como es, no necesita que se le señale otro manantial que a todas las otras que nos afligen. Las terribles palabras que siguieron al llamamiento de Adán cuando le dijo Dios: Adán, ¿dónde estás?, resuenan dolorosamente todavía después de tantos siglos: y en todos los acontecimientos de la historia, en todo el curso de la vida, siempre se trasluce el terrible fulgor de la espada de fuego, colocada a la entrada del Paraíso. El sudor del rostro, la muerte, se os ofrecerán por doquiera: en ninguna parte notaréis que las cosas sigan el camino ordinario; siempre herirá vuestros ojos la formidable enseña del castigo y de la expiación.

Cuanto más se medita sobre estas verdades, más profundas se las encuentra: in sudore vultus tui vesceris pane, comerás el pan con el sudor de tu rostro, dijo Dios al primer padre; y con este sudor lo come toda su descendencia. Recordad esa pena, y haced las aplicaciones a cuantos objetos os plazca, y no hallaréis nada que de ella se exceptúe. No vive el hombre de solo pan, sino de toda palabra que procede de la boca de Dios; no se verifica, pues, la terrible pena solo con respecto al pedazo de pan que nos sustenta, sino en todo cuanto concierne a nuestra perfección. En nada adelanta el hombre sin penosos trabajos, no llega jamás al punto que desea sin muchos extravíos que le fatigan; en todo se realiza que la tierra, en vez de frutos, le da espinas y abrojos. ¿Ha de descubrir una verdad? No la alcanza sino después de haber andado largo tiempo tras extravagantes errores. ¿Ha de perfeccionar un arte? Cien y cien inútiles tentativas fatigan a los que en ello se ocupan, y a buena dicha puede tenerse si recogen los nietos el fruto de lo que sembraron los abuelos. ¿Ha de mejorarse la organización social y política? Sangrientas revoluciones preceden la deseada regeneración; y a menudo, después de prolongados padecimientos, se hallan los infelices pueblos en un estado peor del en que antes gemían. ¿Se ha de comunicar a un pueblo la civilización o cultura de otro? La inoculación se hace con hierro y fuego: generaciones enteras se sacrifican para alcanzar un resultado que no verán sino generaciones muy distantes. No veréis el genio sin grandes infortunios; no la gloria de un pueblo sin torrentes de sangre y de lágrimas; no el ejercicio de la virtud sin penosos sinsabores; no el heroísmo sin la persecución; todo lo bello, lo grande, lo sublime, no se alcanza sin dilatados sudores, ni se conserva sin fatigosos trabajos; la ley del castigo, de la expiación, se muestra por todas partes de una manera terrible. Ésta es la historia del hombre y de la humanidad; historia dolorosa ciertamente, pero incontestable, auténtica, escrita con letras fatales dondequiera que los hijos de Adán hayan fijado su planta.

Yo no sé, mi estimado amigo, por qué no ha llamado más la atención este punto de vista, y por qué han debido escandalizarse tanto los filósofos de los dogmas de la religión que tan en armonía se encuentran con lo que nos están diciendo los fastos de todos los tiempos y la experiencia de cada día. La prevaricación y degeneración del humano linaje es el secreto para descifrar los enigmas sobre la vida y los destinos del hombre; y, si a esto se añade el adorable misterio de la reparación, comprada con la sangre del Hijo de Dios, se forma el más admirable conjunto que imaginarse pueda; un sistema tan sublime, que a la primera ojeada manifiesta su origen divino. No, no pudo nacer de cabeza humana combinación tan asombrosa; no pudo el espíritu finito idear un plan tan vasto, tan estupendo, donde se trabaran de tal suerte unos arcanos con otros arcanos, que del fondo de su oscuridad pavorosa arrojaran rayos de vivísima luz para esclarecer y resolver todas las cuestiones que sobre el origen y destino del hombre andaba hacinando la filosofía.

Esto es lo principal que tenía que decirle a usted sobre las dificultades propuestas; ignoro si usted quedará enteramente satisfecho; sea como fuere, lo que puedo asegurarle con toda la sinceridad y convicción de que soy capaz, es que, en las obras de todos los filósofos, desde Platón hasta Cousin, no hallará usted sobre el particular nada con que un espíritu sólido pueda contentarse, si no está tomado de la religión. Ellos lo saben, y ellos propios lo confiesan. Una vez han llegado a dudar de la divinidad del cristianismo, no saben de qué asirse; acumulan sistemas sobre sistemas, palabras sobre palabras; si su espíritu no es de alto temple, abandonan la tarea de investigar, fastidiados de no divisar en ningún confín del horizonte un rayo de luz, y se abandonan al positivismo, o, en otros términos, procuran sacar partido de la vida disfrutando de las comodidades y placeres; si su alma ha nacido para la ciencia, si sedienta de verdad no quiere abandonar la tarea de buscarla, por grandes que sean las fatigas y patente la inutilidad de los esfuerzos, sufren durante toda su vida, y acaban sus días con la duda en el entendimiento y la tristeza en el corazón.

En la actualidad, entusiasta como es usted de la filosofía y admirador de ciertos nombres, no comprenderá fácilmente toda la verdad y exactitud de mis palabras; pero día vendrá en que recuerde mis avisos aún mucho antes de que blanqueen su cabeza las canas. No, no necesitará usted que la tardía vejez, cargada de escarmientos y desengaños, venga a abrirle los ojos: no sé si los abrirá usted para ver y abrazar la verdadera religión, pero sí al menos para conocer la futilidad de todos los sistemas filosóficos en lo tocante al origen, vida y destino del hombre. ¿Qué más? Ni siquiera necesitará usted estudiarlos a fondo para quedarse profundamente convencido de la impotencia del espíritu humano, abandonado a sus propios recursos: en el vestíbulo mismo del templo de la filosofía, encontrará la duda y el escepticismo; y penetrando en su santuario oirá el orgullo disputando sobre objetos de poca entidad, ocupándose en juegos de palabras simbólicas e ininteligibles, y procurando en cuanto le es posible ocultar su ignorancia, eludiendo con una afectada preterición las cuestiones que más de cerca nos interesan, cuales son, las relativas a Dios y al hombre. No se deje usted deslumbrar con los vanos títulos con que se adornan los diferentes sistemas, ni se abandone a supersticiosas creencias con respecto a los pretendidos misterios de la filosofía alemana, ni tome usted por profundidad de ciencia la oscuridad del lenguaje. No olvidemos que la sencillez es el carácter de la verdad, y que poco fía de sus descubrimientos quien no se atreve a presentarlos a la luz del día. Estos tan ponderados filósofos, que rodeados de tinieblas viven como trabajadores que estuviesen explotando riquísimas minas en las entrañas de la tierra, ¿por qué no nos manifiestan el oro puro que han recogido? Otro día, si la oportunidad se brinda, entraremos de nuevo en esta cuestión; entre tanto, disponga de su afectísimo y S. S. Q. B. S. M.

J. B.

Carta III. Sencilla demostración de la existencia de Dios. Eternidad de las penas del infierno

Errado método que suelen seguir en las disputas los enemigos de la religión. Método que debiera observarse. Dogma de la Iglesia sobre la eternidad de las penas. La misericordia no excluye la justicia. El sentimiento. Abuso que de él se hace. Reflexión sobre su influencia en los errores de nuestra época. Aplicación al dogma de la eternidad de las penas. Razones naturales que apoyan al dogma. Imposibilidad de comprender los misterios. Nuestra ignorancia hasta en las cosas naturales. La duración eterna y la temporal. El purgatorio. Observaciones sobre un carácter distintivo del hombre en esta vida con respecto a las cosas futuras. Necesidad de una impresión aterradora. La explicación filosófica. Los frailes y los poetas. Magnífico pasaje de Virgilio.

Mi querido amigo: Cuando, según me indica usted en su última, veo que llegaremos a entablar una seria disputa sobre materias religiosas, me ha llenado de indecible consuelo la seguridad que me da usted de no haber llegado su extravío al extremo de poner en duda la existencia de Dios: esto allana sobremanera el camino a la discusión, pues que no es posible dar en ella un solo paso sin estar de acuerdo sobre esta verdad fundamental. Y no sin motivo he querido cerciorarme de las ideas que sobre este particular profesaba usted; pues que nunca podré olvidar lo que me sucedió con otro escéptico, de quien sospechando yo si tal vez hasta ponía en duda la existencia de Dios, o si al menos no la concebía tal como es menester, y dirigiéndole en consecuencia algunas preguntas, me salió con una extraña ocurrencia, que fuera chistosa, a no ser sacrílega. Advirtiéndole yo que ante toda discusión era necesario estar los dos de acuerdo sobre este punto, me respondió con la mayor serenidad que imaginarse pueda: «me parece que podemos pasar adelante; porque opino que es de poca importancia el aclarar si Dios es una cosa distinta de la naturaleza, o si es la misma naturaleza». ¡A tanto llega la confusión de ideas trastornadas por la impiedad, y este hombre, por otra parte, era de más que mediana instrucción, y de ingenio muy despejado!

Desde luego le doy a usted mil satisfacciones por haberme atrevido a indicarle mis recelos en este punto, bien que difícilmente me arrepiento de semejante conducta, porque cuando menos ha producido un gran bien, cual es, el que usted se explica sobre este particular de tal modo, que, revelando mucho buen sentido, me hace concebir grandes esperanzas de que no serán estériles mis esfuerzos. Una y mil veces he leído aquellas juiciosas palabras de su apreciada, en las que expone el punto de vista desde el cual considera esta importante verdad. Permítame usted que se las reproduzca en la mía, y que le recomiende encarecidamente que no las olvide jamás. «Nunca me he devanado mucho los sesos en buscar pruebas de la existencia de Dios; la historia, la física, la metafísica, servirán para esta demostración todo lo que se quiera; pero yo confieso ingenuamente que para mi convicción no he menester tanto aparato científico. Saco la muestra de mi faltriquera, y al contemplar su curioso mecanismo y su ordenado movimiento, nadie sería capaz de persuadirme de que todo aquello se ha hecho por casualidad, sin la inteligencia y el trabajo de un artífice: el universo vale, a no dudarlo, algo más que mi muestra; alguien, pues, debe de haber que lo haya fabricado. Los ateos me hablan de casualidad, de combinaciones de átomos, de naturaleza, y de qué sé yo cuántas cosas; pero, sea dicho con perdón de estos señores, todas estas palabras carecen de sentido.» Nada tengo que advertir a quien con tanto pulso aprecia el valor de los dos sistemas; estas palabras tan sencillas como profundas, las estimo yo en más que un tomo lleno de razones.

Pasando al punto de que me habla usted en su apreciada, comenzaré por decirle que me ha hecho gracia el que usted abra la discusión religiosa, atacando el dogma de la eternidad de las penas. No esperaba yo que acometiera usted tan pronto por este flanco; y, vaya dicho entre los dos, esta anomalía me ha dado a entender que usted le ha cobrado al infierno un poquito de miedo. La cosa no es para menos, y el negocio es grave, urgente: de aquí a pocos años hay que saber por experiencia propia lo que hay sobre este particular, y dice usted muy bien que para los que se engañan en esta materia, el chasco debe de ser pesado en demasía».

No tengo dificultad en abordar por este lado las cuestiones religiosas; pero no puedo menos de observar que no es éste el mejor método para dejarlas aclaradas cual conviene. Las doctrinas católicas forman un conjunto tan trabado, y en que se nota tan recíproca dependencia, que no se puede desechar una sin desecharlas todas, y, al contrario, admitidos ciertos puntos capitales, es imposible resistirse a la admisión de los demás. Sucede muy a menudo que los impugnadores de esas doctrinas escogen por blanco una de ellas, tomándola en completo aislamiento, y amontonando las dificultades que de suyo presenta, atendida la flaqueza del entendimiento del hombre. «Esto es inconcebible, exclaman; la religión que lo enseña no puede ser verdadera»; como si los católicos dijésemos que los misterios de nuestra religión están al alcance del hombre; como si no estuviéramos asegurando continuamente que son muchas las verdades a cuya altura no puede elevarse nuestra limitada comprensión.

Al leer u oír la relación de un fenómeno o suceso cualquiera, nos informamos ante todo de la inteligencia y veracidad del narrador; y, en estando bien asegurados, por este lado, por más extraña que la cosa contada nos parezca, no nos tomamos la libertad de desecharla. Antes que se hubiese dado la vuelta al mundo, pocos eran los que comprendían cómo era posible que volviese por oriente la nave que había dado la vela para occidente; pero ¿bastaba esto para resistirse a dar crédito a la narración de Sebastián de Elcano, cuando acababa de dar cima a la atrevida empresa del infortunado Magallanes? Si, levantándose del sepulcro uno de nuestros mayores, oyera contar las maravillas de la industria en los países civilizados, ¿debería, por ventura, andar mirando detalladamente la relación que se le hace de las funciones de esta o aquella máquina, de los agentes que la impulsan, de los artefactos que produce, y desechar enseguida lo que a él le pareciese incomprensible? Por cierto que no: y, procediendo conforme a razón y a sana prudencia, lo que debiera hacer sería asegurarse de la veracidad de los testigos, examinar si era posible que ellos hubiesen sido engañados, o si podrían tener algún interés en engañar; y, cuando estuviese bien cierto de que no mediaba ninguna de estas circunstancias, no podría, sin temeridad, rehusar el asenso a lo que se le refiriera, por más que a él le fuera inconcebible, y le pareciese que pasaba los límites de la posibilidad.

De una manera semejante conviene proceder cuando se trata de materias religiosas: lo que se debe examinar es si existe o no la revelación, y si la Iglesia es o no depositaria de las verdades reveladas: en teniendo asentadas estas dos bases, ¿qué importa que este o aquel dogma se muestren más o menos plausibles, que la razón se halle más o menos humillada, por no llegar a comprenderlos? ¿Existe la revelación? ¿Esta verdad es revelada? ¿Hay algún juez competente para decidirlo? ¿Qué dice sobre el dogma en cuestión el indicado juez? He aquí el orden lógico de las ideas, he aquí el orden lógico de las cuestiones, he aquí la manera de ilustrarse sobre estas materias: lo demás es divagar, es exponerse a perder tiempo en disputas que a nada conducen.

Lejos de mí el intento de huir, por medio de estas observaciones, el cuerpo a la dificultad; pero nunca habrá sido fuera del caso el emitirlas para que se tengan presentes cuando sea menester. Voy al punto de la dificultad. Dice usted que «se le hace muy cuesta arriba el dar crédito a lo que nos están enseñando los predicadores sobre las penas del infierno, y que repetidas veces ha oído cosas que de puro horribles rayaban en ridículas». Resérvome para más allá el decirle a usted cosas curiosas sobre esos horrores; por ahora, y no sabiendo a punto fijo cuáles son los motivos de queja que tiene usted sobre el particular, me contentaré con advertir que nada tiene que ver el dogma católico con esta o aquella ocurrencia que haya podido venirle a un orador. Lo que enseña la Iglesia es que los que mueren en mal estado de conciencia, es decir, en pecado grave, sufren un castigo que no tendrá fin. He aquí el dogma; lo demás que puede decirse sobre el lugar de este castigo, sobre el grado y la calidad de las penas, no es de fe: pertenece a aquellos puntos sobre los que es lícito opinar en diferentes sentidos, sin apartarse de la fe católica. Lo que sí sabemos, pues que la Escritura lo dice expresamente, es que estas penas serán horrorosas: y bien, ¿para qué necesitamos saber lo demás? ¡Penas terribles, y sin fin!... ¿No basta esta sola idea para dejarnos con escasa curiosidad sobre el resto de las cuestiones que aquí se pueden ofrecer?

»¿Cómo es posible, dice usted, que un Dios infinitamente misericordioso castigue con tanto rigor?» ¿Cómo es posible, contestaré, yo, que un Dios infinitamente justo no castigue con tanto rigor, después de haber procurado llamarnos al camino de la salvación por los muchos medios que nos proporciona durante el curso de nuestra vida? Cuando el hombre ofende a Dios, la criatura ultraja al Criador, el ser finito al Ser infinito; esto reclama, pues, un castigo en cierto modo infinito. En el orden de la justicia humana es más o menos criminal el atentado, según es la clase y la categoría de la persona ofendida: ¿con qué horror es mirado el hijo que maltrata a sus padres?, ¿qué circunstancia más agravante que la de ofender a una persona en el acto mismo en que nos está dispensando un beneficio? Pues bien, aplíquense estas ideas; adviértase que en la ofensa del hombre a Dios hay la rebelión de la nada contra un Ser infinito, hay la ingratitud del hijo con el padre, hay el desacato del súbdito contra su supremo Señor, de una débil criatura contra el Soberano de cielo y tierra: ¡cuántos motivos para afear la culpa! ¡Cuántos títulos para aumentar la severidad de la pena! Por un simple acto contra la vida o la propiedad de un individuo, castiga la ley humana al reo con la pena de muerte; es decir, con la mayor de las penas que sobre la tierra existen, esforzándose en cierto modo en aplicar un castigo infinito, pues que priva al ajusticiado de todos los bienes de la sociedad para siempre; ¿por qué, pues, el Juez Supremo no podrá castigar también al culpable con penas que duren para siempre? Y nótese bien que la justicia humana no se satisface con el arrepentimiento; consumado el crimen, le sigue la pena, y no basta que el criminal haya mudado de vida; Dios pide un corazón contrito y humillado; no quiere la muerte del pecador, sino que se convierta y viva, y no descarga sobre el delincuente el golpe fatal sin haberle puesto a la vista la vida y la muerte, sin haberle dejado la elección, sin haberle ofrecido la mano con cuya ayuda pudiera apartarse del borde del precipicio. ¿A quién, pues, podrá culpar el hombre sino a sí mismo? ¿Qué tienen de repugnante ni de cruel esas ideas? Fácil es alucinar a los incautos, pronunciando enfáticamente los nombres de eternidad de penas y de misericordia infinita; pero examínese a fondo la materia; atiéndase a todas las circunstancias que la rodean, y se verán desaparecer como el humo las dificultades que a primera vista se habían ofrecido. El secreto de los sofismas más engañosos consiste en el artificio de presentar los objetos no más que por un lado; de aproximar de golpe dos ideas, que, si parecen contradictorias, es porque no se atiende a las intermedias que las enlazan y hermanan. Es fácil observar que los autores más célebres entre los enemigos de la religión, resuelven a menudo las cuestiones más graves y complicadas con una salida ingeniosa, o una reflexión sentimental. Ya se ve, como todas las cosas presentan tan diferentes aspectos, no es difícil a un ingenio perspicaz coger dos puntos cuyo contraste hiera vivamente el ánimo de los lectores; y, si a esto se añade algo que pueda interesar el corazón, no cuesta mucho trabajo dar al traste, en el ánimo de los incautos, con el sistema de doctrinas más bien cimentado.

Ya que acabo de mentar el sentimentalismo, no puedo pasar por alto el abuso que se hace de este linaje de argumentos, dirigiéndose al corazón en muchos casos en que solo se debe hablar al entendimiento. Así, en el asunto que nos está ocupando, ¿cómo resiste un corazón sensible al horrendo espectáculo de un infeliz condenado a padecer para siempre? Se ha dicho que los grandes pensamientos salen del corazón; y en esto, como en todas las proposiciones demasiado generales, hay una parte de verdad y otra de falsedad; porque, si bien es indudable que en muchas cosas es el sentimiento un excelente auxiliar para comprender a fondo ciertas verdades, también lo es que no debe nunca tomársele por principal guía, y que no se le ha de permitir jamás que llegue a dominar los eternos principios de la razón. Los derechos y deberes de padres e hijos, de marido y mujer, y todas las relaciones de familia, no se comprenderán quizás tan perfectamente si, analizados a la sola luz de una filosofía disecante, no se escuchan, al propio tiempo, las inspiraciones del corazón; pero, en cambio, también se trastornarán los sanos principios de la moral, y se introducirá el desorden en las familias, si, prescindiendo de los severos dictámenes de la razón, solo nos empeñamos en regirnos por lo que nos sugiere la volubilidad de nuestros afectos.

Mucho me engaño si no se encuentra aquí uno de los más fecundos manantiales de los errores de nuestra época. Si bien se observa, el espíritu humano esta atravesando un período, que tiene por carácter distintivo el desarrollo simultáneo de todas las facultades. Éstas pierden quizá bajo ciertos aspectos, absorbiendo una gran porción de las fuerzas y energía que en otra situación corresponderían a las otras; pero la que gana indudablemente es el sentimiento; no en la parte que tiene de desprendimiento y elevación, sino en cuanto es un placer, un goce del alma. Así notamos que no prevalece en la literatura la imaginación, ni tampoco el discurso, sino el sentimiento en sus más raros y extravagantes matices, llamando en su auxilio la razón y la fantasía, no como amigos, sino como dependientes. De donde resulta que la filosofía se resiente también del mismo defecto, y que de su tribunal rara vez salen bien librados los austeros principios de la moral eterna. Este sentimiento muelle se esfuerza en divinizar el goce, busca una excusa a todas las acciones perversas, califica de deslices los delitos, de faltas las caídas más ignominiosas, de extravíos los crímenes; procura desterrar del mundo toda idea severa, ahoga los remordimientos, y ofrece al corazón humano un solo ídolo, el placer; una sola regla, el egoísmo.

Ya ve usted, mi querido amigo, que la existencia del infierno no se aviene con tanta indulgencia; pero el error de los hombres no destruye la realidad de las cosas; si el infierno existía en tiempo de nuestros padres, existe todavía en el nuestro; y en nada inmutan el hecho, ni la austeridad de los pensamientos de los antepasados, ni la indulgencia y molicie de los nuestros. Cuando el hombre se separe de esta carne mortal, se encontrará en presencia del Supremo Juez, y allí no llevará por defensor el mundo. Estará solo, con su conciencia desplegada, patente a los ojos de Aquel a cuya vista nada hay invisible, nada que pueda ocultarse.

Estas reflexiones sobre la relación entre el carácter del desarrollo del espíritu humano en este siglo, y las ideas que han cundido en contra de la eternidad de las penas, son susceptibles de muchas aplicaciones a otras materias análogas. El hombre ha creído poder cambiar y modificar las leyes divinas, del modo que lo hace con la legislación humana, y como que se ha propuesto introducir en los fallos del Soberano Juez la misma suavidad que ha dado a los de los jueces terrenos. Todo el sistema de legislación criminal tiende claramente a disminuir las penas, haciéndolas menos aflictivas, despojándolas de todo lo que tienen de horroroso, y economizando al hombre los padecimientos tanto como es posible. Más o menos, todos cuantos en esta época vivimos, estamos afectados de esta suavidad: la pena de muerte, los azotes, todo cuanto trae consigo una idea horrorosa o aflictiva, es para nosotros insoportable; y se necesitan todos los esfuerzos de la filosofía, y todos los consejos de la prudencia, para que se conserven en los códigos criminales algunas penas rigurosas. Lejos de mí el oponerme a esta corriente; y ojalá fuera hoy el día en que la sociedad no hubiese menester para su buen orden y gobierno el hacer derramar sangre ni lágrimas; pero quisiera también que no se abusase de este exagerado sentimentalismo, que se notase que no es todo filantropía lo que bajo este velo se oculta, y que no se perdiese de vista que la humanidad bien entendida es algo más noble y elevado que aquel sentimiento egoísta y débil que no nos permite ver sufrir a los otros, porque nuestra flaca organización nos hace partícipes de los sufrimientos ajenos. Tal persona se desmaya a la vista de un desvalido, y tiene las entrañas bastante duras para no alargarle una pequeña limosna. ¿Qué son en tal caso la sensibilidad y la humanidad? La primera, un efecto de la organización; la segunda, puro egoísmo.

Pero no mira Dios las cosas con los ojos del hombre, ni están sometidos sus inmutables decretos a los caprichos de nuestra enfermiza razón: y no cabe mayor olvido de la idea que debemos formarnos de un Ser eterno e infinito, que el empeñarnos en que su voluntad se haya de acomodar a nuestros insensatos deseos. Tan acostumbrado está el presente siglo a excusar el crimen, a interesarse por el criminal, que se olvida de la compasión que, con título sin duda más justo, es debida a la víctima; y de buena gana dejaría a ésta sin reparación de ninguna clase, con el solo objeto de ahorrar a aquél los sufrimientos que tiene merecidos. Táchese cuanto se quiera de duro y cruel el dogma sobre la eternidad de las penas, dígase que no puede conciliarse con la Misericordia divina tan tremendo castigo; nosotros responderemos que tampoco puede componerse con la divina Justicia, ni con el buen orden del universo, la falta de ese castigo; diremos que el mundo estaría encomendado al acaso; que en gran parte de sus acontecimientos se descubriera la más repugnante injusticia, si no hubiese un Dios terriblemente vengador, que está esperando al culpable más allá del sepulcro, para pedirle cuenta de su perversidad durante su peregrinación sobre la tierra.

¿Y qué? ¿No vemos a cada paso ufana y triunfante la injusticia, burlándose del huérfano abandonado, del desvalido enfermo, del pobre andrajoso y hambriento, de la desamparada viuda, e insultando con su lujo y disipación la miseria y demás calamidades de esas infelices víctimas de sus tropelías y despojos? ¿No contemplamos con horror padres sin entrañas, que con su conducta disipada llenan de angustia la familia de que Dios les ha hecho cabezas, llevando al sepulcro a una consorte virtuosa, dejando a sus hijos en la miseria, y no transmitiéndoles otra herencia que el funesto recuerdo y los dañosos resultados de una vida escandalosa? ¿No se encuentran a veces hijos desnaturalizados, que insultan cruelmente las canas de quien les diera el ser, que le abandonan en el infortunio, que no le dirigen jamás una palabra de consuelo, y que con su desarreglo y su insolente petulancia abrevian los días de una afligida ancianidad? ¿No se hallan infames seductores que, después de haber sorprendido el candor y mancillado la inocencia, abandonan cruelmente a su víctima, entregándola a todos los horrores de la ignominia y de la desesperación? La ambición, la perfidia, la traición, el fraude, el adulterio, la maledicencia, la calumnia y otros vicios que tanta impunidad disfrutan en este mundo, donde tan poco alcanza la acción de la justicia, donde son tantos los medios de eludirla y sobornarla, ¿no han de encontrar un Dios vengador que les haga sentir todo el peso de su indignación?, ¿no ha de haber en el cielo quien escuche los gemidos de la inocencia cuando demanda venganza?

Que no es verdad, no, que el culpable experimente ya en esta vida todo lo bastante para el castigo de sus faltas; atorméntanle, sí, los remordimientos roedores, agréganse las enfermedades que sus desarreglos le han acarreado, abrúmanle las desastrosas consecuencias de su perversa conducta; pero tampoco le faltan medios para embotar algún tanto el punzante estímulo de su conciencia, tampoco carece de artificios para neutralizar los malos efectos de sus bacanales, tampoco escasea de recursos para salir airoso de los malos pasos a que sus extravíos le conducen. Y, además, ¿qué son estos padecimientos del malvado en comparación de los que sufre también el justo? Las enfermedades le abruman, la pobreza le acosa, la maledicencia y la calumnia le denigran, la injusticia le atropella, la persecución no le deja sosiego; las tribulaciones de espíritu se agregan también, y, semejante al divino Maestro, sufre en esta vida los tormentos, las angustias, el oprobio de la cruz. Si su paciencia es mucha, si acierta a resignarse como verdadero cristiano, hace algún tanto más llevaderos sus padecimientos; pero no deja por esto de sentirlos, y a menudo más duros de los que han caído sobre el hombre manchado con cien crímenes. Sin las penas y los premios de la otra vida, ¿dónde está la justicia?; ¿dónde la Providencia?; ¿dónde el estímulo para la virtud, y el freno para el vicio?

Pregúntame usted, mi estimado amigo, si comprendo perfectamente cuál es el objeto que Dios se pueda proponer en prolongar por toda la eternidad las penas de los condenados; y adelántase a contestar a la razón que podía señalarse de que así se satisface la divina Justicia, y se aparta a los hombres del camino del vicio, con el temor de tan horrendo castigo. Dice usted, por lo tocante al primer punto, «que jamás ha podido concebir la razón de tanto rigor; y que, aun cuando no deja de columbrar la relación que existe entre la eternidad de la pena y la especie de infinidad de la ofensa por la cual se impone, sin embargo, le queda todavía alguna oscuridad que no acierta a disipar». Muy errado anda usted, mi apreciado amigo, si se imagina que a todos los demás no les sucede lo mismo; pues que sabido es que el entendimiento humano se anubla, tan pronto como toca en los umbrales de lo infinito. De mí sabré decir que tampoco concibo estas verdades con entera claridad; y que, por más firme certeza que de ellas abrigue, no puedo lisonjearme que se presenten a mi espíritu con aquella evidencia que las pertenecientes a un orden finito y puramente humano; pero, lejos de que me desanime esta niebla, que procede al propio tiempo de la debilidad de nuestros alcances, y de la sublime naturaleza de los objetos, he considerado repetidas veces que, si por este motivo debiera negar mi asenso, no podría prestarle tampoco a muchas otras verdades de las que me sería imposible dudar, aunque en ello me esforzara. Estoy seguro de la creación, no solo por lo que me enseña la religión revelada, sino también por lo que me dicta la razón natural: y, no obstante, cuando medito sobre ella, cuando quiero formarme una idea clara y distinta de aquel acto sublime en que Dios dijo: hágase la luz, y la luz fue hecha, siéntese mi entendimiento con cierta flaqueza, que no le permite comprender con toda perfección el tránsito del no ser al ser. Estoy cierto, y usted conmigo, de la existencia de Dios, de su infinidad, eternidad, inmensidad, y demás atributos; pero, ¿nos es dado acaso formarnos ideas bien claras de lo que por estos nombres se expresa? Es bien seguro que no; y lea usted todo cuanto han escrito sobre ello los teólogos y filósofos más esclarecidos, y echará de ver que, más o menos, adolecían del mismo achaque que nosotros.

Si quisiera dar más amplitud a estas reflexiones, fácil sería encontrar mil y mil ejemplos de esta debilidad de nuestro entendimiento, hasta en las cosas físicas y naturales; pero esto me empeñaría en largas discusiones sobre las ciencias humanas, alejándome del principal objeto. Además, que no dudo bastará lo dicho para dejar sentado que no debe hacer mella en un espíritu sólido esta oscuridad de que están rodeados a nuestra vista algunos objetos; y que, mientras sobre ellos podamos adquirir por conducto seguro la competente certeza, no conviene abstenerse de prestar asenso por el solo asomo de algunas dificultades más o menos graves, más o menos embarazosas.

No son muchas las materias en que pueden señalarse, en apoyo de una verdad, razones más satisfactorias que las arriba indicadas en pro de la justicia de la eternidad de las penas; sea cual fuere el concepto que usted forme de mis reflexiones, al menos no podrá negarme que no son para despreciadas por el simple obstáculo de una dificultad, que más bien se funda en un sentimentalismo exagerado que en un raciocinio sólido y convincente. Por tanto, solo me resta recordarle que no se trata de saber si nuestro entendimiento comprende o no con toda claridad el dogma del infierno, sino de averiguar si en realidad este dogma es verdadero y si los fundamentos en que le apoyamos sus sostenedores tienen las señales características que puedan convencer de que realmente ha sido revelado por Dios. ¿De qué nos serviría el comprenderlo más o menos claramente, si tuviésemos el tremendo infortunio de haberle de sufrir?

Por lo que toca al segundo punto que usted indica en su apreciada, no estoy de acuerdo en que una pena de duración limitada pudiese ejercer sobre el ánimo de los hombres una impresión equivalente, y de idénticos resultados, en cuanto al arreglo de la conducta. Pretende usted que, en estando acompañada la pena de mucha duración, o de un tormento muy terrible, bastaría para enfrenar las pasiones, poniéndose un límite a los malos deseos; con cuya observación se da por el pie a la razón que señalamos los cristianos de que la existencia del infierno es una salvaguardia de la moral. Pero a mí me parece que usted no ha sondeado lo suficiente este asunto, y no ha reparado en que, si bien es verdad que la idea del tormento nos espanta y aterra cuando se ha de sufrir en esta vida, nos causa muy ligera impresión si se ha de reservar para la otra. Dos pruebas daré de esto, una experimental, otra científica.

El dogma del purgatorio lleva ciertamente una idea terrible; y así los libros de devoción, como los predicadores, están pintando continuamente aquel lugar de expiación con los colores más espantosos. Los fieles lo creen así; lo están oyendo sin cesar, oran por los parientes y amigos difuntos, que pueden estar detenidos en él; pero, hablando ingenuamente, ¿es mucho el miedo que se tiene al purgatorio? Por sí solo, ¿fuera un dique bastante robusto para oponerse al ímpetu de las pasiones? Dígalo cada cual por experiencia propia: díganlo también por la ajena, cuantos han tenido ocasión de observarlo. Las penas que para aquel lugar se nos anuncian son terribles, es verdad; su duración puede ser mucha, es cierto; el alma no saldrá de allí hasta haber pagado el último cuadrante, no tiene duda; pero aquella pena tendrá fin, estamos seguros de que no puede durar siempre, y, colocados en medio del riesgo de largos padecimientos en la otra vida, y de la necesidad de suportar leves molestias en la presente, repetidas veces preferimos aventurarnos a lo primero para preservarnos de lo segundo.

De esto, que la experiencia nos está mostrando a cada paso, nos señala la razón las causas; bastando para conocerlas una sencilla consideración de la naturaleza humana. Mientras vivimos en esta tierra, se halla nuestro espíritu unido al cuerpo, que nos transmite sin cesar las impresiones de todo cuanto le rodea. Posee, a la verdad, nuestra alma algunas facultades que, elevadas por naturaleza sobre todo lo corpóreo y sensible, se rigen por otros principios, versan sobre más altos objetos, y habitan, por decirlo así, en una región que de suyo nada tiene que ver con todo cuanto existe material y terreno. Sin desconocer, empero, la dignidad de estas facultades, ni la altura de la región en que moran, menester es confesar que es tal la influencia que sobre las mismas ejercen las otras de un orden inferior, que a menudo las hacen descender de su elevación, y, en vez de obedecerlas como a señoras, las reducen a la clase de esclavas. Cuando las cosas no lleguen a este extremo, resulta al menos con demasiada frecuencia que las facultades superiores están sin funcionar, como adormecidas; de suerte que el entendimiento columbra apenas como en oscura lontananza las verdades que forman su más noble y principal objeto, y la voluntad no se dirige tampoco al suyo sino, con el mayor descuido y flojedad. Hay un infierno que temer, un cielo que esperar; pero todo esto está en la otra vida, se reserva para una época más distante, son cosas que pertenecen a un orden enteramente distinto, a un modo nuevo, en el cual creemos firmemente, pero del que no recibimos impresiones directas, de momento; y así es que necesitamos hacer un esfuerzo de concentración y reflexión para penetrarnos del inmenso interés que para nosotros tienen, y de que en su comparación es nada todo cuanto nos rodea. Viene, entre tanto, a herir nuestra imaginación, a excitar nuestros sentimientos, algún objeto de la tierra, ora inspirándonos algún temor, ora halagándonos con algún placer; el otro mundo desaparece a nuestros ojos, como objeto que perdiéramos de vista en un remoto confín; el entendimiento vuelve a caer en su entorpecimiento, la voluntad en su languidez; y si uno y otra se excitan de nuevo es para contribuir al mayor desarrollo de las otras facultades. El hombre se guía casi siempre por las impresiones de momento; sacrifica lo venidero a lo presente; y, cuando pesa en la balanza de su juicio las ventajas y los inconvenientes que una acción le puede acarrear, la distancia o la proximidad de la realización de estos inconvenientes y ventajas es una de las circunstancias más influyentes en su elección. ¿Cómo no ha de suceder esto en lo tocante a los negocios de la otra vida, si se verifica lo mismo con respecto a los de la presente? ¿No es infinito el número de los que sacrifican las riquezas, el honor, la salud, la vida, a un placer de momento? Y esto, ¿por qué? Porque el objeto que halaga está presente, y los males, distantes; y el hombre se hace la ilusión de evitarlos, o bien se resigna a sufrirlos, como quien se arroja a un precipicio con los ojos vendados.

De esto se infiere no ser verdad lo que usted afirma, que bastase el temor de una pena muy duradera para que produjese un mismo o semejante efecto, que la eternidad del infierno. No es verdad; antes al contrario, puede asegurarse que desde el momento que se separase de la idea de las penas la de eternidad, perderían la mayor parte de su horror, y quedarían reducidas a la misma línea que las del purgatorio. Si los castigos de la otra vida han de producir un temor bastante a contenernos en nuestras depravadas inclinaciones, han de tener un carácter formidable, espantoso, que su mero recuerdo, ofreciéndose de vez en cuando a nuestro espíritu, le produzca un saludable estremecimiento que dure aún en medio de la disipación y distracciones de la vida como el pavoroso sonido del sonoro metal que retiembla largo rato después de recibido el golpe.

No pondré fin a esta carta sin contestar a la objeción insinuada por usted, y de que en apariencia se halla muy satisfecho, porque, según dice, «si bien no es más que una conjetura, no puede negársele que es muy especiosa, muy filosófica, y quizá no destituida de fundamento». Explica usted enseguida el sistema que tan en gracia le ha caído, y que consiste en considerar el dogma del infierno como una fórmula en que se expresa el pensamiento de intolerancia que preside a las doctrinas y conducta de la Iglesia católica. Permítame usted que transcriba sus propias palabras, que de esta suerte no mediará el peligro de una mala inteligencia: «Ya se ve: se quería sujetar el entendimiento y el corazón del hombre ciñéndolos con un aro de hierro; faltaban en lo humano los medios de realizarlo, y ha sido preciso hacer intervenir la justicia de Dios. ¿No se podría sospechar que los ministros de la religión católica, quizás más engañados que engañadores, han apelado al recurso, común entre los poetas, de desenlazar una situación complicada llamando en su auxilio algún Dios; o, hablando en términos literarios, empleando la máquina? Mucho me engaño si en la pretendida justicia de un Dios inexorable no se trasluce el sacerdote católico con su terquedad inflexible». Algo duro se muestra usted, mi estimado amigo, en el pasaje que acabo de insertar, y por más sorpresa que le hayan de causar mis palabras, me atrevo a decirle que, lejos de encontrarle filosófico, como acostumbra, le hallo aquí, primero muy inexacto, y después ligero en demasía. Inexacto, porque supone que el dogma de la eternidad de las penas pertenece exclusivamente a los católicos, cuando le profesan también los protestantes; ligero, porque ha pretendido convertir en expresión del pensamiento dominante en el cristianismo un hecho creído generalmente por el humano linaje.

El prurito, tan común de nuestra época hasta entre los escritores de primera nota, de señalar una razón filosófica fundada en una observación nueva y picante, le ha extraviado a usted de una manera lastimosa, haciéndole perder de vista por un momento lo que no ignoran cuantos saben medianamente la historia. En resumen, quería usted significar que esto era una invención de los sacerdotes cristianos, bien que salvando su buena fe, con suponerles víctimas de una ilusión; pero, ¿cómo ha podido olvidar que siglos antes de aparecer el cristianismo estaba la creencia del infierno generalmente extendida y arraigada?

Algo satírico está usted con los «buenos frailes que se complacen en asustar a niños y mujeres con las horrendas descripciones de tormentos fraguados en imaginaciones descompuestas y groseras; y que difícilmente puede suportar sin reírse o sin fastidiarse un hombre de sana razón y de buen gusto». Bien se conoce que quiere usted hacer pagar caros a los pobres predicadores los ratos que le llevaba al sermón su buena madre, y que sin duda hubiera usted empleado de mejor gana en sus juegos y entretenimientos; pero, sea dicho sin ánimo de ofender, y únicamente en defensa de la verdad, da usted aquí un solemne tropiezo, en que solo puede consolarle el tener muchos compañeros de infortunio, entre los que se proponen burlarse con demasiada ligereza de los dogmas y prácticas de nuestra religión. Y se ríe de las exageraciones de los frailes en esta materia, que se le hacen insoportables por descabelladas y de mal gusto; pues bien, yo le emplazo a usted a que me cite la descripción que le parezca más descabellada entre las que haya oído de boca de un predicador, y me obligo a presentarle otra sobre el mismo objeto que no le irá en zaga a la primera, ni en lo feo, ni en lo extravagante, ni en lo horrible. ¿Y sabe usted de quién serán esas descripciones y rasgos? Nada menos que de Virgilio, de Dante, de Tasso, de Milton. No advertía usted que a la espalda del buen capuchino a quien tan despiadadamente acometía usted, tropezaba con una reserva tan respetable en materias de razón y de buen gusto. A veces la precipitación en el juzgar nos es más dañosa que la misma ignorancia. Sucédenos a menudo que despreciamos una expresión, en odio o desprecio de la persona que la dice; expresión que nos pareciera admirable, si la oyésemos en boca de otro que nos inspirase más respeto. Por esto decía graciosamente Montaigne que se divertía en sembrar en sus escritos las sentencias de filósofos graves, sin nombrarlos; con la mira de que sus lectores críticos, creyendo habérselas solo con Montaigne, injuriasen a Séneca, y dieran de narices sobre Plutarco.

No es fácil decir a punto fijo la variedad de horrores del infierno, pero lo cierto es que así cristianos como gentiles han convenido en mostrárnoslos con espantosos colores. Virgilio no era ni fraile, ni predicador, ni cristiano, ni escaseaba de buen gusto, y, sin embargo, difícil es reunir más horrores de los que nos presenta, no solo en el infierno, sino ya en el camino.

> Vestibulum ante ipsum primisque in faucibus Orci,
> Luctus et ultrices posuere cubilia curae;
> Pellentesque habitant Morbi, tristisque Senectus
> Et Metus, et malesuada Fames, et turpis Egestas,
> Terribiles visu formae: Letumque, Laborque:
> Tum consanguineus Leti Sopor, et mala mentis
> Gaudia, mortiferumque adverso in limine Bellum
> Ferreique Eumenidum thalami, et Discordia demens
> Vipereum crinem vittis innexa cruentis.

[...]

> Multaque praeterea variarum monstra ferarum.
> Centauri in foribus stabulant, Scyllaeque biformes,
> Et centum geminis Briareus, ac bellua Lernae
> Horrendum stridens flammisque armata Chimaera:
> Gorgones, Harpyaeque, et forma tricorporis umbrae.

Antes de llegar a la fatal mansión, nos encontramos ya con cabelleras de víboras, con hidras que rugen con horrible estridor, con monstruos armados de fuego, y junto con los gozos vedados, mala mentis gaudia, el llanto y los remordimientos vengadores, luctus et ultrices curae.

Pero, sigamos adelante, y el horror se aumenta hasta el extremo.

[...]

> Hinc via Tartarei quae fert Acherontis ad undas.
> Turbidus hic coeno vastaque voragine gurges
> Aestuat, atque omnem Cocyto eructat arenam.
> Portitor has horrendus aquas et flumina servat
> Terribile squalore Charon: cui plurima mento

Canities inculta iacet stant lumina flamma,
Sordidus ex humeris nodo dependet amictus.

[...]

Respicit Aeneas subito: sub rupe sinistra
Moenia lata videt, triplici circumdata muro:
Quae rapidus flammis ambit torrentibus amnis
Tartareus Phlegeton, torquetque sonantia saxa.
Porta adversa, ingens, solidoque adamante columnae:
Vix ut nulla virum, non ipsi excindere ferro
Coelicolae valeant: stat ferrea turris ad auras:
Tisiphoneque sedens, palla succinta cruenta,
Vestibulum insomnis servat noctesque diesque.
Hinc exaudiri gemitus, et saeva sonare
Verbera: tum stridor ferri, tractaeque catenae.

[...]

Gnossius haec Rhadamanthus habet durissima regna:
Castigatque, auditque dolos: subigitque fateri
Quae quis apud superus, furto laetatus inani,
Distulit in seram commisa piacula mortem.
Continuo sontes ultrix accincta flagello
Tisiphone quatit insultans: torvosque sinistra
Intentans angues, vocat agmina saeva sororum.
   Tum deum horrisono stridentes cardine sacrae
Panduntur portae. Cernis custodia qualis.
Vestibulo sedeat? facies quae limina servet?
Quinquaginta atris immanis hiatibus Hydra
Saevior intus habet sedem:

[...]

Necnon et Tityon terrae omniparentis alumnum
Cernere erat: per tota novem cui iugera corpus
Porrigitur; rostroque immanis vultur obunco
Immortale iecur tundens, foecundaque poenis
Viscera rimaturque epulis, habitatque sub alto
Pectore: nec fibris requies datur ulla renatis.
Quid memoren Lapithas, Ixiona, Pirithoumque?
Quos super altra silex iamiam lapsura, cadentique
Imminet assimilis. Lucent genialibus altis
Aurea fulcra toris, epulaeque ante ora paratae
Regifico luxu: Furiarum maxima iuxta
Accubat, et manibus prohibet contingere mensas,
Exurgitque facem attollens, atque intonat ore,
Hic quibus invisi fratres, dum vita manebat,
Pulsatusve parens, et traus innexa clienti;
Aut qui divitiis soli incubuere repertis,
Nec partem posuere suis, quae maxima turba est;
Quique ob adulterium caesi, quique arma secuti
Impia, nec veriti dominorum fallere dextras;
Inclusi poenam expectant. Ne quare doceri
Quam poenam, aut quae forma viros fortunave mersit.
Saxum ingens volvunt alii, radiisque rotarum
Districti pendent; sedet aeternumque sedebit
Infelix Theseus; phlegyasque miserrimus omnes
Admonet, et magna testatur voce per umbras:
Discite iustitiam moniti, et non temnere Divos.
Vendidit hic auro patriam, dominumque potentem
Imposuit: fixit leges pretio atque refixit.
Hic thalamum invasit natae vetitosque hymenaeos.
Ausi omnes immane nefas ausoque potiti.

Triples murallas bañadas con un río de fuego, gemidos, ruido de azotes, estrépito de cadenas, serpientes y la hidra con cincuenta bocas, buitre que roe las entrañas, y otros objetos semejantes: he aquí lo que nos presenta el poeta en la mansión, según él mismo dice, de los defraudadores, adúlteros, crueles con sus padres, incestuosos, traidores a su patria, y culpables de otros crímenes. Mucho dudo que usted hay oído cosas más horribles. Y, como si no le bastara el espantoso cuadro que acaba de pintar con inimitable pincel, exclama:

> Non, mihi si linguae centum sint: oraque centum,
> Ferrea vox, omnes scelerum comprehendere formas,
> Omnia poenarum percurrere nomina possim.
> (Aeneid., L. 6.)

Cien lenguas, cien bocas, férrea voz, ino le bastarían para nombrar siquiera la variedad de penas de aquella mansión de horror!

Como quiera, dentro de medio siglo la cuestión del infierno estará prácticamente resuelta para los dos: ruego al cielo que lo sea felizmente para ambos; pero, si usted tiene la temeridad de aventurarse a lo que pueda suceder, me quedaré llorando su funesta ceguera, suplicando al Señor se digne iluminarle antes que llegue el día de la ira, en que a la presencia del Juez Supremo velarán su faz los ángeles tutelares, no sabiendo qué alegar en descargo de usted para librarle de la tremenda sentencia. De usted su affmo. Q. B. S. M.

J. B.

Carta IV. Filosofía del porvenir

Descripción de esta filosofía y retrato de los que la profesan. Pasaje de Virgilio. Mr. Jouffroy. El cristianismo y las masas. Mr. Cousin. Pasaje notable de Mr. Pedro Leroux sobre las convicciones de Mr. Cousin. Profecía de Mr. Cousin. El catolicismo no está amenazado de muerte. En los cuatro ángulos del universo está dando señales que acreditan su vida y vigor. Observaciones sobre la decadencia de la fe y de las costumbres. Combátese el error de los que pretenden desalentar con la exageración de semejante decadencia. Reseña histórica de los grandes males que en todas épocas ha sufrido la Iglesia. Su estado actual no es tan desconsolador como algunos creen. Cómo calculan los incrédulos la decadencia de la fe. Conviene no confundir la sociedad con las capitales, ni éstas con algunos círculos muy reducidos. La transición y la perfectibilidad.

Mi estimado amigo: Mucho me complace que me haya usted ofrecido la oportunidad de manifestarle mi parecer sobre esa filosofía que usted apellida del porvenir; pues que, si bien usted la critica hasta motejarla, traslúcese, no obstante, que no ha dejado de hacerle mella, mayormente en lo que ella dice sobre los destinos del Catolicismo. Llámela usted filosofía del porvenir; y, en efecto, no cabe nombre más bien adaptado para calificar esa ciencia estrambótica que, sin resolver nada, sin aclarar nada, solo se ocupa en destruir y pulverizar, respondiendo enfáticamente a todas las preguntas, a todas las dificultades, a todas las exigencias, con la palabra porvenir. A juicio de esta filosofía, la humanidad ha errado siempre, yerra todavía en la actualidad; esta filosofía lo sabe, y al parecer es ella sola quien lo sabe: tan grave y magistral es el tono con que lo anuncia. Demandadle ¿dónde está la verdad, cuándo será dado al hombre encontrarla? En el porvenir. Como se supone, todas las religiones son falsas, todas son obra de los hombres, un ardid para engañar a las masas, un objeto de risa para los sabios, y muy particularmente para los profesores de esa elevada filosofía, únicos que merezcan tal nombre: ¿dónde estará, pues, la religión verdadera? ¿Cuándo podrán los hombres profesarla? En el porvenir. Ningún filósofo alcanzó a descifrar el enigma del universo, de Dios y del hombre; ¿vendrá un día afortunado en que se verifique el hallazgo de la deseada clave? En el porvenir. La organización social y política se ha de cambiar radicalmente, se ignora lo que se ha de sustituir a lo que actualmente existe; ¿quién nos ilustrará para resolver acertadamente tan espinoso problema? El porvenir. Las masas populares sufren atrozmente en los países más cultos; la desnudez, el hambre, la más repugnante miseria, contrastan de una manera escandalosa con el lujo y los goces de los potentados y la vita bona de los filósofos; ¿de dónde saldrá el remedio para situación tan angustiosa? Del porvenir. El porvenir para la historia, el porvenir para la religión, el porvenir para la literatura, el porvenir para la ciencia, el porvenir para la política, el porvenir para la sociedad, el porvenir para la miseria, el porvenir para sí mismo, el porvenir para lo presente, el porvenir para lo pasado, el porvenir para todo. Panacea de todas las dolencias, satisfacción de todos los deseos, cumplimiento de todas las esperanzas, realización de todos los sueños; siglo de oro, cuyos radiantes albores, ocultos a los ojos de los profanos, solo se revelan a algunos espíritus que alcanzaron el inefable privilegio de leer escrita en letras divinas la historia del porvenir. Por esto le saludan con alborozo; por esto se abalanzan a él como niño a los brazos de la madre que le acaricia; por esto atraviesan con irónica sonrisa por en medio de este siglo que no los comprende; por esto vivirían gustosos la vida de los desprendidos filósofos de la Grecia, y se retirarían del mundo a guisa de anacoretas, si no fuera necesaria su presencia para anunciar la verdad, si pudiesen prescindir de la misión que han recibido sobre la tierra. ¡Desgraciados! Víctimas de un destino infausto, no les es dado conceder a su entendimiento todo el vuelo a donde lo ensalzara su profética inspiración; no les es permitido desahogar su pecho con una expansión humanitaria, y, pegados a esa época de barro, se encuentran forzados a vivir en espléndidos palacios, a ocupar elevadísimos puestos, desde donde puedan comenzar a dirigir acertadamente esta sociedad, y no les queda otro consuelo que solazarse algunos momentos, cantando lo que su mente divisa y su corazón augura.

Magnus ab integro saeculorum nascitur ordo,
Iam redit et virgo redeunt saturnia regna:

[...]

Occidet et serpens, et allax herba veneni
Occidet: assirium vulgo nascetur amomum.

[...]

Molli paulatim flavescet campus arista,
Incultisque rubens pendebit sentibus uva,
Et durae quercus sudabunt roscida mella.

[...]

Non rastros patietur humus; non vinea falcem;
Robustis quoque iam tauris iuga solvet arator.
Nec varios dicet mentiri lana colores;
Ipse sed in pratis aries iam suave rubenti
Murice, iam croceo mutabit vellera luto,
Sponta sua sandyx pascentes vestiet agnos
Talia saecula suis dixerunt currite fusis
Concordes stabili fatorum numine parce.

No les pregunte usted mi estimado amigo, cómo han descubierto tantos prodigios, quién les ha revelado tan admirables arcanos: sobre todo no les exija usted pruebas de lo que asientan; ni, tratándoles cual si fueran adocenados pensadores, se atreva usted a requerirles para que demuestren lo que afirman. Éstas son cosas que más bien se presienten que no se conocen; tienen algo de poético, de aéreo; son previsiones envueltas en figuras, simbólicas; y quien con esto no se satisface es indigno de la filosofía, la llama del genio no ha tocado su frente, no ha brotado en su espíritu la inspiración creadora. Por lo demás, ¿quién no ve algunas señales de esa transformación maravillosa? No todos alcanzan a preverla con tanta claridad como aquellos a quienes ha sido revelada en misteriosas apariciones; pero a nadie pueden ocultarse los infalibles síntomas que anuncian una próxima y universal mudanza.

Aspice convexo nutantem pondere mundum.
Terrasque tractusque maris coelumque profundum:
Aspice, venturo lautentur ut omnia saeclo.

Menester es confesar que el expediente ideado por estos filósofos no es lerdo, y que además tiene la indecible ventaja de ser muy cómodo. Maldito el provecho que sacaron los que se propusieron arreglar el mundo presente; lo que conviene es endosarlo todo al porvenir, que al buen pagador no le duelen prendas. Sócrates con su manto rasgado, y luego con su cicuta, Diógenes con su tonel, y su arena abrasada, Heráclito con sus lágrimas, y Demócrito con su risa, no entendían una palabra de achaque de filosofía.

Burlarse de lo pasado, gozar de lo presente, y alucinar a todo el mundo con la esperanza de un bello porvenir: he aquí la fórmula más cabal que se encontrara jamás para evitarse disgustos y salir airoso de todo linaje de compromisos. ¿Y si el porvenir no corresponde a los pronósticos?, objetarán algunos escrupulosos. Medrados estamos, si hemos de darnos pena por lo que sucederá: el negocio consiente largas, el plazo que tomamos no es breve, y para no aventurar nada lo dejamos indefinido; siempre podremos solicitar una nueva dilación, y, si alguien de nosotros hasta se adelanta a fijar tiempo, no tengáis cuidado, que no debe de ser tan olvidadizo que no recuerde aquello de

> No temáis, señor mío,
> Respondió el charlatán, pues yo me río.
> En diez años de plazo que tenemos,
> El rey, el asno o yo ¿no moriremos?

Hecha la debida justicia a la filosofía del porvenir, réstame el nutantem pondere mundum, quiero decir, la gravísima complicación de los problemas que pesan sobre la sociedad, y ver hasta qué punto tienen fundamento los filósofos para hablarnos de las transcendentales mudanzas que las futuras generaciones están destinadas a presenciar. Por de contado muchos de ellos dan por supuesto que no se verificarán estos cambios bajo la influencia de la religión; que, al contrario, ésta va perdiendo terreno, y que una de las principales condiciones de la renovación del mundo, ha de ser el sustituir a la religión la filosofía. Ya se ve; como, en sentir de ciertos hombres, las religiones, y particularmente el cristianismo, no son otra cosa que «una producción espontánea de las ideas de las masas, abriéndose paso y encarnándose, cuando son maduras, en una imaginación exaltada, a menudo alucinada por la revelación que ella anuncia»; se dará un paso agigantado en la carrera de la perfección social, cuando las masas sean bastante ilustradas para contemplar la verdad en toda su pureza, cara a cara, sin necesidad de los símbolos y envolturas que solo convienen a la flaqueza de inteligencias limitadas. Inútil es decir que no convengo yo con M. Jouffroy en tan peregrina definición, y que, por consiguiente, tampoco puedo admitir las deducciones a que ella se brinda. No creo, pues, que jamás puedan dirigirse bien las masas (y en esta palabra masas comprendo la sociedad entera), sin la influencia de la religión, y que tan absurdo me parece el que la filosofía llegue nunca a llenar el vacío ocupando su puesto, como el que la religión sea una producción espontánea de las ideas de las masas.

En este siglo de análisis filosófico-histórico, sería muy curiosa la demostración en que se produjesen los datos fehacientes de que el cristianismo fue el producto espontáneo de las masas. ¿De qué masas salió el Evangelio?, ¿eran las judías o las idólatras? Si de las primeras, ¿cómo es que los acérrimos defensores de la ley de Moisés fuesen los capitales enemigos de Jesucristo?; ¿dónde hay un solo hecho, una sola palabra, un leve indicio, de que Jesús aprendiese de los judíos su sublime enseñanza? ¿No es, al contrario, patente que las palabras del Divino Maestro eran recibidas como enteramente nuevas, y que llenaban de asombro y estupor a cuantos le oían, escandalizándose los unos de la novedad, y acogiéndolas otros con transportes de admiración y con entusiasta acatamiento? ¡Hombres ciegos! Si habéis leído el sermón sobre la montaña, si habéis reparado jamás en aquel raudal de sabiduría y de amor que fluye de los labios de un Hombre que no había aprendido las letras, decidnos: ¿dónde estaban las doctrinas que en él se vierten? Desparramadas, nos diréis, en medio del pueblo; pero, dejando aparte la convincente reflexión que se acaba de indicar, ¿qué prueba señaláis para asentar tan extraña paradoja? ¿Mentaréis por ventura la filosofía de la época? Pero, ¿acaso sois únicamente vosotros los que de ella tenéis conocimiento? ¿Creéis que se ha perdido en el mundo la historia científica contemporánea? Además, que ni siquiera otorgáis a la religión este honor de nacer de la filosofía, ¡la hacéis brotar de la cabeza de las masas! Recuérdese, pues, para no olvidarse jamás, que la religión más admirada hasta por sus propios enemigos, por la sabiduría y santidad de que rebosa, fue un producto espontáneo de las ideas de las masas del tiempo de Tiberio y de Herodes. ¡Lo ridículo compite con lo sacrílego!

Hasta ahora se había creído que las masas estaban en posesión de la ignorancia, que la presunción, en materia de grandes pensamientos, estaba en favor de algunos genios privilegiados, y que de éstos debía derramarse sobre aquéllas la luz que necesitaban. Ahora sabremos que esta luz preexiste en ellas, y no como quiera, sino preparada para ejercer sus efectos, como fruta madura, y que, cuando un hombre extraordinario surge de en medio de la muchedumbre, a esta muchedumbre debe todo cuanto piensa y todo cuanto hace. Sin duda que ni aun a los ojos de sus enemigos será el cristianismo menos admirable que los más elevados sistemas filosóficos; de lo que podremos inferir que estos habrán de tener el mismo origen. En efecto: la religión no es, en tal caso, más que una filosofía disfrazada con símbolos y enigmas; de suerte que la invención de aquélla tiene sobre ésta una dificultad particular, que consiste en excogitar acertadamente los velos con que se ha de cubrir. Podremos, pues, afirmar, sin riesgo de equivocarnos, que la filosofía de Sócrates, de Platón, de Aristóteles, de Bacon, de Descartes, de Malebranche, de Leibnitz, no era otra cosa que una producción espontánea de las masas; y, ¡cosa rara!, también habrá de caber la misma suerte a la tan ponderada de Kant, Hegel, Cousin, y del mismo Jouffroy.

Bien haya quien tales descubrimientos nos proporciona; quien revela con tan estupenda sagacidad el camino que se ha de seguir para llegar a la más alta sabiduría. ¡Oh!, ¡cuán errado andaba Descartes cuando se condenaba a tan dilatadas meditaciones, comenzando ya desde el colegio a obtener la dispensa de no madrugar demasiado, y fomentar así con el suave calor la fuerza de la contemplación a que se abandonaba! ¡Muy tonto era Malebranche, que pasaba sus días en el mayor retiro, sepultado en su gabinete, y cerradas las ventanas para que la luz no le distrajese! A estos pobres filósofos, y a sus menguados maestros y discípulos, se les había metido en la cabeza que es infinito el número de los tontos, y que quien deseaba ser sabio, o menos tonto, debía andar cuidadoso en no dejarse contaminar demasiado de la atmósfera del vulgo, y hasta contando por vulgo a tantos como se eximen de este dictado por más legítimos títulos que justifiquen su pertenencia a la misma clase. Ignoraban estos buenos señores que, ora sea para idear un sistema de filosofía, ora para inventar una religión, es necesario mezclarse entre las masas, no precisamente para observarlas en sus extravíos, en sus errores, en sus pasiones, en sus caprichos, y estudiar así los resortes del espíritu humano, y aprender a dirigirle, que esto ya lo sabíamos de muy antiguo, sino para ver las ideas que en ellas germinan, para seguirlas en su crecimiento y desarrollo, y, en notando que están maduras, aprovechar el momento crítico, formularlas, haciendo que se encarnen, y presentar luego el resultado a las mismas masas asombradas, diciéndoles: «he aquí un presente del cielo».

¡Pobres masas!, y no sabrán que adoran un ídolo que ellas han fabricado; que comen, cual maná bajado del cielo, la misma fruta que de ellas ha nacido; y de tal manera, que, para ofrecérsela el mentido impostor, apenas ha tenido ningún trabajo, solo el de cogerla, pues, que ya estaba madura.

Si los católicos nos hubiéramos permitido tamañas paradojas, si nos hubiéramos atrevido a emitir semejantes aserciones, contrarias a la buena filosofía, en oposición con la historia, repugnantes al sentido común, sin pruebas de ninguna clase, sin indicios los más leves, sin el más remoto fundamento para apoyar la conjetura; si, mal hallados con el lenguaje ordinario, hubiéramos echado mano de expresiones simbólicas, haciendo encarnar ideas, y con la peregrina ocurrencia de aplicarles la metáfora de maduras, ofreciendo de esta manera un estrambótico contraste, todos los diccionarios de la sátira no hubieran sufragado los apodos necesarios para cubrir de burla semejante atentado contra la filosofía y el buen gusto. Juzgue usted, mi estimado amigo, entre nuestros adversarios y nosotros; y juzguen con usted todos los hombres de sana razón.

Infiero de lo que acabo de exponer, que es una pura quimera la profecía de algunos filósofos de nuestra época de que el cristianismo esté destinado a morir, y de que haya de recoger su herencia esa filosofía, de que todos hablan, sin decirnos en qué consiste. En este punto, paréceme astuta y todavía más cómoda, la conducta de M. Cousin, fundada en los motivos que nos ha revelado M. Pedro Leroux en un número de la Revista independiente. El pasaje es curioso, y merece la pena de copiarle. «Hace ya muchos años, dice M. Leroux, que conversando con M. Cousin sobre su apología, no de Sócrates, sino de los jueces de Sócrates, extraña paradoja escrita, a lo que parece, para hacer una mueca a Platón y a Jenofonte, le echábamos en cara este acto irracional que mirábamos como un crimen de lesa filosofía. Interrumpióse M. Cousin en su respuesta, para preguntarnos: ¿cuánto tiempo os parece que a la religión de nuestro país le queda de vida?

—No es ésta la cuestión —le dije yo—; trátase de la filosofía, de la verdad; jamás los filósofos hubieran hecho nada bueno, si, en vista de la realidad, se hubiesen interrogado de esta suerte para saber lo que debían hacer.

—Yo —replicó M. Cousin—, creo que el catolicismo tiene todavía alimento para trescientos años (en a encore pour trois cents ans dans le ventre); en consecuencia, me quito humildemente el sombrero en presencia del catolicismo, y continúo la filosofía.»

Hubo un tiempo en que cundió entre los protestantes la manía de anunciar la caída del catolicismo, fijando con tanta precisión la época, como pueden hacer los astrónomos con un eclipse, o el paso de un cometa. Seguros de la predicción, la pregonaban con gran ruido; pero las cuentas debían de estar mal ajustadas, que la época fatal llegaba, y el pronóstico no se cumplía. Estos profetas eran a veces sobrado indiscretos; pues se atrevían a señalar un plazo breve, cuyo transcurso no era bastante a que se hubiese olvidado el anuncio. M. Cousin recordaría sin duda estos chascos proféticos, y, no queriendo llevar las cosas a un extremo a guisa de buen conservador, y proponiéndose, por otra parte, evitar la burla de ser desmentido, escogió un medio término entre los siglos de los siglos de los católicos y el corto espacio de los profetas protestantes, y le otorgó al catolicismo un plazo de trescientos años. De esta manera, cuando en todo el presente siglo y en el siguiente se admiren algunos de que vaya durando el catolicismo, estará muy a mano la satisfactoria respuesta de que «esto ya lo había pronosticado M. Cousin»; y cuando pasados los trescientos años, al expirar el plazo fatal, se vea que el catolicismo no muere por inanición, y que le queda todavía alimento; entonces ya nadie se ha de acordar de M. Cousin, cuando menos de su profecía.

En lo moral como en lo físico, el primer síntoma de estar tocado de muerte un ser cualquiera, es no crecer, no producir; la cercana extinción de la vida se muestra siempre por la falta del desarrollo y de la acción del ser que muere. Sécansele al árbol sus hojas, se marchitan las flores, no le nace el fruto; al animal se le retira el calor, sus facultades funcionan con lentitud, su obrar es lánguido, su fecundidad cesa. Observad el mundo intelectual y moral, y notaréis los mismos fenómenos. Cuando un sistema filosófico caduca, pierde su acción propagandista; lejos de aumentar el número de sus prosélitos, se disminuye: no se hace nueva aplicación de sus doctrinas, se arrumban las que se hicieron, todo se prepara para que caiga en desprecio, y luego en olvido. Una legislación próxima a perecer, es con frecuencia desobedecida, sus propios sostenedores no se atreven a hacer uso de ella, no se extiende a otros pueblos, es ya un cuerpo exánime a quien solo faltan los honores de la sepultura. Lo propio sucede con las instituciones, sean del orden que fueren, y por más que haya sido su importancia. La muerte que les amenaza de cerca, se manifiesta por síntomas infalibles. Recórrase la historia entera, fíjese la vista en todas las instituciones sociales y políticas, que por una u otra causa hayan adolecido de achaque mortal, y se verá que en los últimos períodos de su existencia se parecían a aquellos edificios ruinosos, de los cuales huyen a toda prisa los habitantes para no ser sepultados en sus escombros.

Nada de esto se verifica con el catolicismo. Arraigado en España, Portugal, Italia, Francia, Bélgica, en varios países de Alemania, en Polonia, en Irlanda, con dilatados dominios en la América, progresando en Inglaterra, en los Estados Unidos, desplegando vivísima actividad en las misiones de Oriente y Occidente, difundiendo de nuevo en distintas regiones los institutos religiosos, sosteniendo vigorosamente sus derechos, ora con enérgicas protestas, ora arrostrando la persecución, defendiendo sus doctrinas con grande aparato de saber y de elocuencia en los principales centros de inteligencia del mundo civilizado, contando entre sus discípulos hombres esclarecidos, que no les van en zaga a los de otra secta cualquiera, ¿dónde están los síntomas de una muerte cercana?, ¿dónde las señales que indican la caducidad?

Ya preveo, mi estimado amigo, la dificultad que me va usted a objetar; y, por si no le ocurriese a usted, yo mismo cuidaré de presentarla sin quitarle nada de su fuerza. Si tanta es la vida entrañada en el catolicismo; si tan claras y evidentes son las señales con que se muestra, ¿por qué estáis lamentándoos de los males que afligen a la Iglesia en este siglo?, ¿por qué se recuerdan a cada paso aquellos días de gloria, que alcanzara en épocas más felices? A esto responderé, en primer lugar, que yo no he dicho que el catolicismo no haya sufrido grandes quebrantos: únicamente he sostenido que en su situación actual no se descubrían anuncios de muerte. Estas dos aserciones son muy diferentes, nada tiene que ver la una con la otra. Esta contestación basta y sobra para desvanecer la dificultad propuesta; pero a mayor abundamiento me permitiré añadir que también suele haber alguna exageración de los actuales males de la Iglesia, en comparación de los que sufrió en otros siglos. La decadencia de la fe y de las costumbres es a menudo ponderada en demasía, no solo por los enemigos de la Iglesia, sino también por sus hijos más predilectos. Éstos por celo y por un santo pesar, aquéllos por espíritu de maledicencia y por un secreto placer de anunciar el desmoronamiento de lo que desean ver arruinado, todos contribuyen a que suenen muy alto los ayes en que se lamentan los males de la época, y a que los hombres ignorantes o poco advertidos se imaginen que, comparado con el de los antiguos tiempos el catolicismo de ahora, ha pasado a ser, de un reino pacífico, rico, poderoso, floreciente, una miserable comarca, entregada a un reducido número de moradores, víctimas de la degradación y de la anarquía.

Con perdón de los que así opinan, y para consuelo de los que desearían ver en la Iglesia un cuadro más halagüeño, diré que no es esto lo que enseña la historia, y que, cuando tan sentidamente se lamentan los males de nuestro tiempo, es por la sencilla razón de que siempre la enfermedad presente es la peor.

Cuantos desean comprender algún tanto la historia del cristianismo, y no escandalizarse a cada paso por los acontecimientos adversos que en tanta abundancia nos ofrece, no deben jamás perder de vista que la religión de Jesucristo lo es de sufrimientos, de contrariedades, de persecuciones; es una religión de sacrificio, que se inauguró sobre la tierra con la inmolación del Cordero sin mancilla. Todo lo que a ella pertenece, lleva este formidable sello: el Bautista precursor es decapitado, y su cabeza sirve de presente en una orgía para abrevar de sangre una horrible venganza; los apóstoles sufren el martirio en las diversas partes del mundo; y viene tras ellos una muchedumbre que nadie puede contar, de todas lenguas, tribus, naciones, condiciones, edades, sexos, que sufren los tormentos y la muerte por la fe, y lavan sus estolas en la sangre del Cordero. ¿Os desalientan las apostasías que estáis presenciando, los errores que pululan, el extravío de tantos que, o por interés, o por verg̣enza, o por otras pasiones, niegan al Divino Maestro? Pero, ¿olvidáis, acaso, la traición de Judas y la negación de San Pedro?

Vemos, es cierto, muchedumbre de sectas separadas; vemos cuál se asestan contra la Iglesia los tiros del sofisma y de la calumnia; pero, ¿es esto otra cosa que una repetición de lo que ha sucedido en todos los siglos desde su fundación? En el primero brotan como inmundos insectos las inmorales herejías de Simón, Cerinto, Menandro, Ebión, Saturnino, Basílides y Nicolao. En el segundo aparecen los Gnósticos, Valentinianos, Orfitas, Archonticos, Cayanos, Helcésitas, Encratitas, Marcionistas, Montanistas y otros. En el tercero encontramos los sectarios de Praxeas, de Sabelio, de Paulo de Samosata, de Navato, de Manes; de suerte que, mientras la Iglesia tenía contra sí los potros, los caballetes, la cuchilla, las hogueras, y todo linaje de horrendos suplicios, veía salir de su propio seno hijos ingratos que le despedazaban las entrañas corrompiendo la pureza de la moral y del dogma, levantando cátedra contra cátedra, y propalando, cual doctrinas emanadas del cielo, los sueños de la ilusión, y de la impostura.

Y ¿qué diremos de los siglos siguientes? Se habla de la paz de Constantino, se ponderan las ventajas que de ella resultaron a la Iglesia; es cierto; pero no lo es menos que aquella paz fue a menudo interrumpida, con frecuencia muy amargada, y que el Divino Esposo no le dejó olvidar un momento que estaba en tierra de peregrinación, que era militante, y que no le era dado disfrutar aquí abajo de la calma y felicidad que le están reservadas para cuando la Jerusalén de este mundo esté absorbida en la celestial. En el mismo siglo en que la cruz se enarboló sobre el trono de los Césares, experimentó la Iglesia tantos sinsabores, que difícilmente se los causaran más dolorosos los rigores de la persecución. ¿Quién ignora la turbación y desastres acarreados por los cismas de los Donatistas, Melecianos y Luciferianos? Las Iglesias de África, de Egipto, de Asia, vieron erigido altar contra altar, divididos escandalosamente los fieles, hecha pedazos la túnica inconsútil de Jesucristo. Y ¿qué será si recordamos las muchas herejías que a la sazón se levantaran, y particularmente las de Arrio y Macedonio? Penosas son en nuestra época las tareas de aquellos a quienes puso el Espíritu Santo para regir la Iglesia de Dios; pero penosas eran también las de los obispos que formaban los concilios de Nicea y de Constantinopla. Y no faltaban también emperadores

que afligían a la Iglesia, extralimitándose de sus facultades y entrometién-
dose en los negocios puramente eclesiásticos, y había también un Juliano
apóstata que se complacía en abatirla y humillarla, y había también escritores venenosos que derramaban por todas partes sus funestas doctrinas;
y los apologistas de la religión se veían precisados a trabajar sin descanso,
a multiplicarse, por decirlo así, para hacer frente a los muchos puntos que
reclamaban el auxilio de su saber y de su elocuencia en defensa de la religión. San Atanasio, San Cirilo, San Basilio, los dos Gregorios, San Epifanio,
San Ambrosio, San Agustín, San Jerónimo, San Juan Crisóstomo, y otras
lumbreras de aquel siglo, recuerdan los empeñados combates que a la sazón
sostuvo la verdad contra el error, supuesto que para alcanzar la inmortal
victoria se empeñaron en la lucha tantos gigantes.

Sigue luego la irrupción de los bárbaros, y la Iglesia, lejos de disfrutar la
época bonancible que parecía necesitar para su descanso, se encuentra
entre la ferocidad de los invasores, los estragos que en ellos había hecho
el arrianismo, el ciego y caviloso prurito de disputa de los emperadores de
Oriente, y el espíritu de resistencia a la autoridad que se desenvuelve en
diferentes herejías. ¡Cuántos concilios! ¡Cuántas decisiones de los Papas!
¡Cuántos escritos de varones eminentes por su santidad y sabiduría!
¡Cuántos vaivenes en los pueblos sometidos a la Iglesia! ¡Cuántas oscila-
ciones en la fe! ¿Dónde está esa calma que algunos echan de menos; ese
predominio no disputado, esa envidiable bonanza en que se imaginan la
barquilla de San Pedro, surcando un mar sosegado y tranquilo?

De esta suerte, y con varia, pero siempre agitada fortuna, se llegó al siglo
X; en él no hubo herejías, pero en cambio había una profunda ignorancia,
madre de la corrupción, que a su vez engendra también los más detestables
errores: «aeternam timuere saecula noctem». Tomaron cuerpo entonces las
violencias de los príncipes salidos de la barbarie; entronizóse el feudalismo,
siguió la lucha de los pueblos contra los señores, y de éstos entre sí y con
los reyes; brotando de ese caos nuevas herejías con un carácter más prác-
tico, más invasor, más amenazador que las antiguas. No necesito recordarle
a usted, mi estimado amigo, los nombres de los que, ora con las armas, ora
con la pluma, ora con la predicación, se desencadenaron contra la Iglesia; la
historia de estos errores y contiendas es inseparable de la de Europa; solo

diré que la aparición del protestantismo, si bien fue una catástrofe de imponderables consecuencias, no fue, sin embargo, un hecho del todo nuevo, sino que tomó un carácter peculiar a causa de la época en que nació.

Grandes males tiene que llorar actualmente la Iglesia, pero mucho dudo que sean iguales a los del siglo decimosexto y siguiente: ni en errores, ni en desastres, parece que nada dejaban que desear al genio del mal. Por lo que toca al siglo pasado, está demasiado cerca de nosotros para que sea necesario mentarle siquiera; baste recordar que se abrió con las disputas y la terquedad del jansenismo, y se cerró dignamente con la Constitución del clero y las persecuciones de la Convención.

No me he propuesto hacer ni un ligero bosquejo de las contrariedades que en todos tiempos ha sufrido la Iglesia, para que pudiesen compararse con las que padece en el nuestro, y sí únicamente echar allá y acullá algunas plumadas, que al menos recordasen los principales acontecimientos que tan trabajosa y gloriosa a la vez nos presentan su historia. Con esto desearía que se consolasen los fieles que con excesiva aflicción contemplan los males de nuestra época, reflexionando que no es tan cierto como ellos quizás se imaginan, que éste sea el tiempo en que Dios ha permitido que campease con más audacia el poder del príncipe de las tinieblas. Al menos por mi parte abrigo sobre este particular fuertes dudas, que se ofrecerán a cualquiera que repase con atención los anales eclesiásticos.

Ateniéndonos a lo sucedido durante el siglo pasado y el presente, se me dirá que en Francia la fe ha perdido mucho, y se me recordará que lo propio acontece en Portugal, España e Italia; pero yo replicaré que también ha crecido en Irlanda, que ha ganado mucho en Inglaterra y Escocia; y, sin empeñarme en discusiones sobre la exactitud de la compensación, observaré que la Iglesia ha conquistado en nuestra época una ventaja inmensa, cual es, que entre los países más civilizados y cultos no hay ninguno donde se la mire con hostilidad perseguidora. Y no se me cite en contrario el ejemplo de Rusia, ni un extravío pasajero del gobierno de Prusia, ni las anomalías de otros países: la causa de la religión parece más bella cuando se enlaza con los recuerdos de nacionalidad de un pueblo desgraciado; y la Iglesia se presenta más hermosa y lozana, cuando tiene por perseguidores el raquitismo en política y la nulidad en filosofía.

Calculan algunos incrédulos la decadencia de la fe, por lo que observan en las personas de su trato; y, como éstas son a menudo de las mismas ideas, deducen que la incredulidad es el estado normal de los entendimientos. Acontece en este punto lo mismo que en los relativos a costumbres. El inmoral halla la inmoralidad en todas partes: no hay para él un hombre honrado, una mujer honesta, un magistrado íntegro, un comerciante de buena fe: la perfidia, la corrupción, el soborno, reinan en todas las almas: y, si bien reparáis en su manera de discurrir, sus propios vicios no son más que el resultado de la profunda convicción de que es enteramente imposible el ejercicio de la virtud. No le faltan, ni excelente índole, ni buenos deseos, ni la fuerza de ánimo necesaria para practicar el bien; pero ¿qué fruto sacaría de constituirse en única excepción sobre la tierra? Víctima de las malas artes y de las pasiones de sus semejantes, fuera un estéril holocausto ofrecido en las aras de la virtud, de esa diosa que de tan antiguo abandonó, para no volverlas a ver, las moradas sublunares. ¿No es verdad, mi estimado amigo, que así hablan los hombres inmorales, que tienen bastante conocimiento para reflexionar un poco sobre su estado, creando una especie de filosofía que les sirva de comodín contra los remordimientos de su conciencia? Aplique usted a la incredulidad lo que acabo de decir, y hallará una perfecta analogía. Habla el incrédulo con hombres que comparten sus errores: echan una ojeada sobre el estado de las creencias, y, como cada cual recuerda haberse hallado con otros de la misma opinión, cuando menos sus maestros o discípulos, llevan todos su contingente de incredulidad observada en distintos lugares, e infieren, sin vacilar, que la inducción es cumplida, que todos los votos están recogidos, que la fe no tiene un solo partidario, y está condenada irremisiblemente, desterrada para siempre del mundo. Fulano, dicen, aparenta creer, pero es hipocresía; Zutano lo finge por interés, Mengano por no contristar a una madre, a una esposa devotas; por lo demás, todos los hombres que piensan están acordes en este punto; el hecho es tan cierto, que se halla fuera de discusión.

Con esta seguridad he oído hablar, estos discursos he oído hacer; pero yo, que no podía olvidar lo que he visto con mis ojos; yo, que tampoco había descuidado observar y recoger hechos sobre la misma materia, no podía resignarme a abdicar mis opiniones y a suponer errados todos mis cálculos.

Además, encontraba también otro motivo para no dar mucha importancia a las inducciones de mi adversario; sin apariencias de contradecirle, daba a la conversación un giro que indicarme pudiera las fuentes donde había bebido ese profundo conocimiento del mundo, el teatro donde había hecho sus observaciones sobre el estado actual de las creencias. Desde luego echaba de ver que de las personas y círculos a que se refería, aun cuando él no me lo hubiera dicho, a la legua hubiera yo sospechado que no abundaban de fe; si es que de antemano no me constaba lo mismo que él me estaba revelando. Hablábale entonces de otra sociedad, como suele decirse; de otras reuniones, de otros hombres; no tenía noticia de ellos, no estaban en su cuerda. Traía la conversación al movimiento religioso de este o de aquel país; pronunciaba el nombre de un autor distinguido en esta materia; recordábale un pasaje interesante de una obra escogida; a esta literatura no se había dedicado mucho; siquiera por amor propio, afectaba tener de esto algunos conocimientos, bien que con la modestia de no manifestarlos; pero yo, para mis adentros, inferia que aquel hombre hablaba de lo que no sabía, que en sus cálculos deducía de lo particular lo universal, y que todo su aparato de observación sobre el estado de las creencias se reducía a noticias de que no carece ninguna persona entendida.

Ni la sociedad, mi estimado amigo, está toda en las capitales, ni las capitales se forman exclusivamente de un determinado número de reuniones, por más que éstas sean a menudo las más presumidas y pretenciosas; necesario es extender la vista algo más allá, cuando se quiere formar juicio sobre el estado de las creencias. No sucede con ellas lo que con el movimiento político o mercantil. Éstos se limitan a círculos por lo común muy estrechos; y, para juzgar de su situación y tendencias, basta regularmente colocarse en algunos de los centros en cuyo torno se verifican. En negocios de religión es muy de otra manera; sus ramificaciones son inmensas, sus raíces calan hasta las entrañas de la sociedad; la soberbia capital, como la miserable aldea, no se eximen de su influjo, y así es harto arriesgado el juzgar de ellos por lo que se ha notado en círculos reducidos.

Pero ya esta carta va tomando más ensanche del que conviene; y así, resumiendo mis ideas, diré que lo que usted llama tan acertadamente la filosofía del porvenir, es una de tantas quimeras como sueña el espíritu humano;

que ningún problema resuelve, que nada nos dice sobre las altas cuestiones que se propone ventilar; que sus pronósticos no llevan camino de cumplirse, y que el catolicismo no presenta señales de muerte ni caducidad. Por lo tocante a las profundas mudanzas que en sentir de esos filósofos se han de verificar en la sociedad, convengo con ellos; pero no creo que sea de la manera que los mismos se figuran. No tengo dificultad en reconocer que estamos en una época de transición; pero me inclino a pensar que esta transición, lejos de ser característica de nuestra época, es, en cierto modo, general a toda la historia de la humanidad; porque es evidente que el género humano está pasando continuamente de un estado a otro. La perfectibilidad indefinida de que nos están hablando sin cesar los filósofos del porvenir, es también asunto sobre el cual abrigo yo mis dudas; así como sobre lo que dan por supuesto y enteramente incuestionable, de que la humanidad, aun aquí en la tierra, adelanta siempre hacia la perfección, haciendo sin cesar nuevas conquistas. El escepticismo filosófico de que, como le dije en una de mis anteriores, estoy algo tocado, hace que, al oír enunciar alguna proposición demasiado general, no me deje alucinar ni por la celebridad ni el tono magistral de quien la emite; y que, en uso de mi independencia, examine si el acreditado maestro podría haberse equivocado. Esto me ha sucedido con la transición actual, y con la marcha continua de las sociedades, y con las mudanzas que para lo venidero se nos pronostican; sobre todos estos puntos le diré mis opiniones en otra que pienso escribirle otro día. Ahora no puedo hacerlo, ya por no alargar demasiado la presente, ya porque «non tantum est otii». Queda de usted su afectísimo S. S. Q. B. S. M.

J. B.

Carta V. La sangre de los mártires

Asiéntase el hecho histórico. Se propone una dificultad contra la fuerza de este argumento. Pasaje de Prudencio. Lo que puede el entusiasmo por una idea. Reflexiones sobre la exaltación de ánimo, según las causas de que procede y el objeto a que se dirige. La guerra. El duelo. El valor y la fortaleza. Régulo y Scévola. Los mártires. Situación horrible en que se encontraban. La persecución y el entusiasmo. Disípase un error muy dañoso. El perseguir una doctrina no es buen medio para propagarla. Pruebas tomadas de la filosofía y de la historia. Cotejo entre la propagación del cristianismo y la del protestantismo.

Ya veo, mi estimado amigo, que me ha de ser muy difícil realizar el pensamiento que en un principio me proponía de dar cierto orden a la discusión religiosa que íbamos entablando, encerrándola en un cauce del cual no pudiese salir, sin perjuicio de dirigirla por países amenos, y permitiéndole tortuosidades caprichosas, que le quitasen la apariencia de la regularidad escolástica, y diesen a la materia un aspecto agradable y entretenido. Inútiles son todos mis conatos para hacerle entrar a usted en este plan; pues, según parece, le gusta más el tratar puntos inconexos, divagando como abeja entre flores. Aun cuando conozco muy bien los inconvenientes de este sistema de conducta, y, si mal no me acuerdo, se los llevo ya indicados en una de mis anteriores, preciso se me hace el seguirle a usted por el camino que le place señalarme, para que no le venga a usted a la mente que trato de esquivar cuestiones delicadas, y que, envolviendo a mi contrincante en una nube de autoridades y, de raciocinios teológicos, me propongo ocultar puntos flacos, apartando de ellos el peligro de un ataque. Sin embargo, esta necesidad fuera para mí más desconsoladora, si usted no se sirviese advertirme que «no carece del conocimiento de las mejores obras que se han escrito en defensa de la religión, y que, reservándose estudiarlas para cuando haya más tiempo y paciencia, solo intenta en la actualidad aclarar, por vía de recreo y esparcimiento, algunos puntos difíciles, como quien quita la broza que impide la entrada a un camino anchuroso».

A decir verdad, no me desagrada que usted haya traído la discusión sobre el punto de la sangre de los mártires, pues es asunto sobre el cual hay mucho que decir, y en el que tarde o temprano hubiéramos tenido que entrar, si la controversia hubiese seguido el curso que yo deseaba. Esta sangre es, a no dudarlo, uno de los argumentos más firmes en apoyo de la verdad de nuestra santa religión, y así, al examinar las razones que los cristianos podemos alegar en defensa de nuestra fe, o, como suele decirse, los motivos de credibilidad, tampoco hubiera yo olvidado el presentarle a usted ese prodigio, en que personas de todas las edades, sexos y condiciones mueren con heroica fortaleza, por no profanarse ni con un solo acto que no estuviese conforme con la fe del Crucificado.

Pero, antes de hablar yo, quiero que hable usted; y así, para no confundir las ideas, y con la mira de que ni uno ni otro olvidemos el verdadero estado de la cuestión, y de que, por consiguiente, la respuesta pueda ser más cabal y ajustada, reproduciré lo que me dice usted en su apreciada. «Respeto como el que más la fortaleza de ánimo dondequiera que la encuentro, y confieso ingenuamente que el heroísmo del sufrimiento es a mis ojos mucho más sublime que el heroísmo del combate. Con esto le ahorraré a usted no poco trabajo, pues que así conocerá desde luego que no tiene necesidad de fatigarse en ponderarme ni el número de los mártires, ni sus atroces tormentos, ni su invicta constancia, ni tampoco en excitar mi entusiasmo, poniéndome delante de los ojos, caducos ancianos, débiles mujeres, tiernos niños, marchando impávidos a morir por su fe. Dudo mucho que en esta parte me exceda usted en sentimientos de respeto y admiración, así como no tiene usted que recelar que mi escepticismo llegue hasta levantar dudas sobre la inmensa muchedumbre de dichos mártires; no me agrada aguzar mi ingenio para combatir hechos de tan probada verdad. Mis impotentes negaciones no borrarían por cierto las páginas de la historia. Pero, dejando aparte y confesando expresamente la verdad del hecho, no puedo convenir en que puedan sacarse de él las consecuencias que ustedes, los cristianos, pretenden; porque es bien sabido que el entusiasmo por una idea puede producir semejantes efectos; y en cuanto a la propagación de las creencias cristianas que resultó de la persecución, bien sabe usted que el secreto de prosperar una causa es el hallarse contrariada, combatida; el poderse presentar sus defensores con honrosas cicatrices que acrediten profundas convicciones e invicta constancia el sustentarlas.» No he querido cercenarle a usted ninguna parte de su argumento, ni escatimarle en lo más mínimo el valor de la dificultad; pero también, me ha de permitir usted que me extienda en la solución de la misma, cual reclama la importancia de la materia.

Ante todo, acepto de buena gana la confesión de que el número de nuestros mártires es asombroso, no siéndolo menos las circunstancias de su martirio, ora se atienda a los tormentos, ora a las personas que los sufren. Y cuando la acepto con gusto, es solamente por la complacencia que me causa el ver que usted no trata de empeñarse en combatir hechos de tan probada verdad; pero no porque sea ésta una confesión a que yo no pudiese obligar a mi adversario: para lograr mi objeto no hubiera debido hacer más que abrir las páginas de la historia; y, como observa usted muy bien, esas páginas no se borran con impotentes negaciones. Las actas de los mártires no son devotas leyendas, inventadas para nutrir la piedad de los fieles; son documentos que han pasado por el crisol de la crítica más severa. Ruinart, Mabillón, Natal Alejandro, Fleuri, Tillemón, Papebroche, Holstenio, y otros críticos por cierto nada sospechosos de excesiva credulidad, y cuya inmensa erudición y refinado discernimiento les aseguran completa competencia, hubieran venido en mi ayuda, si usted no hubiese tenido la prudente precaución de abstenerse de una contienda, en la que no hubiera llevado ventaja, a pesar de toda la brillantez de su talento; ¿qué valen los raciocinios contra hechos más claros que la luz del día? Solo la ciudad de Roma es un argumento irrefragable en confirmación de la inmensa muchedumbre de los mártires. Se ha dicho que los subterráneos de la ciudad eterna eran un gran sepulcro: ¡digna peana de la cátedra de San Pedro! «Vimos en la ciudad de Rómulo, decía Prudencio, innumerables cenizas de santos: si preguntas, oh Valeriano, por las descripciones de los túmulos y los nombres de las víctimas, difícil se hace el responderte; ¡tan grande es el número de los justos sacrificados por el furor impío de Roma idólatra! Hay en muchos sepulcros algunas letras que nos indican el nombre del mártir o contienen breve alabanza; pero hay mármoles mudos que encierran silenciosa muchedumbre y que solo significan el número. ¡Cuántos cúmulos de cadáveres sin ningún nombre! Acuérdome que en solo un lugar vi las reliquias de sesenta, cuyos nombres solo conoce Cristo.»

Innumeros cineres sanctorum Romula in urbe
Vidimus, o Christo Valeriane sacer:
Incisos tumulis titulos, et singula quaeris
Nomina? Difficile est, ut replicare queam,
Tantos iustorum populos furor impius hausit
Quum coleret patrios Troya Roma Deos,
Plurima litterulis signata sepulcra loquuntur
Martyris aut nomen, aut epigramma aliquod,
Sunt et muta tamen tacitas claudentia turbas

Marmora, quae solum significat numerum,
Quanta virum iaceant congestis corpora acervis
Nosse licet, quorum nomina nulla legas,
Sexaginta illic defossas mole sub una
Reliquias memini me didicisse hominum,
Quorum solus habet comperca vocabula Christus.

Así hablaba en el siglo cuarto este insigne español; por donde se echa de ver que, ya en aquellos tiempos, causaban los subterráneos de Roma la profunda y religiosa admiración que producen en los viajeros de nuestra época. Diez persecuciones cuenta la Iglesia bajo los emperadores gentiles, que son las de Nerón, Domiciano, Trajano, Antonio Vero, Severo, Maximino, Decio, Valeriano, Aureliano y Diocleciano; en todas se cometieron horrendas atrocidades: y es necesario tener en cuenta que no se limitaba la persecución a pocos puntos, sino que se extendía por todo el ámbito del imperio. Espanto causa el leer en los autores contemporáneos las tremendas escenas que ofrecía a cada paso la crueldad de los perseguidores luchando con la firmeza de los mártires: jamás religión alguna se vio sometida a tan dura prueba: jamás se mostró con más evidencia la humanidad elevada a una altura inmensamente superior a sus fuerzas.

El entusiasmo por una idea dice usted que puede producir semejantes efectos; esta dificultad exige una respuesta detenida. No negamos nosotros que puedan venir casos en que una persona se exalte de tal suerte por una idea, afecto, o interés, que sea capaz de sacrificar su existencia: los ejemplos no fueran difíciles de encontrar en la historia de los tiempos pasados, y no faltan tampoco en los nuestros. Pero no se trata aquí de saber hasta dónde pueden llegar la fuerza y energía moral de este o aquel individuo, vivamente poseído de un objeto; no se intenta disputar la posibilidad de dar gustoso la vida por él, y hasta de sufrir atroces tormentos: la fuerza de nuestro argumento no consiste en semejantes aserciones, desmentidas por la razón y la historia; lo que decimos nosotros es que, atendida la humana flaqueza, no es posible sin particularísima asistencia del cielo que por espacio de tres siglos, en todos los puntos del orbe conocido, se hayan encontrado en tan asombroso número personas de todas edades, sexos y condiciones, que hayan perdido alegres su hacienda, su honor a los ojos del mundo, y acabado finalmente su vida entre los tormentos más crueles, solo por no querer abandonar la fe del Crucificado; esto decimos, y a quien nos contradiga, le exigiremos que nos muestre en los fastos de la humanidad un ejemplo semejante: no contentándonos con este o aquel ejemplo aislado, le pediremos que nos lo presente a millares de millares como podemos presentarlos nosotros; y, seguros de que no le ha de ser posible, creeremos estar en nuestro derecho cuando afirmemos que nuestra religión tiene un carácter de que están destituidas las otras.

Me dice usted «que todo país ha tenido sus mártires, pues mártires pueden apellidarse los que mueren por la independencia de su patria, sacrificando generosamente su existencia a la felicidad de sus compatricios; y que, sin embargo, no se ha creído nunca que para semejantes actos fuese necesaria una gracia especial del cielo». Esta observación, mi estimado amigo, me hace sospechar que usted no ha meditado mucho sobre el corazón humano en sus relaciones con los sacrificios, pues que de tal manera confunde las ideas, y no distingue cuáles son los que se nos hacen más costosos. ¿No ha pensado usted nunca en lo que va de valor a fortaleza, en la inmensa distancia que media entre acometer con denuedo un peligro o esperarle con calma, entre arrostrar un riesgo pasajero y tolerar resignadamente una larga cadena de trabajos y tormentos? Los hombres capaces de lo primero son en número muy crecido, pero son muy contados los que alcanzan a lo segundo. La razón lo convence; la historia y la experiencia lo atestiguan.

Es bien sabido que uno de los principales resortes que hacen mover al hombre, cuando obra en el orden puramente natural, son las pasiones; sin ellas, el corazón está frío; la razón combina, pero el brazo no ejecuta. Y, cuando de pasiones hablo, no me refiero tan solo a inclinaciones malas, ni a movimientos del ánimo hasta tal punto exaltado, que pierda de vista los principios de la sana razón y los consejos de la prudencia. Bajo el nombre de pasiones, comprendo también todos los sentimientos legítimos y generosos, todas las afecciones del alma, aun las más tranquilas y templadas, con tal que no pertenezcan al orden de la pura razón, y a los actos de voluntad que solo dimanan de aquélla; comprendo todos los impulsos espontáneos que nos llevan a un objeto como instintivamente, prescindiendo de la dirección del entendimiento: en una palabra, y para expresarme en lenguaje menos exacto, pero más llano y quizás más acomodado al común de los espíritus, por pasiones entiendo todo lo que suele llamarse movimientos del corazón.

Sabemos por la experiencia propia y la ajena que, cuando estos movimientos existen, nos hallamos más dispuestos a obrar en el sentido en que ellos nos impulsan, y que, cuando faltan, por más profundas que sean nuestras convicciones, y firme y decidida la voluntad, estamos tocados de una debilidad, de una indolencia, que necesitamos hacer grande esfuerzo para vencerlas, si la acción de que se trata se opone en algo a nuestras inclinaciones naturales. Supónganse dos hombres igualmente persuadidos del mérito de la beneficencia, en igualdad de medios para ejercerla, en idéntica oportunidad para practicarla; pero de tal suerte, que el uno esté dotado de un corazón compasivo y bondadoso, mientras el otro lo tenga naturalmente frío. La parte superior del alma, es decir, la razón y la voluntad, se hallan en el mismo estado en el primero que en el segundo; y, sin embargo, ¿quién no ve que para aquél será un verdadero placer el desprendimiento con que socorra el infortunio de sus hermanos, y que para éste será un sacrificio? El uno tendrá una pasión, sentimiento, movimiento del corazón, o llámese como se quiera, que le impulsa a la beneficencia; padecerá, si no hace bien; la miseria del prójimo se le ha comunicado en cierto modo, porque, dejando intacta su fortuna y su salud, le hace compartir el sufrimiento del desgraciado: cuando le dispense el auxilio, experimentará un desahogo, recobrará el bienestar perdido, renacerá en su alma la tranquilidad, disipándose la angustia; percibirá la dulce satisfacción de haber cumplido un deber, que sentía como una necesidad, en el fondo de su alma. Nada de esto se verificará en el hombre de corazón frío, por más recta que sea su razón, por más ajustada que a ella conserve la voluntad. Si socorre al infeliz, será obrando conforme le dicta su conciencia; pero, obedeciendo los preceptos de ésta, no sentirá aquella expansión, aquella ternura que inunda de gozo y de placer un corazón compasivo; antes al contrario, se verá precisado a luchar con la dificultad que, más o menos, siempre trae consigo el desprendernos de lo propio para darlo a los otros.

Este ejemplo hace sensible y, por decirlo así, palpable, la poderosa influencia que sobre nuestros actos ejercen las inclinaciones del corazón.

De esto inferiré que, cuando nos encontramos en situaciones en que una pasión cualquiera está vivamente desarrollada y activa, no es extraño que, preponderando sobre las demás, y hasta sobre el instinto natural de la propia conservación, llegue al punto de hacernos acometer arduas empresas, y arrostrar los mayores peligros. Así, un militar en el campo de batalla, a la vista de sus compañeros de armas testigos de su valor o de su cobardía, enardecido con el aparato guerrero, con el son de las músicas marciales, de los tambores y clarines, sediento de venganza contra un enemigo que está diezmando a sus inmediaciones a sus amigos y compañeros, no debe parecer tan extraño que con denodado ímpetu se arroje a la muerte gloriosa; mayormente, conservando como conserva siempre alguna esperanza de evitarla, y conquistando con su valor el aprecio y la admiración de cuantos le contemplan. Entonces vemos desplegados, el amor de la patria, el de la gloria, la ambición halagada con el premio, obrando todos a la vez sobre un ánimo exaltado por lo crítico de las circunstancias, por la presencia de un riesgo inminente, estando, además, el cuerpo en la disposición más favorable para mantener en viva actividad y efervescencia las pasiones, con la agitación y el calor de la refriega. En casos semejantes, hay una verdadera lucha de inclinaciones contra inclinaciones; y natural es que prevalezcan aquellas que, estando más en armonía con la situación, son más a propósito para ponerse en vivo movimiento, influir sobre la voluntad, sofocar las demás que tiendan a parar o moderar el impulso.

Estas observaciones manifiestan cómo se verifica que muchos hombres desprecien la vida en defensa de una causa, y no porque deba entenderse que para llegar a este punto sea preciso que el ánimo se encuentre en la exaltación que acabo de describir; pueden venir circunstancias en que, sin hacerse tan sensible el fenómeno, se verifique de una manera más o menos semejante. Así, un joven que se halla empeñado en uno de los lances que se apellidan de honor, no está en el mismo caso de un militar en el campo de batalla; sin embargo, y por más que en apariencia la situación se muestre muy distinta, no lo es tanto en la realidad si la examinamos en sus relaciones con las causas que impelen al desprecio de la vida. Una preocupación funestísima, pero que por esto no deja de estar arraigada en muchos espíritus, le hace creer que, si no acepta el duelo que se le ofrece, o si él a su vez no desafía a su adversario, según es la ofensa recibida, se cubre de ignominia y baldón, y no podrá presentarse a la sociedad sin la nota deshonrosa de cobarde. En el hombre constituido en esta alternativa, no vemos ciertamente tan de bulto los motivos que le impulsan a arrostrar el peligro, como los hemos visto en el soldado; no se nos muestra tan patente la agitación del ánimo fluctuante entre el temor y la esperanza, entre el amor de la vida y el del honor; pero no deja por esto de existir la lucha, y tan viva quizás como existir puede en el campo de batalla. Por más vanidad que entre muchas veces en el sentido de la palabra honor, no puede negarse que ejerce sobre nuestro ánimo una influencia tan viva, tan mágica, que ni la salud ni la fortuna producen en nuestro espíritu un efecto tan fuerte e instantáneo. Dejando aparte el examen de las causas, consigno aquí el hecho, para manifestar que en el caso supuesto hay también una verdadera exaltación de ánimo, una pasión fuerte que sojuzga las demás, sometiéndolas a un tiránico imperio, y arrastrando el corazón dominado, hasta el deplorable extremo de poner la vida como cosa liviana.

Creo, mi estimado amigo, que las observaciones que acabo de emitir son bastantes para que se distinga el valor de la fortaleza, y para que resalte cuán diversas cosas son el acometer intrépido un peligro, por inminente que se ofrezca, y el sufrir con inalterable calma los mayores tormentos, marchando sereno a una muerte segura, inevitable, erizada de los padecimientos más atroces. En el primer caso, vemos unas pasiones contra otras, vemos el ánimo sostenido por mil motivos que le impulsan, y que, al mismo tiempo, le distraen de lo que pudiera apartarle de dar cima a la empresa. Padecimientos, o no los hay, o son muy breves, o compensados con alternativas o esperanzas de recreo, de placeres, de gloria. En el segundo, vemos la razón y la voluntad luchando con todas las pasiones, vemos al hombre superior en oposición con el hombre inferior: aquél, pertrechado con la idea del deber, con la esperanza de un grande objeto; éste, con todos los atractivos, todas las amenazas, todos los temores, todas las vicisitudes que se agitan en esa región tempestuosa que, no sabiendo cómo apellidarla, le damos el nombre de corazón.

No intento decir con esto que no pueda hallarse, en el orden puramente natural, un desprendimiento asombroso, ni que en todos los actos que denominamos heroicos deba suponerse una gracia sobrenatural; semejante asistencia no la tuvieron ciertamente los gentiles, ni tantos otros héroes pertenecientes a falsas sectas; sin embargo, encontramos en ellos rasgos sorprendentes que nos entusiasman y admiran. Régulo volviendo a Cartago después de haber dado un consejo que le había de costar la vida, Scévola con la mano en el brasero, y otros rasgos que nos ofrece la historia antigua, son, en verdad, indicios evidentes de lo que puede ejecutar el hombre abandonado a sus fuerzas naturales; pero no destruyen el argumento que nosotros sacamos de nuestros mártires. Los héroes de que estamos hablando, son muy contados; los nuestros son innumerables; los héroes eran, por lo común, hombres formados, endurecidos con los trabajos de la guerra, agrandado su espíritu con la intervención en los negocios públicos, ávidos de gloria, colocados en circunstancias críticas, en que el peligro de la patria daba vuelo a su entusiasmo y energía a su denuedo; entre los mártires se ven ancianos, mujeres, niños, hombres de las condiciones más humildes, que no habían ocupado jamás puestos distinguidos, y que, por tanto, no habían podido adquirir aquel fiero orgullo que, siendo una de las pasiones más poderosas de nuestro corazón, nos comunica a veces una firmeza de que sin él no fuéramos capaces.

Para formarnos idea del mérito de los mártires, acerquémonos a uno de aquellos ilustres presos, tan desgraciados a los ojos del mundo, tan felices en Jesucristo. Su nombre no se sabe, su categoría es oscura; ¿por qué se halla detenido? Porque cree que un Hombre que murió ajusticiado en la Palestina, es Hijo de Dios, y verdadero Dios, que tomó nuestra naturaleza para satisfacer por nuestras deudas a la justicia del Eterno Padre. ¿Qué vemos en su alrededor? El desprecio, o la compasión, o el odio de cuantos le contemplan; unos le miran como insensato, otros le califican de fanático, éstos le apellidan iluso, aquéllos le achacan los más feos crímenes. Ni un rayo de gloria mundana, ni un consuelo sobre la tierra. No busquéis en su situación nada que pueda confortarle, haciendo que su naturaleza obre por reacción contra los males que le abruman. Todas sus pasiones se hallan amortiguadas con el abatimiento y postración a que está reducido el cuerpo; y, si el orgullo quisiese levantar su frente, nada ve en torno de sí que pueda halagarle ni sostenerle. ¿Qué semejanza se encuentra entre el héroe de la religión y los héroes del mundo?

Se me dirá que la esperanza de una vida mejor les hacía llevaderos los padecimientos y agradable la muerte, es cierto, y esto no lo negamos los cristianos; pero cabalmente en la misma resolución de sacrificar a lo futuro todo lo presente, de sobreponerse a todas las inclinaciones naturales, de menospreciar todo cuanto les rodeaba y hasta su propia existencia; en esta resolución, repito, se descubre la acción sobrenatural de la gracia divina; pues que a tanto no alcanza la flaqueza humana abandonada a sus propias fuerzas. Ya en otra de mis anteriores hice notar que el hombre propende por la naturaleza a dejarse llevar de las impresiones del momento, y que todo lo que mira en lontananza, sea bien o mal, tiene para él escaso interés. Esto lo estamos palpando por desgracia en buena parte de los cristianos, que, creyendo las terribles verdades de nuestra Religión, viven tan olvidados de ellas, cual hacerlo pudieran los gentiles. Por esta causa, al ver que un número tan asombroso de personas de todas edades, sexos y condiciones se hace superior a esta debilidad de nuestra naturaleza, contrariando sus inclinaciones con decisión tan heroica, es preciso reconocer que hay aquí algo que se levanta sobre la región natural, algo en que el Omnipotente se complace en manifestar de cuánto es capaz lo débil, cuando su brazo todo-poderoso se propone hacerlo fuerte.

No sé, mi estimado amigo, si estas reflexiones le habrán convencido a usted plenamente; pero, atendido su buen juicio, me atrevo a esperar que sí. No puedo persuadirme de que su claro entendimiento no vea la inmensa diferencia que va de nuestros mártires a los héroes del mundo, sean del orden que fueren; usted no ignora la historia; recapacite cuanto ha leído, y no encontrará nada que a tamaño prodigio sea comparable. ¿Qué causas naturales puede usted imaginar para explicarle? ¿El entusiasmo? Pero un sentimiento tan pasajero, ¿cómo es dable que se sostenga por espacio de tres siglos?, ¿cómo puede propagarse por todo el mundo conocido? ¿La gloria humana? Pero tantos que perecían sin dejar siquiera su nombre, ¿cómo podrá decirse que muriesen por la gloria? ¿Y qué clase de gloria será ésta que así atrae al fogoso joven como al caduco anciano, a la matrona como a la doncella, al adulto como al niño, al sabio como al ignorante, al rico como al pobre, al magnate como al mendigo? Pongámonos de buena fe, y será preciso reconocer que, por más poderoso que sea sobre nuestro corazón el ascendiente de gloria, no alcanzó jamás a producir un efecto tan grande, tan universal, en situaciones y personas tan diferentes; pongámonos de buena fe, y descubriremos aquí el dedo de Dios.

Si los cristianos hubiesen sido pocos, y habitado todos en países muy vecinos, viviendo sujetos a las mismas influencias y durando su religión muy corto tiempo, entonces no fuera tan contrario a razón el decir que se introdujo entre ellos cierta exaltación del ánimo, y que se fue comunicando de unos a otros. Pero, ¡por todo el mundo y por espacio de tres siglos, y siempre la misma constancia! Reflexione usted, mi estimado amigo, sobre esta última observación, que ella sola basta para disipar todas las dificultades.

Paso ahora al otro punto indicado en la apreciada de usted, relativo a la fuerza que puede tener el argumento fundado en la rápida propagación del cristianismo, a pesar de la horrible persecución a que por tanto tiempo estuvo sujeto. Dice usted que ya es cosa sabida que el mejor medio de hacer prosperar una causa y difundir una doctrina, es emplear contra ellas la violencia; pues, desde el momento que sus defensores llevan en sus frentes la aureola del martirio, excitan la admiración y entusiasmo en cuantos los contemplan, y arrastran un mayor número de prosélitos. Más de una vez he meditado sobre esto que usted y otros afirman sobre la fuerza propagadora entrañada por la persecución; y confieso ingenuamente que, ora haya escuchado los dictámenes de la filosofía, ora me haya atenido a las lecciones de la historia, jamás he podido persuadirme de que fuese un buen medio de apoyar una causa el perseguirla a sangre y fuego.

En esta parte hay mucha confusión de ideas y de hechos, que es necesario aclarar. Para lograrlo propondré separadamente algunas cuestiones de cuya resolución depende el formar acertado juicio sobre la principal que se examina. ¿Es verdad que la vista de la persecución excite entusiasmo o interés en favor del perseguido? A esta pregunta no se puede responder sin distinguir. O el perseguido es considerado como inocente, o como culpable: en el primer caso, sí; en el segundo, no. Lo más que podrá inspirar será compasión; pero ésta nada tiene que ver con el entusiasmo ni el interés de que se trata. En lo que acabo de asentar no cabe duda, y de ello se infiere que, cuando se afirma en general que la persecución honra, que ilustra, que excita simpatías, se dice una verdad si se habla del que es mirado como inocente, y solo con respecto a los que le consideran como tal; solo a los ojos de éstos es un verdadero perseguido; a los de los otros, no tiene propiamente este carácter; no es una víctima de la persecución, sino un objeto de la vindicta pública. Resulta de lo dicho que, si en un país se suscita una persecución contra una causa o una doctrina, si éstas son consideradas como justas y santas, los que por ellas sufran serán respetados y admirados; pero, si son reputadas falsas, injustas, contrarias al bien común, entonces el castigo de los criminales, lejos de excitar semejante admiración y respeto, inspirará a lo más sentimientos de estéril compasión en favor de los que se supongan ilusos, o, como suele decirse, engañados de buena fe.

No se hallaban por cierto los mártires cristianos en situación favorable, en ninguno de los sentidos que acabo de indicar. Profesando una religión diametralmente opuesta a todas las recibidas en la generalidad de los pueblos, predicando que el culto tributado a los dioses reinantes no era más que criminal idolatría, apartándose de las diversiones de los gentiles como de abominaciones nefandas, eran mirados con aversión, con odio, con execración, se los abrumaba de calumnias, se los consideraba como enemigos del resto de los hombres, como perturbadores de la sociedad; y, para hacerles apurar las heces del cáliz, se les achacaba que en la celebra-ción de sus misterios cometían horrendos crímenes. Nadie ignora el frenesí con que se pedía la sangre de los confesores de Jesucristo: los cristianos a las fieras, los enemigos al fuego: éste era el grito que se levantaba por todos los ángulos del mundo. Cubiertos de insultos, de befa y de escarnio, mien-tras expiraban entre los tormentos más atroces, teníase a gran dicha si en las tinieblas podían salir de sus lóbregas moradas algunos hermanos que diesen sepultura al mutilado cadáver entregado por pasto a los brutos carniceros. Ahora, al contemplarlos sobre los altares, al oír que se les entonan himnos de alabanza, al saber que ciñen en el cielo la inmarcesible corona cuyos resplandores se reflejan en los cultos que se les tributan en la tierra, cués-tanos trabajo el concebir todo el horror de la situación en que se hallaban, en los formidables trances de sus tormentos y muerte. No, no veían en torno de sí ese respeto, esa admiración que nosotros ahora les ofrecemos; veían, sí, el odio, el insulto, la calumnia, y lo que quizás es más doloroso para el corazón humano, la burla y el desprecio. Solo Dios era su consuelo; solo Dios era su esperanza; solo Dios era su sostén en aquellos terribles momentos en que, luchando con el mundo y consigo mismos, arrostraban impávidos la muerte por confesar la fe del Crucificado. No bastan para semejantes prodigios las causas naturales, no bastan los esfuerzos de la débil humanidad; a quien no se contente con semejantes razones, le opondremos el famoso dilema: o estaban sostenidos milagrosamente por el cielo, o no lo estaban; si lo primero, entonces os halláis de acuerdo con nosotros; si lo segundo, os diremos que éste es el mayor de los milagros, el hacer sin milagro cosas tan milagrosas.

Inferiremos de esto que la constancia de los mártires no pudo estar sostenida por el placer de excitar admiración y entusiasmo; y así viene al suelo lo que pudiera decirse: que los honores de la persecución, ilustrando a las víctimas, contribuían a destruir el objeto que se proponía el perseguidor.

¿Es cierto que el perseguir una doctrina sea buen medio para propagarla? La pregunta parece ya algo extraña, a primera vista; sin embargo, esto es lo que a cada paso se sustenta, contradiciendo abiertamente la filosofía y la historia. Si se afirmase que la verdad se abre paso al través de la persecución, el aserto sería muy diferente; pero pretender que la persecución misma haya de ser un vehículo, es un absurdo; a no suponer que de este vehículo se sirva para sus altos fines la infinita sabiduría del Todopoderoso.

El hombre ama naturalmente el bienestar, tiene un fuerte apego a la vida, un grande horror a la muerte; luego los tormentos y el patíbulo son poderosos resortes para apartarle de una causa que le exponga al riesgo de sufrirlos. «Me habla usted, mi estimado amigo, de «la belleza del sufrimiento, de la brillante aureola que circunda las sienes de la víctima que marcha serena a ofrecerse en holocausto»; todo esto es verdad; pero temo mucho que no sea muy a propósito para influir sobre la generalidad de los hombres; temo mucho que en la práctica no se ha de presentar la cosa tan encantadora y atractiva como se nos muestra en los libros. Y no me eche usted en cara que tenga el corazón poco sensible, que no comprendo toda la sublimidad de las acciones heroicas; la siento y la comprendo muy bien; pero, tratándose de examinar la realidad, y no las ficciones, se me hace preciso atenerme a lo que estoy viendo en las páginas de la historia y me están enseñando las lecciones de la experiencia. ¿Cuántos son los hombres generosos que sacrifican su bienestar, su fortuna y su vida, por la causa de la verdad y de la justicia? Son ahora, y fueron en todos tiempos, muy pocos; y la misma admiración que nos inspiran es una prueba evidente de que tan heroica fortaleza no es el patrimonio común de la humanidad. ¿Quiere usted partidarios? Distribuya honores, prodigue riquezas, abreve de placeres; que, si no tiene otra cosa que palmas de martirio, bien pronto se quedará usted con pocos rivales que le disputen la aureola de una vida de padecimientos y de una muerte afrentosa.

A decir verdad, no creía yo que debiese hallarme en la precisión de recordarle a usted estas verdades, que, por tristes, no dejan de ser verdades; imaginábame que, siendo usted escéptico, debía de ser algo más positivo; y que, viviendo en época de vicisitudes habría aprendido a conocer mejor a los hombres, y a formarse ideas más exactas sobre las inclinaciones de nuestro corazón.

El buen sentido de la humanidad ha rechazado en todos tiempos esa invención filosófica de las ventajas de la persecución: los tiranos se han engañado algunas veces abusando desmedidamente del hierro y del fuego; pero en medio de sus excesos andaban guiados de una idea verdadera, cual es, que, para destruir una causa o sofocar una doctrina, es un excelente medio el erizarlas de peligros y de males para cuantos intenten seguirlas. Yo ando buscando en la historia los buenos efectos de la persecución en pro de la causa perseguida, y no los encuentro. Hallo una excepción en el cristianismo; pero esto mismo me lleva a pensar que la causa de la excepción está en la omnipotencia de Dios. El apedreamiento de San Esteban inauguró una era de triunfos, abriendo el glorioso catálogo de los mártires cristianos; pero la cicuta de Sócrates no veo que les inspirase a los filósofos el deseo de morir: la prudencia ganó mucho terreno: Platón, al anunciar ciertas verdades delicadas, cuida de encubrirlas con cien velos.

Pasando a tiempos posteriores, observo el mismo fenómeno; así, por ejemplo, la secta de los Priscilianistas, contra la cual se desplegó mucho rigor, veo que se encontró atajada en sus progresos hasta extinguirse casi del todo. Una de las religiones que más extensión han alcanzado, fue sin duda

la de Mahoma; y por cierto que sus progresos no se debieron a la persecución, sino a las armas con que arrolló a sus adversarios, y a los halagos con
que arrastró gran número de prosélitos. Cuando las guerras religiosas del
mediodía de Francia, en tiempo de los Albigenses, tampoco veo que estos
sectarios medrasen con la contrariedad; muy al revés, fuéronse disminu-
yendo cada día, hasta llegar a un estado de postración y casi aniquilamiento.

Me dirá usted que el protestantismo cundió y se arraigó a pesar de todos
los contratiempos que tuvo que sufrir; y que, así como la llamada reforma
se extendió a pesar de las persecuciones, no es extraño que aconteciese lo
propio con respecto al cristianismo. Yo no sé dónde han encontrado ustedes
estas tremendas contrariedades y persecuciones sufridas por la malhadada
reforma; no parece sino que estamos hablando de las épocas de los jeroglí-
ficos, pues que de tal manera se trastornan los hechos, y se hacen comparaciones absurdas.

Echemos una ojeada sobre la historia de los primeros tiempos del protestantismo, y veremos que estuvo muy distante de deber sus progresos a las
ponderadas persecuciones. En Alemania, desde el momento de su aparición, contó de su parte muchos y muy poderosos sostenedores: entre ellos
algunos príncipes que lo manifestaron abiertamente, ora protegiendo por
varios medios la difusión y arraigo de las nuevas doctrinas, ora apelando
a las armas, cuando creyeron llegado el caso de emplear la violencia. Lo
que en Alemania, aconteció a poca diferencia en los demás países del
continente, más o menos infestados por el protestantismo; sin exceptuar
a Francia, donde es bien sabido que, a más de los patronos que encontró
en las clases elevadas, pudo contar, durante mucho tiempo, con uno que
valía por todos: Enrique IV. No es menester recordar la historia de Enrique
VIII de Inglaterra: nadie ignora de cuáles medios echó mano este violento
monarca para propagar y arraigar el cisma a que le lanzara su ciega pasión;
y el sistema de este perseguidor continuó en los reinados siguientes, con
igual, si no mayor, recrudescencia.

A poco de haber nacido, el protestantismo ya tenía en su favor grandes
ejércitos, poderosos príncipes, naciones enteras; ¿qué punto de comparación hay entre la propagación de la llamada reforma y la de la Religión
cristiana? Si no le faltaron algunos que se sacrificaron por ella, recuerde

que en esto no sucedió sino lo mismo que se verifica en todas las causas civiles: siempre de uno y otro lado se ven fogosos partidarios que, o mueren peleando en el campo de batalla, o tienen bastante aliento para arrostrar los cadalsos.

Figurémonos que por espacio de tres siglos hubiese debido luchar con las horribles persecuciones de que fue víctima el cristianismo: ¿dónde estaría actualmente? ¿Queréis saberlo? Observad lo acontecido en los países donde se le reprimió con mano fuerte. En Francia tuvo diferentes alternativas de indulgencia y de rigor; pero tan pronto como se emplearon contra él las medidas severas con alguna perseverancia, fue debilitándose, casi hasta llegar a desaparecer. ¿A qué estaba reducido algún tiempo después de la revocación del Edicto de Nantes? Jamás ha podido reponerse de los golpes que le descargó Luis XIV; siendo de notar que aun en la actualidad, después de tantos años de tolerancia, es todavía muy insignificante. En aquel país, la inmensa mayoría está dividida entre el catolicismo y la incredulidad.

Lo sucedido en España puede darnos una idea de la fortaleza del protestantismo para hacer frente a la persecución. Sabido es que a mediados del siglo XVI había alcanzado bastantes prosélitos, siendo tanto más peligrosos, cuanto pertenecían a categorías distinguidas. La Inquisición, sostenida y alentada por Felipe II, desplegó contra los sectarios el rigor que nadie ignora: al cabo de poco, ya no se hablaba de partidarios de las nuevas doctrinas. ¿Era ésta la conducta de los primeros cristianos? ¿Abandonaban tan fácilmente el terreno donde habían logrado hacer algunas conquistas? Dígalo el mundo entero, dígalo especialmente esta misma España, regada y fecundada con la sangre de tantos mártires. Nada vale el alegar el rigor de la Inquisición; este rigor no podía, por cierto, compararse con el empleado por los procónsules del imperio; por más horribles que se quieran pintar las penas aplicadas a los herejes, no se las encontrará semejantes a las que sufriera San Vicente.

Lo que se ha dicho de España, puede decirse de Portugal y de Italia, por manera que el protestantismo no llegó a conservarse en ninguno de los países en que se vio precisado a arrostrar una contrariedad sostenida. Donde se trató seriamente de extirparle, fue extirpado; presentando un contraste notable con el catolicismo, que aun en los reinos donde sufrió mayores quebrantos, se ha conservado siempre, sin que sus perseguidores hayan alcanzado a lograr su completa desaparición. En confirmación de esta verdad, recuérdese lo sucedido en la Gran Bretaña.

Yo no sé, mi estimado amigo, qué es lo que puede responderse a las razones que acabo de exponer; paréceme que, después de haberlas leído, se le habrá presentado a usted algo más robusto el argumento que se funda en la sangre de los mártires. Examine usted con detención e imparcialidad este grande hecho, que hace a la vez horrorosas y sublimes las primeras páginas de la historia de la Iglesia; y no dude que verá en él algo maravilloso, que no es posible explicar por causas naturales. Creo haber desvanecido las dificultades que le impedían a usted el dar a nuestro argumento toda la importancia que se merece. Como quiera, estoy seguro de que no podrá usted echarme en cara que haya esquivado el tratar la cuestión bajo todos los aspectos, ni procurado disminuir en lo más mínimo la fuerza de la dificultad, para no hallarme en la precisión de deshacerla. Si no he podido avenirme con ideas que daba usted por recibidas, tampoco me he tomado la libertad de rechazarlas sin aducir las razones en que me apoyaba. Tratando uno con escépticos, es preciso no mostrarse crédulo en demasía; y, por consiguiente, conviene no aceptar sin examinar, aun cuando sea necesario contradecir autoridades filosóficas que pasan por respetables. Mucho desearía que pudiésemos continuar discutiendo sobre los motivos de credibilidad; pero, atendido el curso que va tomando la polémica, no sé si, después de haber andado usted, primero por el infierno, y después por los cadalsos de los mártires, otro día se me plantará de un vuelo entre los conciertos de los querubines. Entre tanto vea usted en qué puede complacerle este su seguro servidor Q. B. S. M.

J. B.

Carta VI. La transición social

Postración de un espíritu escéptico. Examínase si la transición es característica de nuestra época. Pruebas históricas de que es general a todos los tiempos. Examínase si el progreso es la ley de las sociedades. Admítese este principio, pero con alguna restricción. La civilización antigua y la moderna. Nuestros males no son tantos como los de otros tiempos. Causas que contribuyen a abultarlos. El cristianismo nada tiene que temer de las transiciones sociales.

Mi apreciado amigo: Si no tuviera otras pruebas de la verdad que se encierra en aquella doctrina de los católicos de que la fe es un don de Dios, no me inclinaría poco a tenerla por cierta la experiencia de lo que he visto en usted y otros que han tenido la desgracia de apartarse de la fe de sus mayores. Disputan, escuchan, al parecer con docilidad, hacen concebir las mayores esperanzas de que van a rendirse a la evidencia de los argumentos con que se los apremia, pero al fin salen con un frío qué sé yo, que hiela la sangre, y disipa de un golpe todas las ilusiones del fiel que estaba anhelando el momento de ver entrar en el redil la oveja extraviada. Así lo hace usted en su última; nada tiene que objetarme a lo que he dicho sobre la sangre de los mártires, confiesa que ninguna religión puede presentar un argumento semejante, manifiéstase satisfecho del contenido de mis anteriores con respecto a los varios puntos que formaban el objeto de sus dudas; y, cuando me saltaba el corazón de alegría pensando que iba usted a decidirse, no diré a entrar de nuevo en el número de los creyentes, pero sí a engolfarse más y más en la discusión con el deseo de hallar definitivamente la verdad, me encuentro con la desolante cláusula que me ha llenado de una profunda tristeza. «¿Qué sabemos nosotros, dice usted con un abatimiento que me penetra el corazón, qué sabemos nosotros? ¡El hombre es tan poca cosa!... Volvemos la vista en derredor, y no vemos más que tinieblas. ¿Quién sabe dónde está la verdad?; ¿quién sabe lo que será con el tiempo de esa fe, de esa Iglesia, que usted cree que ha de durar hasta la consumación de los siglos? Yo no desprecio la religión, veo que el catolicismo es un hecho tan grande que no acierto a explicarle por causas ordinarias; usted apela a la historia, usted me apremia a que le cite algo de semejante; ya le he dicho otras veces que no me agrada atrincherarme en impotentes negativas, que no me gusta resistirme a la evidencia de los hechos; pero ¿qué quiere usted que le diga? No puedo creer. Estoy contemplando la sociedad actual, y me parece que su inquietud está dando indicios de que el mundo se halla en vísperas de acontecimientos colosales; con una revolución intelectual y moral debe inaugurarse indudablemente la nueva era, y entonces quizás se aclare un tanto ese negro horizonte donde nada se descubre sino error e incertidumbre. Dejemos que transcurra esa época de transición, que tal vez nuevos tiempos nos descifrarán el enigma.»

En medio de mi aflicción, no crea usted, mi estimado amigo, que yo extrañe semejante lenguaje; no es usted el primero de quien lo he oído; pero permítame cuando menos que le haga advertir que con sus palabras a nada responde, nada prueba, nada afirma, nada niega; no hace más que desahogarse estérilmente pintando con pocas palabras el verdadero estado de su espíritu. Tiene a la vista la verdad, y no se siente con fuerza para abrazarla; se abalanza hacia ella un momento, y luego, dejándose caer desfallecido, dice «no puedo». Entonces habla usted de este porvenir de que usted mismo se reía en una de sus anteriores, habla de esa transición que no sabe en qué consiste; duda, fluctúa, aguarda para más allá el resolverse, lo aplaza para los tiempos futuros, para esos tiempos, ¡ay!, en que usted habrá, ya dejado de existir!... ¡Triste consuelo! ¡Engañosa esperanza!

Pero, si usted desfallece, mi querido amigo, no debo yo desfallecer; Dios ha comenzado la obra, Él la acabará; yo tengo un dulce presentimiento de que usted no morirá en brazos del escepticismo. Usted dice que desea de corazón encontrar la verdad; persevere usted en su propósito; yo confío que no dejará de mostrársela el que vertió su sangre por usted en la cima del Calvario.

Bien se deja conocer que no estará usted muy dispuesto para recibir una contestación que verse principalmente sobre asuntos puramente religiosos; el escepticismo del siglo ha vuelto a ejercer su ascendiente sobre usted de una manera lastimosa, y, saliendo de golpe del terreno de la discusión, se ha echado a divagar por las regiones del socialismo y del porvenir, hablándome de transiciones, de época crítica, y de no sé cuántas cosas por este tenor. Dicho tengo ya que le seguiré a usted por donde le pluguiere; si hoy no le gusta que tratemos de dogmas, los dejaremos a un lado; y, toda vez que me habla de transición, de transición le hablaré yo.

Díjele a usted en una de mis anteriores que no creía característico de nuestra época la transición, y que ésta había sido común a todos los siglos, por no poder convenir en que bajo este concepto se verifique ahora algo que con más o menos semejanza no se haya verificado siempre. Pero, cuando esto afirmo, hablo principalmente de los pueblos que se mueven, no de aquellos que, helados en medio de su carrera, permanecen fijos como estatuas al través de la corriente de los siglos. Si a éstos exceptuamos, y dirigimos a los demás nuestras miradas, veremos, en primer lugar, que los griegos y romanos vivieron en perpetua transición. Nada tiene que ver el siglo de Dracón con el de Solón, ni el de éste con el de Alcibíades; y ni a uno ni otro se parecen el de Alejandro y el de Demetrio. Y, sin embargo, estos siglos estaban muy cercanos unos de otros; lo que nos indica que la sociedad griega pasaba incesantemente de un estado a otro muy diferente. No es muy largo el espacio transcurrido entre Bruto que arrojó a Tarquino y Bruto matador de César; pero véase cuántas y cuán variadas fases presenta el estado social y político de los romanos. Observaciones análogas podrían hacerse con respecto a otros pueblos antiguos; y, aun por lo tocante a los que llamamos inmóviles, es menester no olvidar que nos son poco conocidos, que su historia íntima, la que nos retrataría sus ideas religiosas, sus costumbres domésticas, su organización social, su legislación, ha quedado en la mayor parte oculta a nuestros ojos, sepultada en los escombros de los tiempos, sin que hayamos adquirido apenas otras noticias que las transmitidas por historiadores extranjeros, más que un conocimiento muy ligero y superficial. La ciencia moderna se esfuerza en suplir este defecto, pero ¿cuán difícil no es acertar la verdad, a tanta distancia de épocas, en lenguas tan poco parecidas, en ideas y costumbres tan desemejantes? Como quiera, todavía puede afirmarse que dichos pueblos han estado muy distantes de hallarse en completa inmovilidad; y que, además de lo que sobre los mismos nos manifiestan las escasas noticias que de ellos poseemos, la simple reflexión sobre la naturaleza de las cosas es bastante para inducirnos a conjeturar que los cambios y modificaciones han sido en mayor número de lo que sabemos, y de mayor importancia de la que nosotros calculamos; y que, por tanto, se ha verificado también entre los mismos el hallarse a menudo en estado de transición.

Pero, dejando los pueblos antiguos o poco conocidos y pasando a los modernos, a contar desde la aparición del cristianismo, saltan a los ojos el cambio y las modificaciones que incesantemente han experimentado; sin que sea dable pronosticar ninguna mudanza a la sociedad actual, que no se haya realizado equivalente o mayor en las anteriores. Aun cuando diéramos

84

por supuesto que se han de cumplir las más exageradas predicciones de algunos socialistas, y poner en ejecución los planes que nos parecen más descabellados, no fuera más diferente del actual el estado social nuevo, del que lo son los varios por donde han pasado los pueblos cristianos.

Si los hombres que vivían cuando la esclavitud era general, y se la consideraba como una condición indispensable en toda sociedad bien organizada, hubiesen oído hablar de un estado semejante al que disfrutan los pueblos europeos, no habrían acertado a concebir ni cómo podía mantenerse el orden público, ni distribuirse el trabajo, ni proporcionarse comodidades y placeres a las clases ricas; en una palabra, creyeran imposible que sociedades tan numerosas pudiesen subsistir faltándoles esa base, para ellos tan necesaria e imprescindible. Decid a un señor feudal encastillado en su fortaleza que vendrá un día en que todos sus títulos serán menospreciados, en que su nombre y el de todos los de su clase caerán en olvido, en que sus descendientes andarán confundidos en medio de los descendientes de esos vasallos pobres y desvalidos que mira con orgulloso desdén, sumisos y humillados al pie de sus almenas; decidle que ese mismo pueblo se levantará contra el, y peleará por largo tiempo, y triunfará, y llegará a ser rico, poderoso, influyente, eclipsando todo el esplendor de sus señores, y llenando el mundo con la fama de sus hechos; decídselo, y os escuchará con asombro, y se imaginará que le referís cuentos de hadas, y que no le habláis de veras, o que no estáis en sano juicio. ¿Qué más? No es necesario que las metamorfosis sociales las toméis tan de lejos, para que parezcan increíbles; a esos nobles del tiempo de Carlos V y de Francisco I, a esos descendientes de los antiguos señores, que van trocando ya la independencia de sus antepasados en heroica fidelidad a sus reyes, que se van trasladando de los campos a las capitales, y caminan rápidamente a pasar de guerreros a cortesanos, anunciadles que dentro de tres siglos no serán ellos los que ocupen los altos puestos del Estado, los que guíen los ejércitos a la victoria, los que ejerzan las funciones de la magistratura, y que su voto en los grandes negocios no será considerado como de más valer que el de los descendientes de esos plebeyos que riegan con su sudor las tierras, que ejercen los oficios humildes, y que, reunidos en modestos gremios, parecen contentarse con la posición social que les ha cabido después de la guerra de sus antepasados los Comunes; y bien puede asegurarse que esos nobles no os comprenderán, que no creerán nada de cuanto les pronosticáis; y, por más que os esforcéis en mostrarles las señales que ya bien claras se divisan no en mucha lontananza, pensarán que tomáis por una realidad las ilusiones de vuestra fantasía.

Trasladaos a la Europa de los siglos XI y XII, a la Europa de Suger y de San Bernardo, y anunciad a los hombres de aquella época que los ricos monasterios, las opulentas abadías que compiten en esplendor y magnificencia con los castillos de los señores feudales desaparecerán con el tiempo, y que en épocas no muy remotas no quedarán de ellas más que algunas ruinas, objeto de la curiosidad de los arqueólogos; que ese clero cuya influencia en todos los negocios es inmensa, y cuyo poder y riquezas no ceden a los de otra clase cualquiera, se verá limitado al recinto de los templos, despojado de sus privilegios, privado de sus bienes, escatimados sus derechos a la enseñanza, considerado el ministro de la Religión en la categoría del más humilde ciudadano, si es que todavía no se le rebaja de este nivel negándole lo que a todos se concede; anunciadles, repito, esa mudanza, y veréis cómo la dan por imposible, cómo no conciben su realización a no ser suponiendo que la invasión sarracena ha conseguido sojuzgar el poder cristiano, o que nuevas hordas de pueblos desconocidos se han derramado por la Europa, y cambiado su faz. No alcanzarán a concebir que, sin irrupciones de pueblos bárbaros, sin conquista de sarracenos, antes bien después de su completa derrota, se llegase, por el simple curso de las ideas y de los acontecimientos, a producir cambios tan profundos en la sociedad.

Todas las revoluciones que pueden sobrevenir, al fin no podrán llegar a otro resultado que a alterar la posición y relaciones de los individuos y de las clases. Supóngase las mudanzas que se quieran, y difícilmente se imaginará ninguna, ni con respecto a la propiedad, ni a la organización del trabajo, ni a la distribución de sus productos, ni a la condición doméstica, ni al rango social, ni a la influencia política, que sea de más importancia y magnitud que las verificadas en los tiempos que nos han precedido. La transición ha existido como existe ahora; las naciones europeas han pasado incesantemente por diferentes estados, o dejando completamente el que tenían, o modificándole de mil maneras hasta transformarle en otro que en nada se le parece.

Yo desearía, mi estimado amigo, que usted anduviese haciendo suposiciones hasta las más arbitrarias y caprichosas, y las cotejase con los hechos históricos que nadie ignora, y estoy seguro de qué se quedaría usted convencido de la verdad de lo que acabo de establecer. ¿Se quiere suponer que las clases menesterosas saldrán del abatimiento en que se hallan, acercándose mucho a las medias, y aun a las superiores? Véase si los jornaleros de ahora distan más de sus dueños, que los esclavos de sus amos, y los vasallos de sus señores; es cierto que no, y, sin embargo, ni rastro queda en Europa de la antigua esclavitud, y solo se conservan leves vestigios del vasallaje, y los descendientes de los que vivían sometidos a estas condiciones, se hallan en la misma categoría que los nietos de aquellos que un día se vieran colocados a inmensa distancia, así por lo tocante a riquezas, como a honores, consideraciones, y todo linaje de distinción y poderío. ¿Se quiere suponer que la propiedad sufrirá modificaciones profundas, que su distribución estará sometida a leyes muy diferentes? Compárense los siglos medios con el nuestro; parangónese, por ejemplo, la Francia de Carlomagno con la Francia de Napoleón, la de San Luis con la de Luis Felipe. ¿Se quiere imaginar una nueva organización del trabajo, sujetando a otras reglas al operario y al capitalista, alterando notablemente sus relaciones, y variando las bases actuales sobre la repartición de los productos? Comparad al colono de ahora con el vasallo del señor feudal, al jornalero de nuestros tiempos con el esclavo de los tiempos antiguos. ¿La industria y el comercio deben estar en el porvenir sujetos a nuevas leyes que alterarán la organización interior de los pueblos y sus relaciones en lo exterior? Abrid nuestros códigos de comercio, dad una ojeada a nuestros usos y costumbres sobre este particular, y cotejadlo todo con lo que estaba en práctica entre nuestros mayores. Por vasta que sea la escala en que estos ramos se desenvuelvan, por mayor pujanza y poderío que lleguen a adquirir, ¿distarán más del estado actual que el que dista éste del en que se encontraban cuando la Iglesia en sus concilios atendía paternalmente a la protección del naciente tráfico mercantil? Las poderosas compañías comerciales de Francia, de Bélgica, de Alemania, de Inglaterra, de los Estados Unidos, ¿no le parece a usted que distan algo de aquellas caravanas de mercaderes, cuya seguridad en los caminos podían afianzar a duras penas las excomuniones de la Iglesia?, ¿no le parece a usted que en esto ha habido no pequeña transición?

¿Y qué no podríamos decir, si atendiéramos a las mudanzas sociales y políticas, a la diversidad de posiciones que respectivamente han perdido o conquistado las diferentes clases? Un abismo tan profundo nos separa de nuestros antepasados, que, si ellos se levantaran del sepulcro, nada comprenderían de lo que estamos presenciando. ¿Dónde está el poder del feudalismo, de la nobleza y del clero? ¿Qué se hicieron las prerrogativas, los privilegios, los honores que disfrutaban? ¿En qué se parecen los tronos de ahora a los tronos de entonces? ¿Qué tienen de semejante nuestras formas de gobierno con las antiguas? ¿Qué nuestra administración? ¿Qué nuestros sistemas de hacienda? ¿Qué nuestras guerras, y nuestra diplomacia? Pensamos de otra manera, sentimos de otra manera, obramos de otra manera, vivimos de otra manera; nuestra condición, así particular como pública, se ha cambiado tan completamente, que para comprender lo que fue, nos vemos precisados a hacer un esfuerzo de imaginación, la que, sin embargo, solo es bastante para ofrecernos cuadros muy imperfectos y descoloridos. ¿Por qué nos parecen tan poéticos aquellos tiempos, mi estimado amigo?, ¿por qué figuran tanto en nuestra literatura? Porque distan inmensamente de la realidad que tenemos a la vista.

Quiero yo inferir de aquí que, cuando se nos anuncian grandes mudanzas en la organización de los pueblos, no debemos resistirnos a creerlas por la sola razón de que nos parezcan muy extrañas; porque, si bien se observa, la sociedad actual no dista menos de las anteriores de lo que distaría de la presente la venidera, en las varias combinaciones que se pueden concebir y ensayar. La inestabilidad es uno de los caracteres distintivos de las cosas humanas; y poco ha reflexionado sobre la naturaleza del hombre, poco se ha aprovechado de las lecciones de la historia y de la experiencia, quien pronostica demasiada duración a lo que de suyo es tan flaco y deleznable. Que la sociedad esté bajo un poder revolucionario o conservador, que se procure impulsarla o detenerla, ella varía siempre, pasa sin cesar de un estado a otro, ora mejor, ora peor.

Esta alternativa entre mejor y peor me lleva, mi querido amigo, a otra cuestión, a que, según se deja entender, es usted un poco aficionado, como no puede menos de serlo, atendido el espíritu de nuestra época. Dícese a cada paso que el progreso es la ley de las sociedades; que no se desvían jamás de ella, y que en medio de las más terribles revoluciones y catástrofes camina la humanidad hacia un destino, que, no sabiéndose cuál es, se tiene cuidado de cubrirle con un velo dorado. No seré yo quien desaliente el movimiento de la humanidad, disipando lisonjeras esperanzas; bien que tampoco puedo consentir que se establezca, con demasiada generalidad y sin las correspondientes aclaraciones, una proposición que, según como se entiende, se halla en contradicción con la filosofía, la historia y la experiencia.

Es muy frecuente hablar de perfección, de perfectibilidad, de ley de progreso, sin distinguir nada, sin fijar nada; sin expresar si se trata de las sociedades tomadas en particular o en conjunto; es decir, sin determinar si la ley cuya existencia se afirma, rige en toda la sociedad, o tan solamente es propia del género humano, considerado con abstracción de esta o aquella de sus partes. A los que digan que el progreso hacia la perfección es la ley constante de toda sociedad, yo me atreveré a preguntarles: ¿cuál es el progreso que se descubre en el norte de África, en las costas de Asia, comparando su estado actual con el que tenían cuando nos daban hombres como Tertuliano, San Cipriano, San Agustín, Filón, Josefo, Orígenes, San Clemente, y otros que sería largo enumerar?

Esto no tiene réplica, así como, por otra parte, nada prueba contra los que afirman que, si bien esta o aquella sociedad decae, la humanidad progresa, que la civilización transmigra, que unos pueblos adquieren lo que otros pierden, y que, de esta suerte, existe una verdadera compensación. Así, por ejemplo, en el caso presente, se ha resarcido e indemnizado la humanidad de sus pérdidas en África y en Asia, con el inmenso desarrollo que ha logrado en Europa y América; pues, si se compararan los millones de hombres que viven actualmente bajo un régimen civilizado, sería incomparablemente mayor el número a lo que era entonces; y, si se añaden las ventajas que la civilización moderna lleva a la antigua, no solo por traer consigo un mayor y más perfecto desarrollo intelectual y moral, sino también por ofrecer mayor suma de comodidades materiales, y disminuir sobremanera los males que afligen a la triste humanidad, será tanta y tan palpable la diferencia, que no será posible establecer siquiera un razonable parangón.

Confieso, mi estimado amigo, que estas reflexiones son de gran peso; y que, a mi juicio, deciden la cuestión, desde el punto de vista histórico, considerando en masa la humanidad, y habida razón de las compensaciones arriba indicadas; por manera que tengo por demostrado que la humanidad ha progresado siempre, que su estado fue mejor en los siglos medios que durante la civilización antigua, y que actualmente se aventaja en mucho a la de todos los tiempos anteriores.

¿Cómo, me dirá usted, es posible olvidar la confusión y las calamidades de la época de la irrupción, y la tenebrosa ignorancia, la asquerosa corrupción que la siguieron? ¿Podremos decir que la humanidad del tiempo de Atila era comparable con la del siglo de Augusto? Yo creo, sin embargo, que esto, tan falso y absurdo a primera vista, es rigurosamente verdadero, y además susceptible de una demostración tan cabal, que nada deje que desear. La difusión de las verdaderas ideas sobre Dios, el hombre y la sociedad, y las relaciones que entre sí tienen, la propagación de la civilización a un sinnúmero de pueblos que antes vivían en la más abyecta barbarie, la abolición de la esclavitud, la extensión a la generalidad de los hombres del goce de los derechos de hombre, esto se andaba realizando en la época de que tratamos, y nada de esto se realizaba en el siglo de Augusto; con perdón, pues, de los manes de Virgilio y de Horacio, opto desde luego por los tiempos apellidados bárbaros.

¿Se sonríe usted de la paradoja, mi estimado amigo? ¿Imagínase tal vez que ni yo mismo creo lo que acabo de decir? Pues viva usted seguro de que hablo de todas veras, y que mis palabras son la expresión de convicciones profundas. Ya indicaba en una de mis anteriores que en ciertas materias quizás no llevaba usted tan lejos como yo el espíritu de examen, y que estaba medianamente tocado de escepticismo: esto produce que, en cuanto se me alcanza, no me dejo deslumbrar por nombres, ni por opiniones recibidas; y por más seguridad con que oiga afirmar una cosa, me ocurre desde luego un ¿quién sabe?... que me pone desconfiado y meditabundo. A pesar de todo, paréceme que difícilmente me absolverá usted de la blasfemia que acabo de proferir contra el siglo de Augusto; y así menester, será alegar descargos. Escúchelos usted sin prevención, que al fin no fuera extraño que se conformase con mi modo de opinar.

Y, a la verdad, deslumbradores son los rayos de la ciencia, hechiceros los cantos de la poesía, seductor el brillo de las artes; pero si nada de esto sirve para el bien de la humanidad, si únicamente se limita a realzar el esplendor, y acrecentar y avivar los placeres de unos pocos que moran en opulentos palacios, comiendo del sudor del pueblo, disipando los tesoros que se han amontonado de las provincias estrujándolas con la mayor crueldad, ¿qué gana en ello el humano linaje? ¿Esta civilización y cultura son acaso más que bellas mentiras? Hay paz, pero esta paz es el silencio de los oprimidos; hay goces, pero son los goces de unos pocos, y la abyección de todos; hay ciencias, bellas artes; pero, postradas a los pies del poderoso, no llenan su misión, que es mejorar la condición intelectual, moral y material del hombre; todo es vicio, prostitución, lisonja; perezca, pues, todo, diría quien desde entonces pudiera extender sus miradas a los tiempos futuros; haya guerra, pero guerra regeneradora que ha de cambiar la faz del mundo, llamando a la civilización cristiana cien y cien pueblos bárbaros, destronando a la opresora del orbe, y dando principio a las grandes naciones que nos asombrarán con sus adelantos y poderío; haya calamidades públicas, que al menos no serán ni tan sensibles ni tan afrentosas como esa esclavitud que pesa sobre el mayor número de los individuos que forman la sociedad antigua, y se andará preparando la era dichosa en que para disfrutar de los derechos de ciudadano bastará ser hombre; perezcan, nada importa, las ciencias y las bellas artes, si están reservados a los siglos venideros genios prodigiosos como Tasso, Milton y Chateaubriand, Miguel ingel y Rafael, Descartes, Bossuet y Leibnitz; hágase trizas esa civilización falsa, esa cultura raquítica que sanciona el monopolio de las ventajas sociales, y ceda su puesto a otra civilización y cultura más grandiosas, más esplendidas, y, sobre todo, más justas y equitativas, que llamen a la participación de ellas un mayor número de individuos, abriendo las puertas para que puedan disfrutarlas todos, en cuanto lo consienta la naturaleza del hombre y de los objetos sobre que ejerce su actividad.

En pos de la irrupción y ondulaciones de los pueblos bárbaros, vino el feudalismo; sistema social y político contra el cual podrá decirse todo lo que se quiera; pero indudablemente fue un verdadero progreso, supuesto que, erigiéndose, por decirlo así, en soberanía la propiedad territorial, se asentaba un principio que, modificado y corregido por el transcurso del tiempo, podía servir mucho para la organización de las sociedades modernas. Había desorden, opresión, vejaciones, males sin cuento, es verdad; pero al menos se comenzaba a establecer un sistema, se daba asiento a los pueblos vencedores, se arraigaba el amor a la vida agrícola y el respeto a la propiedad, se desarrollaba el espíritu de familia; y las inclinaciones del corazón, encontrando objetos más estables y apacibles, se hacían por necesidad menos turbulentas, se preparaban a la tranquilidad y a la dulzura. Malos como eran los tiempos de los siglos XII y XIII, ¿quién no los prefiriera a los que siguieron después de la disolución del imperio de Carlomagno?

Nadie negará que hasta principios del siglo XVI las sociedades europeas andaban mejorándose rápidamente; por manera que, no verificándose en ningún otro punto del globo decadencia notable, ya que los demás pueblos puede decirse que en general permanecieron estacionarios, todavía debemos confesar que el linaje humano progresaba. Los grandes descubrimientos que tuvieron lugar en el siglo XV, hacían esperar que en el XVI se inauguraría una era de prosperidad y ventura que, rebosando en Europa, se derramaran por todas las regiones de la tierra. Desgraciadamente el cisma de Lutero vino a desvanecer en buena parte tan halagüeñas esperanzas, y las calamidades que han caído sobre la Europa durante los tres últimos siglos, podrían hacernos dudar de la proposición que llevamos establecida.

Como quiera, aun llevando en cuenta los males acarreados por los cismas religiosos, y la incredulidad e indiferentismo, que han sido su consecuencia, no me parece que pueda negarse que la humanidad en general haya carecido de la compensación arriba indicada. Tomando las cosas en su raíz, es decir, desde que Lutero y sus secuaces dividieron en dos la gran familia europea, debe considerarse que las sucesivas conquistas que ha ido haciendo el catolicismo en las Indias orientales y occidentales, resarcen quizás con ventaja las pérdidas que en Europa ha sufrido la unidad de la fe. Si a esto añadimos que allí donde no se ha establecido la Religión Católica, al menos se han propagado algunas luces del cristianismo por medio de una u otra de las sectas disidentes, lo que, tal como sea, siempre es muy preferible a la idolatría o embrutecimiento en que estaban sumidos aquellos países; si atendemos a los progresos que allí mismo ha tenido el desarrollo intelectual, moral y material del individuo y de la sociedad, resultará que, aun dando a la historia de los tres últimos siglos en Europa los más negros colores, la humanidad no ha perdido, antes se halla recompensada con usura.

Y no es verdad tampoco que la Providencia haya de tal suerte casti-gado el orgullo europeo en los tres últimos siglos, que al propio tiempo no haya derramado sobre nosotros un raudal de inestimables beneficios. El país donde nacieron hombres tan eminentes en todos los ramos de conoci-mientos, que cuenta en todas las regiones asombrosos genios, y que bajo el aspecto de la religión y de la moral puede ofrecer un San Ignacio de Loyola, un San Francisco de Sales, un San Vicente de Paúl y cien y cien otros de heroicas virtudes que realizaron sobre la tierra la vida de los ángeles, no puede quejarse de que sea poco favorecido de la Providencia; no puede lamentarse, en medio de sus revoluciones materiales y morales, de que le haya cabido mayor parte en el infortunio, de la que caber suele a la desgra-ciada humanidad.

Esta última consideración, mi estimado amigo, me lleva a examinar cuál es la causa de esta desazón que de continuo nos atormenta a los europeos, y a cuantos han participado de nuestra civilización. A oírnos cuál nos quejamos de la suerte, cuál afeamos nuestra situación presente, cuál ennegrecemos el porvenir, diríase que soportamos mayor suma de males que ningún pueblo de la tierra; y, aun comparándonos con nuestros antepasados, parecería que fueron mucho más dichosos. Nunca hablaron ellos tanto de transición, de necesidad de nuevas organizaciones, de insuficiencia de todo cuanto existe; nunca anunciaron como nosotros esa época que ha de venir realizando el siglo de oro, so pena de hundirse el mundo en un caos, precediendo una conflagración espantosa.

Cada época ha sufrido sus males, y ha tenido más o menos cercanas mudanzas profundas; cada época se ha encontrado con necesidades, o del todo desatendidas, o mal satisfechas; cada época ha llevado en su seno un germen de muerte para lo existente, que debía ceder su puesto a lo que se encerraba en el porvenir. Añadiré, además, que dudo mucho que los tiempos presentes deban en nada posponerse a los pasados, considerando los pueblos civilizados en general, y prescindiendo de dolorosas excepciones que por necesidad deberán ser pasajeras; y me inclino a creer que no son mayores nuestros males, sino que se abultan en gran manera por dos motivos: 1.ſ Porque reflexionamos demasiado sobre ellos; semejantes al enfermo que aguza sus dolencias haciéndolas objeto continuo de sus pensamientos y palabras. 2.ſ A causa de que tenemos mayor libertad para quejarnos, así de viva voz como por escrito, añadiéndose, además, que la prensa, no siempre con recta intención, lo exagera todo.

Se habla, por ejemplo, de pauperismo; convengo en que es una llaga dolorosa y que merece llamar la atención de todos los hombres amantes de la humanidad; pero lo que desearía saber es qué resultado nos daría el mismo asunto, si lo examinásemos con relación a los tiempos que nos precedieron. ¿Qué mayor y más doloroso pauperismo que la antigua esclavitud? Ni en el número de los infelices, ni en el grado de su infelicidad, ¿es comparable aquel estado con el de las clases inferiores de nuestra época? Ya sé que algunos se han adelantado a decir que la suerte de los esclavos negros es preferible a la de nuestros jornaleros; no negaré que, si se consideran no más que algunos extremos excepcionales, así en el bien como en el mal; si se toma un esclavo negro, a quien le haya cabido un amo racional, prudente, compasivo, que se guíe por las inspiraciones de la sana razón y de la caridad cristiana, y se le compara con alguno de los jornaleros más desgraciados, se podrá sostener quizás el parangón; pero, hablando en general, y poniendo de una parte la masa de los esclavos negros, y de otra la de los jornaleros europeos, ¿será preferible la suerte de aquéllos a la de éstos? ¿Podrá ni siquiera comparársele? No lo creo; y, aun cuando no fuera dable señalar hechos positivos, que por cierto no faltan, bastaría la simple consideración de la naturaleza de las cosas para no dejar indeciso el juicio.

Cuando, abolida la esclavitud en Europa, le sucedió el feudalismo, durante largos siglos con más o menos pretensiones, no creo tampoco que la clase pobre se hallase en mejor estado del en que actualmente se encuentra: léase la historia de aquellos tiempos, y no quedará sobre esto ninguna duda. Figurémonos por un momento que las innumerables legiones de folletistas, periodistas y escritores de obras que actualmente inundan los países civilizados, hubiesen aparecido de repente en medio del feudalismo;

que hubiesen podido recorrer el castillo del orgulloso señor, examinando sus cómodos aposentos, su lujoso aparato; que le hubiesen visto salir a una partida de caza, con sus briosos caballos, sus gallardas escuderos, sus innumerables perros, insultando con la riqueza de sus aderezos la miseria y la desnudez de sus vasallos; que hubiesen presenciado las injustas exigencias, las arbitrariedades, la crueldad con que vejaban a sus súbditos; y supongamos por un momento que en las reducidas poblaciones que allá y acullá se andaban formando, y que conquistaban tan trabajosamente su independencia, hubiesen aparecido por ensalmo las prensas de París y de Londres, y, aprendiendo también de repente los pueblos a leer, se hubiesen hallado con infinitos escritos donde se narrasen y pintasen con los colores que suponer se dejan, las violencias, las injusticias, el destemplado lujo de los señores, y la opresión, la miseria, las calamidades de los vasallos: ¿no os parece que el cuadro resultaría negro, que un clamor general se levantaría de los cuatro ángulos de la tierra, pidiendo venganza? ¿No os parece que se pondría también de acuerdo todo el mundo en que jamás fueron mayores los males de la humanidad; que jamás fue más urgente aplicarle un remedio, que jamás fue más necesaria, más inminente, una profunda mudanza en la organización social?

Volvamos la medalla y miremos su reverso: imaginémonos que en nuestro siglo callan de repente la prensa y la tribuna, que se desvía de la política la atención pública, que no se piensa en las cuestiones sobre la organización social, que los amos se ocupan únicamente de sus negocios, los jornaleros de su trabajo, que nadie cuida de contar cuántos pobres hay en Inglaterra, en Francia y los demás países, que no circulan las narraciones de los padecimientos de las clases menesterosas, con el cálculo de las onzas de pan o de patatas que tocan al infeliz trabajador o a sus hijos, y con la descripción de la triste y mugrienta habitación en que se ve precisado a albergarse, y que, con todo, siguiese como ahora el movimiento de la industria, y se ocupasen los mismos brazos, y fuesen los mismos los salarios, y el mismo el precio de los alimentos y vestidos, ¿no es claro que nuestro estado social no se mostraría con tan negros colores, ni veríamos tan amenazador el porvenir?

Véase pues, mi estimado amigo, con cuánta razón he dicho que nuestros males eran mayores porque pensábamos demasiado en ellos, porque, hay mil medios y motivos de recordarlos, de exagerarlos, y porque el estado actual de la civilización lleva necesariamente consigo el acto reflejo de ocuparse en sí misma. Y no crea usted que yo esté mal avenido con que se dé la conveniente publicidad a los sufrimientos del pobre, ni que desee que se imponga silencio a la clase que sufre, para que no cause siquiera el padecimiento de algunas molestias y zozobras a la clase que goza; solo he querido indicar un carácter de nuestra época, señalando la razón de que parezca tener otras particularidades, que se le atribuyen como propias, no obstante, de serle comunes con todas las que la han precedido. Que, por lo tocante a las simpatías en favor de la clase menesterosa, a nadie cedo; y, respetando como es debido la propiedad y demás legítimas ventajas de las clases altas, no dejo de conocer la sinrazón y la injusticia que a menudo las deslustra y las daña.

Me inclino a creer que, si usted no ha adoptado mis opiniones en todas sus partes, al menos convendrá en que no son para desatendidas, supuestos los argumentos en que las he apoyado; y estoy seguro de que en adelante, se parará usted algo más en el verdadero sentido de la palabra transición, y no le dará tanta importancia como antes le concedía. Ciertamente no alcanzo cómo se ha podido meter tanto ruido con estas y otras expresiones seme-jantes, cuando, bien analizadas, no se encuentra que signifiquen otra cosa que la instabilidad de las cosas humanas: instabilidad cuyo conocimiento no data ciertamente de los tiempos modernos.

Así, tampoco concibo cómo se atreven algunos a pronosticar la muerte del catolicismo, fundándose en que el nuevo estado a que van a pasar las sociedades, no podrá consentir ni los dogmas ni las formas de esta religión divina; como si el mundo hubiese permanecido durante dieciocho siglos sin ninguna clase de mudanza; como si la fe y las augustas instituciones que nos dejó Jesucristo, necesitasen para conservarse de las obras del hombre.

¿Acaso la organización social del primer siglo del cristianismo no era muy diferente de la del tiempo de Teodosio el Grande? ¿Acaso la Europa de los bárbaros se parecía en nada a la Europa del imperio? ¿Acaso la época del feudalismo se asemejaba a los trastornos de la irrupción de las hordas del Norte, ni la prepotencia de los barones a la pujanza de la monarquía? ¿Acaso el siglo de Francisco I fue el siglo de Luis XIV, ni éste el de Luis Felipe? Verificáronse en ese espacio de dieciocho siglos revoluciones colosales, pasaron sobre la sociedad europea vicisitudes innumerables, la vida pública y privada de los pueblos se modificó, se cambió de mil maneras; y, sin embargo, la religión, permaneciendo la misma, sin prestarse a ninguna de aquellas transacciones que la destruirían por su base, ha podido y sabido acomodarse a lo que demandaba la diversidad de tiempos y de circunstancias; sin hacer traición a la verdad, no ha perdido de vista el curso de las ideas; sin sacrificar a las pasiones la santidad de la moral, ha tenido en cuenta las mudanzas de los hábitos y de las costumbres; sin alterar su organización interior en lo que tiene de inalterable y de eterno, ha creado infinita variedad de instituciones acomodadas a las necesidades de los pueblos sometidos a su fe.

¿Ignora usted estos hechos, mi estimado amigo?, ¿hay en ellos algo que consienta ni disputa siquiera? Deje usted, pues, esas palabras vanas que nada significan, que solo sirven a nutrir con vagas generalidades ese fatal estado de duda y de escepticismo que es la verdadera agonía del espíritu. Bien conoce usted que no aborrezco el progreso de la sociedad, que lo miro como un beneficio de la Providencia, que no soy pesimista, ni me complazco en condenar todo cuanto existe y todo cuanto se columbra en el porvenir; pero deseo que se distinga lo bueno de lo malo, la verdad del error, lo sólido de lo fútil; deseo hacer lo que ustedes, los escépticos nos exigen, y que, sin embargo, no practican: examinar con buena fe, juzgar con imparcialidad. Queda de usted su affmo. Q. B. S. M.

J. B.

Carta VII. La tolerancia

La gracia y la fe. Doctrina católica sobre la fe. Historieta de un eclesiástico. Observaciones sobre la intolerancia de ciertos hombres. Injusticia e intolerancia de los incrédulos. Manifiéstase que un fiel puede tener idea clara del estado de espíritu de un incrédulo. Lo que debe hacer un católico antes de disputar con un incrédulo. En las disputas religiosas es necesario guardarse del orgullo.

Mi estimado amigo: Mucho me complace lo que usted se sirve insinuarme en su última de que, si bien mis reflexiones no han podido decidirle todavía a salir de esa postración de espíritu que se llama escepticismo, al menos han logrado convencerle de un hecho que usted consideraba poco menos que imposible; esto es, que fuese dable aliar la fe católica con la indulgencia y compasiva tolerancia con respecto a los que profesan otra diferente, o no tienen ninguna. Bien se conoce que usted, a pesar de haber sido educado en el catolicismo, se ha dejado imbuir demasiado en las preocupaciones de los impíos y de algunos protestantes, que se han empeñado en pintarnos como furias salidas del averno, que únicamente respiramos fuego y sangre. Usted me da las gracias porque «sufro con paciente calma las dudas, la incertidumbre, las variaciones de su espíritu»: en esto no hago más que cumplir con mi deber, obrando conforme a lo que prescribe nuestra sacrosanta religión; la cual da tan alta importancia a la salvación de una alma, que, si toda una vida se consagrase a la conversión de una sola y esto se consiguiese, debieran tenerse por bien empleados los trabajos más penosos.

Mis profundas convicciones, o, hablando más cristianamente, la gracia del Señor, me tiene firmemente adherido a la fe católica; pero esto no me impide el conocer un poco el estado actual de las ideas, y la diferencia de situaciones en que se encuentran los espíritus. Un escéptico me inspira viva compasión, porque desgraciadamente son muchas, en los tiempos que corren, las causas que pueden conducir a la pérdida de la fe; y así es que, al encontrarme con alguno de esos infortunados, no digo nunca con orgullo non sum sicut unus ex istis, «no soy como uno de éstos». El verdadero fiel que está profundamente penetrado de la gracia que Dios le dispensa, conservándole adherido a la religión católica, lejos de ensoberbecerse, ha de levantar humildemente el corazón a Dios, exclamando de todas veras: Domine, propitius esto mihi peccatori; «Señor, tened misericordia de este pecador».

Acuérdome que, al seguir mi curso de teología, se explicaba en la cátedra aquella doctrina de que la fe es un don de Dios, y que no bastan para ella, ni los milagros, ni las profecías, ni otras pruebas que demuestran claramente la verdad de nuestra religión, sino que, además de los motivos de credibilidad, se necesita la gracia del cielo; a más de los argumentos dirigidos al entendimiento, es menester una pía moción de la voluntad, pia motio voluntatis; y confieso ingenuamente que nunca entendí bien semejante doctrina, y que, para comprenderla, me fue necesario dejar aquellas mansiones donde no se respiraba sino fe, y hallarme en situaciones muy varias y en contacto con toda clase de hombres. Entonces conocí perfectamente, sentí con mucha viveza cuán grande es el beneficio que dispensa Dios a los verdaderos fieles, y cuán dignos de lástima son aquellos que en apoyo de su fe solo reclaman el auxilio de los motivos de credibilidad, solo invocan la ciencia y se olvidan de la gracia. Repetidas veces me ha sucedido encontrarme con hombres que, a mi parecer, veían como yo las razones que militan en favor de nuestra religión; y, sin embargo, yo creía, y ellos no; ¿de dónde esto?, me preguntaba a mí mismo: y no sabía darme otra razón, sino exclamar: misericordia Domini quia non sumus consumpti.

Con este preámbulo conocerá usted, mi querido amigo, que sus dudas no han debido cogerme de improviso, ni ocasionándome aquel estremecimiento que naturalmente me causaran si no hubiese tenido a la vista las reflexiones que preceden; bien que de paso me permitirá usted que no apruebe la dura invectiva a que se abandona contra las personas intolerantes. ¿Sabe usted que en sus palabras se hace culpable de intolerancia, y que un hombre no llega a ser perfectamente tolerante sino cuando tolera la misma intolerancia? Pongámonos por Dios de buena fe, y no miremos las cosas con espíritu de parcialidad. Me hace usted el favor de decirme que «ya me conceptuaba con bastante conocimiento del mundo para no imitar el ejemplo de aquellas personas que no pueden soportar la menor palabra contra su fe, y que, constituyéndose desde luego los heraldos de la divina justicia, no aciertan sino a mentar la hora de la muerte, el infierno, y que acaban por romper bruscamente con quien ha tenido la imprudencia o poca cautela de franquearles su espíritu». Refiéreme usted la historieta de aquel buen eclesiástico que antes le distinguía a usted con particulares muestras de aprecio y de amistad, y que se horrorizó de tal suerte al saber trataba con un incrédulo, que fue preciso cortar toda clase de relaciones. Paréceme, mi querido amigo, que en las propias palabras de usted encuentro yo la apología de la persona a quien usted tanto inculpa; y a los ojos de quien mire las cosas con verdadera imparcialidad, no se le hará tan extraña semejante conducta. «Era, dice usted mismo, un joven de conducta irreprensible, de costumbres severas, de un celo ardiente, pero tenía la desgracia de no haber tratado jamás sino con personas devotas, de no haber manejado otros libros que los del seminario, y apenas le parecía posible que circulasen en el mundo otras doctrinas que las que se le habían enseñado por espacio de algunos años en el colegio de donde acababa de salir. Tuve la imprudencia de responder con una burlona sonrisa a una de sus observaciones sobre un punto delicado, y desde entonces quedé perdido sin remedio en su opinión.» Y bien, usted se queja en sustancia de que aquel joven no tuviese hábitos de tolerancia: ¿dónde quería usted que los hubiese aprendido? El espíritu de aquel hombre, ¿podía estar dispuesto para el ataque que contra sus creencias se permitió su contrincante, con la significativa sonrisa? ¿No es demasiado exigente quien pide serenidad a un hombre que, quizás por primera vez, mira combatido o despreciado lo que él considera como más santo y augusto?

Es grave desacuerdo y además una solemne injusticia el inculpar la conducta de quien, guiado por un entendimiento convencido y un corazón recto, se porta cual por necesidad debe portarse, atendidas la educación e instrucción que ha recibido, y las circunstancias que le han rodeado en todo el curso de su vida. Nuestro espíritu se forma y se modifica bajo la influencia de mil causas, y a ellas es preciso atender, cuando se quiere formar exacto juicio sobre la situación en que se encuentra, y el sendero que probablemente haya de seguir. Lo demás es empeñarse en violentar las cosas, sacándolas de su quicio. ¿Pretendería usted que un misionero encanecido en su santa carrera tenga el mismo modo de mirar los objetos que cuando salió de los estudios?, ¿no fuera esta una pretensión extraña? Es cierto que sí; pues no menos lo sería el exigirle ya en su primera juventud el mismo comportamiento que le han enseñado largos años de trabajos apostólicos en lejanos y variados países.

Es poco menos que imposible, sin larga práctica del mundo, saber colocarse en el puesto de los otros, haciéndose cargo de las razones que los impelen a pensar u obrar de esta o aquella manera; y es mucho más difícil en materias religiosas, refiriéndose éstas a lo que hay de más íntimo en el alma del hombre: cuando estamos vivamente poseídos de una idea, se nos hace inconcebible que los demás puedan mirar con indiferencia lo que nosotros contemplamos como lo más importante en esta vida y en la venidera. Por cuyo motivo, no hay asunto que más a propósito sea para exaltar el ánimo;

y es de aquí que las guerras que se han hecho a título de religión, han sido siempre muy obstinadas y sangrientas. Quisiera yo que de estas reflexiones se penetrasen los que a roso y velloso, como suele decirse, hablan contra la intolerancia, pues que, de esta suerte, no sucediera tan a menudo que hombres en extremo intolerantes en todo lo que concierne a la religión, no quieran sufrir la intolerancia con que a su vez les corresponden las personas religiosas.

Bien comprenderá usted, mi querido amigo, que no deseo yo prevalerme de estas reflexiones para mostrarme intolerante; pues que, si me he extendido algún tanto sobre el particular, ha sido con la idea de desvanecer la prevención con que por algunos es mirada la intolerancia de ciertas personas, resultando que se estiman en menos hombres, por otra parte, muy dignos de aprecio.

Me habla usted de la dificultad de entendernos, siendo tan opuestas nuestras ideas, y habiendo sido tan diferente nuestro tenor de vida: es bien posible que dicha dificultad exista; sin embargo, por lo que a mí toca, no alcanzo a verla. ¿Creería usted que hasta llego a comprender muy bien esa situación de espíritu en que se fluctúa entre la verdad y el error, en que el espíritu, sediento de verdad, se encuentra sumido en la desesperación por la impotencia de encontrarla? Imagínanse algunos que la fe está reñida con un claro conocimiento de las dificultades que contra ella pueden ofrecerse al espíritu; y que es imposible creer desde el momento que en él penetran las razones que en otros producen la duda; no es así, mi querido amigo: hombres hay que creen de todas veras, que humillan su entendimiento en obsequio de la fe con la misma docilidad que hacerlo puede el más sencillo de los fieles, y que, sin embargo, comprenden perfectamente lo que pasa en el alma del incrédulo, y que asisten, por decirlo así, a sus actos interiores, como si los estuvieran presenciando.

Es una ilusión el pensar que no se puede tener idea clara de un estado sin haber pasado por él, y que no alcanza a comprender un cierto orden de ideas y de sentimientos sino quien haya participado de ellos. Si así fuese, ¿dónde estarían los escritores capaces de inventar en literatura? Mucho se siente que no se consiente; y, cuando no se llega a sentir, hay la imaginación, que en muchos casos suple por el sentimiento. Nosotros, los cristianos, podemos traer a este propósito las tentaciones, materia que, si a usted no le parece muy filosófica, no dejará de interesarle su aplicación. Leemos en las vidas de los santos que Dios permitía que les asaltase el demonio con pensamientos y deseos tan contrarios a las virtudes que ellos con más ardor practicaban, que les era necesario llamar en su auxilio toda su confianza en la misericordia divina para no creerse abandonados del cielo, y culpables de los mismos pecados que más detestaban en el fondo de su alma. Cuando tan violenta era la acometida, que les hacía concebir temores de haber sucumbido; cuando tan vivas eran las imágenes con que a su fantasía se presentaban los objetos malos, que, a pesar de la aversión que les profesaban, se los hacían tomar como una realidad, bien se concibe que no dejarían aquellas santas almas de comprender el estado de un hombre que se hallase encenagado en los mismos vicios. Esto que allá, en los primeros años de su edad, habrá usted leído en algunos de aquellos libros que no debían de escasear en el colegio, le hará conocer cómo nosotros, que ni por asomo podemos lisonjearnos de santos, habremos sentido una y mil veces germinar en nuestra alma algunas de las innumerables miserias intelectuales y morales de que adolece la triste humanidad; y que, siendo una de éstas el escepticismo, fuera muy raro que no se hubiera presentado a las puertas de nuestra alma como huésped de mal agüero. Cerradas las conserva el verdadero fiel, y, ayudado de los auxilios de la gracia, desafía a todas las potestades del infierno a que las rompan, si pueden; pero acontece entonces lo que nos dice el apóstol San Pedro: «Anda dando vueltas el diablo como león rugiente buscando a quien devorar». Créalo usted, mi estimado amigo; resistiéndole fuertemente con la fe, no ha podido mordernos, pero conocemos bien su rugido.

Sobre todo en el siglo en que vivimos, es poco menos que imposible que esto no suceda a los hombres que por una u otra causa se hallan en contacto con él. Ora cae en las manos un libro lleno de razones especiosas y de reflexiones picantes; ora se oyen en la conversación algunas observaciones en apariencia juiciosas y atinadas, y que a primera vista como que hacen vacilar los sólidos cimientos sobre que descansa la verdad; tal vez se fatiga el espíritu y se siente como sobrecogido por una especie de tedio, desfalleciendo algunos momentos en la continua lucha que se ve forzado a sostener contra infinitos errores; tal vez, al dar una ojeada sobre la falta de fe que se nota en el mundo, sobre la muchedumbre de religiones, sobre los secretos de la naturaleza, sobre la nada del hombre, sobre las tinieblas de lo pasado y los arcanos de lo venidero, desfilan por la mente pensamientos terribles. Angustiosos instantes en que el corazón se inunda de cruel amargura, en que un negro velo parece tenderse sobre cuanto nos rodea, en que el espíritu, agobiado por el aciago fantasma que le abruma, no sabe a dónde volverse, ni le queda otro recurso que levantar los ojos al cielo y clamar: Domine, salva nos, perimus; «Señor, salvadnos, que perecemos».

Así permite el Señor que sean probados los suyos, y hace más meritoria la fe de sus discípulos; así les enseña que para creer no basta haber estudiado la religión, sino que es necesaria la gracia del Espíritu Santo. Mucho fuera de desear que de esta verdad se convenciesen los que se imaginan que no hay aquí otra cosa que una mera cuestión de ciencia, y que para nada entran las bondades del Altísimo. ¿Sabe usted, mi querido amigo, lo primero que debe hacer un católico cuando le viene a la mano algún incrédulo en cuya conversión se proponga trabajar? Cree usted, sin duda, que se han de revolver los apologistas de la religión, recorrer los apuntes propios sobre las materias más graves, consultar sabios de primer orden, en una palabra, pertrecharse de argumentos como un soldado de armas. Conviene, en verdad, no descuidar el prevenirse para lo que en la discusión se pueda ofrecer; pero ante todo, antes de exponer las razones al incrédulo, lo que debe hacerse es orar por él. Dígame usted, ¿quién ha hecho más conversiones, los sabios, o los santos? San Francisco de Sales no compuso ninguna obra que bajo el aspecto de la polémica se llegue a la Historia de las variaciones de Bossuet; y yo dudo, sin embargo, que las conversiones a que esta obra dio lugar, a pesar de ser tantas, alcancen ni con mucho a las que se debieron a la angélica unción del Santo Obispo de Ginebra.

Por ahí puede usted conocer, mi querido amigo, que no las ha con lo que suele llamarse un disputador, ni un ergotista; y que, por más que aprecie en su justo valor la ciencia, y particularmente la eclesiástica, tengo muy grabada en el fondo del alma la saludable verdad de que los caminos de Dios son incomprensibles al hombre, de que es vano confiar en la ciencia sola, y que algo más que ella se necesita para conservar y restaurar la fe.

Pedía usted tolerancia y tolerancia le ofrezco, la más amplia que encontró jamás en hombre alguno; se arredraba usted por la dificultad que había de mediar en entendernos; y no dudo que con mis aclaraciones se habrá desvanecido semejante recelo; como no temo tampoco que se figure usted en adelante que le haya yo de salir al paso con lo que apellida sutilezas de escuela, y argumentos valederos para personas ya convencidas. Si usted, pues, se sirve continuar proponiéndome las principales dificultades que le impiden volver a la religión que comienza a echar de menos a los pocos años de perdida, yo procuraré responderle como mejor alcanzare; pero sin pretender ninguna palma si quedare usted satisfecho, ni darme por abochornado si continuare en su incredulidad.

Cuando se combate contra los enemigos de la religión, que solo buscan medios de atacarla valiéndose de cuanto les sugieren la astucia y la mala fe, entonces la disputa puede tomar el carácter de un combate en regla; pero, cuando tiene uno la fortuna de encontrarse con hombres que, si bien han tenido la desgracia de perder la fe, desean, no obstante, volver a ella, y buscan de corazón los motivos que puedan conducirlos a la misma, entonces el hacer alarde de la ciencia, el mostrar espíritu de disputa, el pretender el laurel del vencimiento, es un insoportable abuso de los dones de Dios, es un completo olvido de los caminos que, según nos ha manifestado, se complace el Señor en seguir, es sacar a plaza el orgullo, es decir, el enemigo declarado de todo bien, y el más grave obstáculo para que puedan aprovecharse las mejores disposiciones.

Si se hace de la disputa religiosa un asunto de amor propio, ¿cómo podemos prometernos que la gracia del Señor fecundará nuestras palabras? Los apóstoles convirtieron el mundo, y eran unos pobres pescadores; pero no confiaban en la sabiduría humana, ni en la elocuencia aprendida en las escuelas, sino en la omnipotencia de Aquel que dijo: «hágase la luz, y la luz fue hecha». Bien comprenderá usted que no por esto desprecio la ciencia; el mejor medio de conservarla y ennoblecerla es señalarle sus límites, no permitiéndole el desvanecimiento del orgullo.

Esa impotencia para creer de que usted se lamenta, no debe confundirse con imposibilidad; es una flaqueza, una postración de espíritu, que desaparecerá el día que al Señor le pluguiera decir al paralítico: «Levántate, y camina por el sendero de la verdad».

Entre tanto yo oraré por usted; y si bien el estado de su espíritu no es muy a propósito para hacer lo mismo, sin embargo, todavía me atreveré a decirle que ore usted, que invoque al Dios de sus padres, cuyo santo nombre aprendió a pronunciar desde la cuna, y que le suplique le conceda el llegar al conocimiento de la verdad. Quizás ¡oh pensamiento de horror!, quizás pensará usted: ¿cómo puedo llamar a Dios, si en ciertos momentos, abatido por el escepticismo, hasta siento flaquear mi única convicción, y no estoy bien seguro ni de su existencia?... No importa: haga usted un esfuerzo para invocarle; Él se le aparecerá, yo se lo aseguro: imite usted al hombre que, habiendo caído en una profunda sima, no sabiendo si es capaz de oírle persona humana, esfuerza no obstante, la voz, clamando auxilio.

Cuente usted con el entrañable afecto y la consideración de este S. S. S. Q. B. S. M.

J. B.

Carta VIII. Los nuevos espiritualistas franceses y alemanes

Ilusiones del escéptico. Filosofía alemana. Leibnitz. Sus doctrinas. Su oposición a Espinosa. Su religiosidad. Errores de Kant. Sus doctrinas con respecto a las pruebas metafísicas de la inmortalidad del alma, de la libertad del hombre y duración del mundo. Observaciones sobre la abnegación de la razón. Fichte. Sus errores. Schelling. Notables palabras de madama Staîl. Hegel. Su vanidad intolerable. Dificultad de que se extienda en España la filosofía alemana.

Mucho me alegro, mi estimado amigo, de que nada tengan que ver con usted los argumentos que aducir suelen los apologistas de la religión contra los defensores del materialismo y de la ciega casualidad, y no puedo menos de felicitarle por «hallarse ya, como me dice en su apreciada, radicalmente curado de su afición a los libros donde se enseñan las doctrinas de Volney de La Mettrie». A decir verdad, no esperaba menos del claro talento y noble corazón de usted, pues no concilio cómo, en poseyendo semejantes cualidades, sea posible leer obras de esta clase. Yo de mí sabré decir que las encuentro tan faltas de solidez como abundantes de mala fe; y que lejos de apartarme de la religión, me afirman más y más en ella: los convulsivos esfuerzos del error impotente dan una idea más grande de la verdad. Sin embargo, me permitirá usted que le advierta del error en que incurre cuando dispensa tan pomposos elogios a los nuevos espiritualistas alemanes, franceses; pues nada menos les atribuye que el ser los restauradores de las buenas doctrinas, devolviendo a la humanidad los títulos de que la despojara la filosofía volteriana. Cada época tiene sus opiniones y presiones de buen tono; ahora no podría uno pertenecer a la escuela del siglo XVIII, aun cuando lo quisiese: es preciso hablar del espiritualismo de Kant, Fichte, Schelling, Hegel, Cousin, y desechar el sensualismo de Destutt-Tracy, Cabanis, Condillac y Locke, si no se quiere pasar plaza de rezagado en materia de conocimientos filosóficos. Enhorabuena que no se profese ninguna religión, pero es indispensable tener siempre en boca el sentimiento religioso, los destinos de la humanidad, y hasta no escrupulizar de vez en cuando en pronunciar las palabras Dios y Providencia. Hablando ingenuamente, cuando he leído en su apreciada de usted los nombres que acabo de recordar, no he podido convencerme de que usted se hubiese devanado mucho los sesos en el estudio de altas y abstrusas cuestiones metafísicas; más bien me inclinaría a creer que sus ideas sobre el particular habrán sido cogidas al vuelo en los periódicos, sin haberse tomado mucha pena en aclararlas y analizarlas. No le culpo a usted por esto, pues al fin sus opiniones, como de un simple particular, no ejercerán influencia sobre el público; que, si se tratase de un escritor, que debe siempre saber lo que recomienda o censura, entonces me tomaría la libertad de amonestarle que anduviese más recatado en sus deseos de introducirnos innovaciones que podrán sernos muy dañosas.

¿Sabe usted lo que es la filosofía alemana? ¿Tiene usted noticia de sus tendencias, y hasta de sus expresas doctrinas sobre Dios y el hombre? ¿Cree usted que el abismo a donde conduce es mucho menos profundo que el de la escuela de Voltaire? ¿Piensa usted, por ventura, que Schelling y Hegel son legítimos sucesores de su compatriota Leibnitz, de ese grande hombre que, según la expresión de Fontenelle, conducía de frente todas las ciencias, y que, a pesar de lo que puede objetarse contra algunos de sus sistemas, abrigaba, no obstante, tan altas ideas sobre la religión y tantas simpatías por la católica?

La filosofía de Leibnitz ha ejercido mucha influencia en Alemania, y a él se debe, en parte, que no se introdujeran allí las doctrinas materialistas de la escuela francesa del siglo pasado. Sea cual fuere el concepto que se forme de sus sistemas, no puede negarse que, al paso que revelaban un genio eminente, contribuían a elevar el espíritu, a darle una viva conciencia de su grandor, y de que no podía de ningún modo confundirse con la materia. Que si se le echa en cara su extremado idealismo, responderemos que éste la sido el achaque de los más altos pensadores, desde Platón hasta Bonald.

Para Leibnitz no era Dios el alma de la naturaleza o la naturaleza misma, como sustentan algunos filósofos modernos; sino un Ser infinitamente sabio, poderoso, perfecto en todos sentidos; el panteísmo, que tan lastimosamente ha extraviado en los últimos tiempos a ciertos pensadores alemanes, era, en concepto de Leibnitz, un sistema absurdo. El alma humana tampoco la consideraba el ilustre filósofo como una especie de modificación del gran Ser que todo lo absorbe y con todo se identifica, como opinan los panteístas; sino que la tenía por una sustancia espiritual, esencialmente distinta de la materia, así como infinitamente distante del Criador que le ha dado la existencia.

Sabido es que impugnó victoriosamente el sistema de Espinosa, y que, en tratándose de Dios y de la inmortalidad del alma, los principios de la moral, y los premios y castigos de la otra vida, no podía sufrir que el espíritu del error esparciese sus tinieblas sobre tan sagrados objetos. «No puede dudarse, escribía a Molano, que el sapientísimo y poderosísimo gobernador del universo tiene destinados premios para los buenos y castigos para los malos, y que esto lo ejecuta en la vida futura, ya que en la presente quedan impunes muchas acciones malas, y muchas buenas sin recompensa.» Este lenguaje no es, por cierto, el de los modernos panteístas, y por él se echa de ver que los filósofos alemanes, al resucitar el sistema de Espinosa, se han desviado de las huellas de su ilustre antecesor. No ignoro que los escritores alemanes a quienes aludo, conservan todavía la abstracción y el sentimentalismo propios de su nación, y que no participan de la ligereza y trivialidad que ha caracterizado a los incrédulos de la escuela francesa; pero es preciso no olvidar que el sentimiento no basta cuando no está enlazado con la convicción, y que el corazón ejerce muy mal sus funciones cuando éstas son contrarias al impulso de la cabeza.

Además, si la Alemania continúa en sus ideas impías, al fin se resentirá de ellas el carácter; y el sentimiento religioso, ya muy debilitado por el protestantismo, vendrá a extinguirse en manos de la impiedad. Disfrácese como se quiera la doctrina del panteísmo, entraña la negación de Dios; es el ateísmo puro, solo que toma otro nombre. Si todo es Dios, y Dios es todo, Dios será nada; lo único que existirá será la naturaleza con su materia, y sus leyes, y sus agentes de diversos órdenes; todo lo cual lo admiten muy bien los ateos, sin que por esto entiendan que han abjurado su sistema. Si la criatura piensa que es una parte del mismo Dios, o Dios mismo, por el mismo hecho niega la existencia de un Dios que le sea superior y pueda pedirle cuenta de sus obras; la divinidad será para él un nombre vano, y podrá adherirse al dicho del alemán que, al levantarse de un banquete, exclamaba: «todos somos dioses que hemos comido muy bien».

La religiosidad de Leibnitz era por cierto más sólida y profunda. Véase cómo desenvuelve sus ideas en el lugar arriba citado. «El olvidar en esta vida el cuidado de la venidera, que está inseparablemente unida con la divina Providencia, y el contentarse con cierto inferior grado de derecho natural, que también puede tenerlo un ateo, es mutilar la ciencia en sus más bellas partes, y destruir muchas buenas acciones. ¿Quién correrá el peligro de su fortuna, dignidad y vida, por sus amigos, por su patria, por la república, ni por la justicia y la virtud, si, arruinados los demás, él puede continuar viviendo entre los honores y la opulencia? Porque, el posponer los bienes verdaderos y positivos a la inmortalidad del hombre, a la fama póstuma, es decir, a un rumor del cual nada nos llegaría, ¿no fuera una virtud de un brillo bien falso?»

No me propongo examinar todas las opiniones de los filósofos alemanes, ni deslindar hasta qué punto sean admisibles; solo me limitaré a hacer resaltar algunos de sus errores principales, citando el autor que las haya inventado o prohijado, y sin pretender que caiga la responsabilidad sobre los pensadores de dicha nación que no sigan en la misma senda.

Kant no llevó tan adelante sus errores con respecto a Dios, al hombre y al universo, como lo han hecho algunos de sus sucesores; pero menester es

confesar que, intentando promover una especie de reacción contra la filosofía sensualista, dejó tan en descubierto las principales verdades, que nada
le tiene que agradecer la filosofía verdadera con respecto a la conservación
de ellas. En efecto: quien afirma que las pruebas metafísicas en defensa de la
inmortalidad del alma, de la libertad del hombre y de la duración del mundo
le parecen de igual peso que las que militan en contra, no es muy a propósito para dejar bien establecidas esas verdades, sin las que serán un nombre
vano todas las religiones. Enhorabuena que demos mucha importancia al
sentimiento y a las inspiraciones de la conciencia, que conozcamos la debilidad de nuestro raciocinio y no exageremos sus alcances; pero conviene
también guardarnos de destruirle, de matar la razón a fuerza de desconfiar
de ella, extinguiendo esa antorcha que nos ha dado el Criador, y que es un
hermoso destello de la Divinidad.

Sucede a veces, mi apreciado amigo, que la abnegación de la razón no
proviene de humildad, sino de un excesivo orgullo, de un exagerado sentimiento de superioridad que se desdeña de examinar, y que cree suficiente
mirar para ver, sin necesidad de discurrir. No me encontrará usted en el
número de aquellos que en todo apelan al raciocinio, y que nada conceden
al sentimiento, nada a aquellas súbitas inspiraciones que nacen en el fondo
de nuestra alma sin que nosotros mismos sepamos de dónde nos han
venido; conozco, y se lo he dicho a usted mil veces, que nuestra razón es
débil en extremo, que es excesivamente cavilosa, que todo lo prueba, que
todo lo combate; pero de aquí a negarle su voto en las altas cuestiones de
metafísica, y desecharla como incompetente para discernir en ellas entre la
verdad y el error, hay una distancia inmensa. Est modus in rebus.

Si Kant llevó la sobriedad de la razón hasta un extremo reprensible, seña-
lándole límites estrechos en demasía, no faltaron otros que exageraron las
fuerzas de la misma, pretendiendo explicar con su sola ayuda el universo
entero. Sabido es que Fichte se entregó a un idealismo tan extravagante,
que, dándolo todo al alma, llega, por decirlo así, al anonadamiento de todos
los objetos exteriores; su sistema conduce a la negación de la existencia de
todo cuanto no sea el yo que piensa. A pesar de las dañosas consecuencias
a que puede conducir semejante doctrina, no son éstas más peligrosas, e
inmediatamente destructoras de toda religión y moral, que las de Schelling,

quien, no obstante todos los velos con que encubre su sistema, al fin viene a parar al panteísmo de Espinosa. Poco me importa que en la escuela de Schelling se me hable de cualidades íntimas que no perecerán cuando yo muera, sino que volverán a entrar en el vasto seno de la naturaleza; cuando al propio tiempo se me añade que el individuo, es decir, el ser particular, el alma, se anonada. Poco me importa que se me hable de espiritualismo y que se condene el materialismo, si al fin no se me consuela con el pensamiento de la inmortalidad, si en último resultado se me dice que la inmortalidad es una quimera, y que, si algo queda de mí después de la disolución del cuerpo, no será yo mismo que pienso y quiero, sino ciertas cualidades que no sé lo que son, y que poco me han de importar cuando yo no exista.

No falta quien ha dicho que Aristóteles había dejado algo oscuros ciertos pasajes de sus obras, con la mira de que, ofreciendo lugar a interpretaciones diversas, diesen pie a sus discípulos para defenderle contra sus adversarios. Sea lo que fuere de semejante conjetura, es preciso convenir en que los filósofos alemanes han dejado muy atrás en esta parte al filósofo de Estagira pues han sabido envolver en tan espesa nube sus ideas, que ni aun los iniciados en el secreto han podido lisonjearse de penetrar sus profundidades. «En sus tratados de metafísica, dice madama Staîl hablando de Kant, toma las palabras como cifras y les da el valor que le acomoda, sin pararse en el que tienen por el uso.» Lo mismo puede afirmarse de los más famosos filósofos de la misma nación; nadie ignora el misterioso lenguaje de Fichte y de Schelling, por lo tocante a Hegel, él mismo ha dicho: «no hay más que un hombre que me haya comprendido»; y temiendo, sin duda, que esto era ya demasiado, añadió: «y ni aun éste me ha comprendido».

Bien podrá suceder que usted se fatigue, si le presento algunas muestras de esta filosofía tan ponderada; pero creo muy del caso arrostrar el ligero inconveniente, pues de esta manera lograré que usted no se deje fácilmente engañar por encomiadores que ensalzan lo que no comprenden. No dudo que usted está ya en la convicción de que los filósofos alemanes se pasean por un mundo imaginario, y que quien forme empeño en seguirlos, es menester que se despoje de todo lo que se parece a los pensamientos comunes; pero yo creo poderle demostrar algo más; yo creo poderle demostrar que no basta el desentenderse de los pensamientos comunes, sino que es preciso olvidarse hasta del sentido común. Si encuentra usted la palabra demasiado dura, no me culpe de temerario hasta haberme oído; entre tanto, no olvide usted que tratamos de hombres que han manifestado un soberano desprecio de todo lo que no era ellos, que han pretendido enseñar a la humanidad a manera de infalibles oráculos, y que, bajo apariencias misteriosas y enfáticas, han llevado su orgullo mucho más allá que todos los filósofos antiguos y modernos.

Hegel, este hombre a quien, según afirma él mismo, nadie comprendió, nos asegura que ha fijado los principios, arreglado el sistema y determinado el límite de toda filosofía. Él lo ha descubierto todo: después de él nada queda por descubrir; la humanidad no debe hacer más que desarrollar las teorías del sublime filósofo, y aplicarlas a todos los ramos de los conocimientos. Esto no fuera tan intolerable, si se tratase de objetos de escasa importancia, si Hegel no llamara a su tribunal al hombre, a la humanidad, a todas las religiones, a Dios mismo, y no fallase sobre todo con indecible orgullo. «Hegel, ha dicho Lerminier, se glorifica en sí mismo; se sienta como árbitro supremo entre Sócrates y Jesucristo; toma al cristianismo bajo su protección, y parece que piensa que, si Dios ha criado el mundo, Hegel lo ha comprendido.»

Estas soberbias pretensiones las encontrará usted en otros filósofos, y no escasean de ellas los franceses que han bebido en las mismas fuentes y cuyos nombres se nos citan a veces con misterioso énfasis. Así creo que no será perdido el tiempo que se emplee en dar una idea de esos delirios, que tal nombre merecen, por más que se envanezcan con las ínfulas de la ciencia. Como esta carta va tomando demasiada extensión, no me es posible presentarle a usted los comprobantes de las aserciones emitidas; pero lo haré sin falta en las inmediatas. No dudo que usted se quedará profundamente convencido de que esa nueva filosofía que tanto se nos pondera, no es más que la repetición de los sueños en que se ha mecido en todos tiempos el espíritu humano, siempre que, en la embriaguez de su orgullo, se ha desviado de los principios de eterna verdad.

Afortunadamente, hay en España un fondo de buen sentido que no permite la introducción, y mucho menos el arraigo, de esas monstruosas opiniones, que tan fácil y benévola acogida encuentran en otros países; y, por este motivo, no es tan temible que los errores de que estoy hablando, causen entre nosotros los males que en otros países han producido. Pero en cambio tenemos que, habiéndose descuidado mucho en España los estudios filosóficos, siendo muy pocos los que se hallan al nivel del estado actual de la ciencia, sería fácil que, sin advertirlo los hombres de sana doctrina y recta intención, se apoderasen de la enseñanza innovadores alucinados, que extraviasen a la incauta juventud. Digo esto, porque me temo que a otros suceda lo que, según veo, le estaba sucediendo a usted, de creer que las modernas escuelas alemanas y francesas caminaban nada menos que a la restauración de un espiritualismo puro, cual lo tenían nuestros mayores, y cual lo profesan todavía los verdaderos cristianos y los filósofos juiciosos.

De las demás cartas que pienso escribirle a usted sobre este objeto, sacará usted otro provecho, cual es, el formarse ideas algo más claras de las que debe tener ahora, sobre una cuestión importantísima que agita en la actualidad a la Francia y llama la atención de Europa: hablo de las desavenencias suscitadas entre el clero francés y la Universidad. Sea cual fuere el juicio que usted forme sobre la mayor o menor templanza con que haya ventilado la cuestión este o aquel periódico, y sobre las medidas que hayan creído conveniente adoptar algunos obispos, al menos se quedará usted convencido de que los católicos del vecino reino no se alarman sin razón; que hay aquí algo más de lo que nos quieren dar a entender algunos; que lo que en el fondo se agita es algo más que la ambición del clero, pues están envueltas en el negocio gravísimas cuestiones de doctrina. Con esto se me ofrecerá excelente oportunidad de manifestarle a usted cuán poco caso debe hacerse de esos fallos magistrales que se leen a cada paso sobre los asuntos de más importancia, y con cuánta injusticia acusan algunos la intolerancia del clero, cuando son ellos los verdaderos intolerantes. Hombres hay que, en tratándose de negocios de religión, o no beben sino en determinadas fuentes, o no consultan más que sus arraigadas preocupaciones. Ya que no puedo esperar de usted mucho celo religioso, a lo menos me prometo la imparcialidad. Entre tanto, viva usted seguro del afecto de este S. S. S. Q. B. S. M.

J. B.

Carta IX. Panteísmo de la filosofía alemana

Hegel. Lo que es la religión en sentido de este filósofo. La sustancia universal de su sistema. La idea. Su desarrollo. La existencia. Panteísmo de Hegel. La esfera lógica. La razón impersonal. Las leyes objetivadas. Sus sueños con respecto a las leyes de la naturaleza. Sus pretendidas demostraciones astronómicas. El planeta Ceres. Atrevimiento de Hegel contra Newton. Ingenua confesión de Link, admirador del filósofo alemán.

Mi estimado amigo: En la carta anterior le manifesté a usted mi opinión poco favorable a la moderna filosofía alemana, aventurándome a calificarla con una severidad que usted quizás debió de reputar excesiva. Este atrevimiento, tratándose de hombres que han adquirido mucha celebridad, y cuyas palabras son escuchadas por algunos cual si salieran de boca de oráculos infalibles, me impone el deber de probar lo que allí dije, y hacerlo de manera que no consienta réplica. Bien se acordará usted de mis quejas sobre la doctrina de dichos filósofos con respecto al panteísmo, y que los acusaba de resucitar los errores de Espinosa, bien que envueltos en formas misteriosas de un lenguaje simbólico y enfático; este cargo es el que voy a justificar con respecto a Hegel.

Según este filósofo, la religión es el «producto del sentimiento o de la conciencia que el espíritu tiene de su origen, de su naturaleza divina, de su identidad con el espíritu universal». Podríamos dudar del verdadero sentido de aquella expresión su naturaleza divina, si anduviese sola, pues que, siendo nuestra alma criada a imagen y semejanza de Dios, y distinguiéndose por su elevación sobre todos los seres corpóreos, dable sería pensar que Hegel solo trataba de recordar la nobleza y dignidad de nuestro espíritu, fundando el sentimiento religioso en la conciencia que tenemos de que nuestro origen, nuestra naturaleza y destino, son muy superiores a este pedazo de barro que envuelve nuestra alma, que la embaraza y agrava. Pero el filósofo alemán, tuvo cuidado de explanar sus ideas, añadiendo que nuestro espíritu era idéntico con el espíritu universal. ¿Qué será ese espíritu universal que absorbe, que identifica en sí todos los espíritus particulares?; ¿no es esto la proclamación pura y simple de un panteísmo espiritualista?; ¿no es esto afirmar que Dios es todos los espíritus y que todos los espíritus son Dios?; ¿que el pensamiento, el alma de cada hombre, no es más que una modificación del Ser único, en el cual todos se confunden e identifican? Pero oigamos de nuevo al filósofo alemán, por ver si acaso no habríamos comprendido bastante bien el sentido de sus palabras. «Esta conciencia, continúa Hegel, se halla primero envuelta en un mero sentimiento, cuya expresión es el culto: enseguida la conciencia se desenvuelve, Dios pasa a ser objeto, y de aquí nacen las mitologías y todo lo que se llama la parte positiva de la religión; pero detenerse en este segundo estadio donde el Dios del universo es adorado en el mármol de Fidias, donde Jesucristo no es más que un personaje histórico, sería mentir contra el espíritu.»

»En la religión los pueblos deponen sus ideas sobre la esencia del mundo y las relaciones que con ésta tiene la humanidad. El ser absoluto es aquí el objeto de su conciencia; hay otro más allá que ellos se representan, ora con los atributos de la bondad, ora con los del terror. Esta oposición no existe en el recogimiento de la oración y en el culto: y el hombre se eleva a la unión con el Ser divino. Pero este Ser divino es la razón en sí y para sí, la sustancia universal concreta; la religión es la obra de la razón que se revela.» Quizás extrañará usted que el filósofo alemán se anduviera en tantos rodeos para venirnos a decir que la religión no es más que una ulterior manifestación de la razón, que el Ser divino, el Ser objeto religioso y del culto, es decir, Dios, no es más que la razón misma, bien que en sí y para sí, o bien la sustancia universal concreta: yo no sé si estará usted muy versado en estas materias, para comprender la jerigonza de un ser que es en sí y para sí, que es la razón humana, y que, por añadidura, es la sustancia universal concreta. Sea como fuere, procuraré darle a usted alguna explicación del sentido que envuelven las enigmáticas palabras de nuestro metafísico.

Para la inteligencia de esto debe usted advertir que según Hegel, el mundo entero no es más que la evolución de la idea, y que, según el grado en que se encuentra la expresada evolución se dice que los seres son en sí; y, cuando ésta ha llegado a mayor progreso, se dice que los seres son para sí. Me preguntará usted ¿qué es la idea? En dictamen de Hegel no es otra cosa que la «harmoniosa unidad de este conjunto universal que se desarrolla eternamente»; «todo lo que existe, añade, no entraña verdad sino en cuanto es la idea que ha pasado al estado de existencia, porque la idea es la realidad verdadera y absoluta». Y no crea usted que con semejante definición se nos quiera expresar la inteligencia divina, o bien la infinita esencia del Criador, en la cual está representado, desde toda la eternidad, todo lo existente y todo lo posible; nada de esto: cuando Hegel habla de la harmoniosa unidad, se refiere a este conjunto universal que tiene un desarrollo eterno, es decir, al mundo mismo, que va tomando diferentes formas y modificándose de varias maneras. «Para comprender, dice, lo que es esta evolución, por la cual la idea se produce y acaba, es preciso distinguir dos estados: el primero es conocido con el nombre de disposición, virtualidad, potencia, y yo le llamo ser en sí; el segundo es la actualidad, la realidad, o lo que yo apellido ser para sí. El niño que nace tiene la razón virtualmente, en germen, mas no posee todavía la posibilidad real de la razón. Es razonable en sí, pero no llega a serlo para sí, sino a medida que se desenvuelve. Todo esfuerzo para conocer y saber, toda acción, no tiene otro objeto que sacar a luz lo que está oculto, que realizar o actualizar lo que existe virtualmente, de objetivar lo que es en sí, de desenvolver lo que existe en germen.»

»Llegar a la existencia es sufrir un cambio, y, sin embargo, quedar lo mismo; ved, por ejemplo, cómo la encina sale de la bellota; prodúcense cosas muy diversas, pero todo estaba encerrado ya en el germen, aunque invisible e idealmente.»

Pasaré por alto las muchas y graves consideraciones que podrían hacerse sobre el peregrino significado que da el filósofo alemán a la palabra idea. Se les había ocurrido a los autores de sistemas ideológicos el excogitar varios para explicar el misterio del pensamiento, dando también diferentes acepciones a la palabra idea; pero decir que ésta es «la harmoniosa unidad del conjunto universal que se desarrolla eternamente», o, en términos más claros, llamar idea a la naturaleza misma, creo que solo podía venir a la mente de quien, proponiéndose confundirlo todo en el monstruoso panteísmo, comienza por dar a las palabras una significación inusitada y extravagante. Yo desearía que se me explicase qué necesidad hay de tantos rodeos para llegar a decirnos que en el mundo no hay más que un ser, o una sustancia, que ésta sufre diferentes modificaciones, y que todo cuanto existe no es más que uno de los accidentes del conjunto universal que sin cesar se transforma. Éste es ciertamente el pensamiento de Hegel: el niño tenía el uso de razón en potencia, el adulto en acto; aun más, y hablando con mayor precisión: el mismo adulto, cuando piensa, está en acto: cuando duerme, está en potencia de pensar.

Dice Hegel que todo esfuerzo para conocer y saber, y hasta toda acción, tiene por objeto el sacar a luz lo que está oculto, realizar o actualizar lo que es virtualmente: esto necesita comentarios: es verdad que el esfuerzo para conocer y saber tiende a hacernos presente y ponernos en claro lo que para nosotros está u oscuro o enteramente oculto; pero no lo es que ninguna acción tenga otro objeto que realizar o actualizar lo que es virtualmente. No puede negarse que en el orden de la naturaleza hay un desarrollo continuo en que unos seres salen de otros, como la encina de la bellota; pero los hay también cuya esencia se opone a que hayan dimanado de otro cualquiera, a no ser que hayan pasado instantáneamente de la no existencia a la existencia, es decir, sin haber sido criados.

»Llegar a la existencia, dice Hegel, es sufrir un cambio, y sin embargo, quedar lo mismo»: esta proposición asentada en general destruye toda idea de creación, pues que no existe ésta, cuando no se pasa de la nada al ser. Si llegar a la existencia no es más que sufrir una mudanza y quedar lo mismo, tendremos que, cuando el universo comenzó a existir, no fue porque hubiese sido criado por Dios, sino porque, verificándose una gran transformación en la materia preexistente, resultó ese conjunto que nos asombra con su inmensidad, y nos encanta con su belleza y armonía. Semejante suposición nos lleva en derechura a la eternidad del mundo, al caos de los antiguos, a todos los absurdos sobre el origen de las cosas, que las luces del cristianismo habían desterrado de la tierra.

Extraño es que filósofos que se glorían de altamente espiritualistas, que manifiestan despreciar el materialismo francés del siglo pasado, lo establezcan tan lisa y llanamente combatiendo la espiritualidad, la inmortalidad, y el origen divino de nuestra alma. Si cuando ésta comienza a existir no hay más que la mudanza de un ser, a manera que la encina es lo contenido en la bellota, bien que desenvuelto y transformado, podremos inferir que el alma brota del fecundo seno de la naturaleza lo propio que los gérmenes materiales; será un producto más o menos útil, más o menos activo, más o menos depurado, pero no será más que el ser que ya antes existía, que la planta salida de la semilla. Esta doctrina es esencialmente materialista, sin que basten a sincerarla de tan grave cargo todos los misterios y enigmas del nuevo lenguaje filosófico. Lo que es simple, lo que es indivisible, no puede ser el resultado de la transformación de otro ser; lo que pasa de un estado a otro adquiriendo una nueva forma, una nueva existencia, como lo hacen los vegetales salidos del germen, es compuesto; porque no es dable concebir esa mudanza sucesiva sin acompañarle la idea de partes. Podemos muy bien admitir que una sustancia enteramente simple ejerza actos muy diferentes, y reciba impresiones muy varias, pues que todas estas modificaciones pueden realizarse sin alterar su naturaleza, como en efecto lo estamos experimentando a cada paso con respecto a nuestro espíritu; pero afirmar que la sustancia misma no es más que otra transformada y desenvuelta, es asentar que esta sustancia consta de partes, que se pueden combinar de distintas maneras.

La dificultad de atacar semejantes delirios proviene de que esos nuevos filósofos han tenido la ocurrencia de adoptar un lenguaje tan extraño y enigmático, que siempre está uno en la duda de si ha dado o no en el verdadero sentido del autor. Así, en el caso que nos ocupa, si Hegel hubiese dicho sencillamente que en el mundo no hay más que un ser, una sustancia, que comprende en sí todo el conjunto de cuanto existe, añadiendo que lo que a nosotros nos parecen seres o sustancias particulares, no son otra cosa que modificaciones de la sustancia única que todo lo absorbe, sabríamos que tenemos a la vista un profesor del panteísmo, y al combatirle no vacilaríamos sobre cuáles son los mejores argumentos para demostrar la falsedad del monstruoso sistema. Pero, ¿cómo quiere usted habérselas con un hombre que empieza hablándole de idea, de harmoniosa unidad, de conjunto que se desarrolla eternamente, de idea que es la realidad misma, de evoluciones, de ser en sí y para sí, de tránsitos de virtualidad a la actualidad, todo para venir a parar a que el universo entero no es más que un desarrollo sucesivo, saliéndole al fin con el estupendo descubrimiento de que un niño al nacer tiene la razón virtualmente, mas que no la posee actualizada, y que la encina ha salido de la bellota?

Las ramas, dice Hegel, las hojas, las flores, el fruto de una misma planta, proceden cada uno para sí, mientras que la idea interior determina esta sucesión. ¿Sabría usted decirme lo que debe de ser el que las ramas, las hojas, las flores, el fruto procedan para sí, ni cuál podrá ser el significado de la idea interior, aplicada a las plantas? ¿Supone Hegel que dentro de la naturaleza hay un ser inteligente y próvido que lo ve todo, que lo arregla todo, queriendo llamar idea el pensamiento de este ser, distinguiéndole, empero, de la materia? Entonces vendrá a parar a la idea de Dios, porque también decimos nosotros que Dios está en todos los seres, en todas las partes, viéndolo todo, ordenándolo todo, conservándolo todo, presidiendo a ese magnífico desarrollo que de continuo se está obrando en la naturaleza, conforme a las leyes establecidas por el Criador. Mas nosotros afirmamos que el autor de tantas maravillas existía desde toda la eternidad, antes que nada existiese fuera de él; y ahora conserva, mueve, vivifica el mundo; no como el alma al cuerpo, sino de una manera independiente, libre, sin estar ligado con su criatura, sino obrando por medio de su voluntad omnipotente, y repitiendo a cada paso lo que con tan sublime pincelada nos describió Moisés: hágase la luz, y la luz fue hecha. Pero, el dar a la naturaleza una idea interior, atada, por decirlo así, con los seres corpóreos, es afirmar que el mundo es un ser animado, que funciona del propio modo que nuestro cuerpo, vivificado por el alma; lo que, si anda acompañado de la confusión del espíritu con la materia, si se supone que la existencia de los seres espirituales y corporales no es más que un desarrollo simultáneo del admirable conjunto, forma el panteísmo puro, tal como lo concibiera Espinosa.

Quizás no crea usted, mi apreciado amigo, que a tal extremo llegara la filosofía moderna de los indignos sucesores de Leibnitz; mas, por esto he creído conveniente presentarle a usted los mismos textos del ponderado filósofo, para que se convenciera a un tiempo de que la ensalzada superioridad se reduce a resucitar errores antiguos, bien que cubiertos con nombres extravagantes. Interminable sería esta carta, y estoy seguro de que se le haría a usted algo pesada, si me propusiera mostrarle, ni aun en resumen, todas las paradojas a que fue conducido Hegel por su enigmático sistema. Nada le diré a usted del desarrollo de la idea en la esfera lógica, de la razón impersonal, y otras cosas por este tenor; quiero limitarme a decirle dos palabras sobre la peregrina esperanza que abrigaba el filósofo de que por medio de su teoría era dable determinar a priori las leyes del mundo físico. Riéranse ciertamente Newton y Leibnitz de pretensión tan extraña; riéranse todos los físicos modernos, acordes en que no hay otro medio para llegar al conocimiento de las leyes de la naturaleza que la observación; pero Hegel les respondería con la mayor seriedad que, no siendo las leyes del mundo físico otra cosa que las de nuestro espíritu, bien que objetivadas, es muy posible pasar del conocimiento de éstas al de aquéllas. Ciertamente que debiera de encontrarse algo embarazado el filósofo alemán, si se le exigiese una explicación clara y precisa sobre esas leyes de nuestro espíritu, que son al propio tiempo leyes de la naturaleza. Curioso sería ver indicada la ley de nuestro espíritu que, aplicada al mundo corpóreo, se convierte en atracción universal, ejercida en razón directa de las masas e inversa del cuadrado de las distancias; a qué se reducen las leyes de afinidad cuando, al dejar de ser objetivadas, quedan simplemente leyes de nuestra alma. Los poetas, los oradores, los filósofos, habían descubierto ya muchas analogías entre el mundo moral y el físico; analogías que, aprovechadas por el ingenio, y embellecidas con los colores de fecunda imaginación, sirven admirable-mente para comparar de continuo, unos con otros, órdenes de seres muy diferentes, animando, variando y hermoseando el estilo; pero estaba reser-vado a Hegel el no contentarse con simples comparaciones, el establecer completa identidad, de suerte que la observación dejase de sernos nece-saria para penetrar los arcanos de la naturaleza, bastándonos meditar sobre las leyes de nuestro espíritu, es decir, abstraernos de todo cuanto nos rodea, y enseguida objetivar las leyes descubiertas, quedando de esta manera demostradas a priori todas las que rigen el cielo y la tierra.

Creerá usted, sin duda, que sin fundamento me estoy chanceando a costa del filósofo alemán y que trato de dar a la discusión este giro, sin cuidar de la verdadera mente de Hegel, y solo atendiendo a que es preciso amenizar algún tanto materias tan ingratas de puro abstrusas. Pues debe usted saber que no estoy combatiendo un gigante fantástico que yo haya tenido la humo-rada de crear para partirle de un tajo; las paradojas que acabo de impugnar las sostenía Hegel con la seriedad de un alemán, y no tengo yo la culpa si el negocio es extravagante con sus ribetes de ridículo. Propúsose nada menos que construir con el auxilio de un sistema todas las ciencias naturales; y en sus obras encontrará usted aplicaciones a la mecánica, a la física, a la geología, las que pretende fundar en sus teorías metafísicas. Verdad es que el cielo no se cuidaba mucho de las profecías del filósofo y que alguna vez le dejó muy malparado; pues que, habiendo tenido la ocurrencia de demostrar a priori que entre Marte y Júpiter, no podía haber otro planeta, nos vino cabalmente en el mismo año el célebre astrónomo Piazzi descubriendo a Ceres, que, como usted no ignora, tiene su asiento allí donde, según la demostración de Hegel no podía tener cabida ningún planeta.

Quien a tanto se atrevía no es extraño que se permitiese motejar al inmortal Newton hasta de una manera poco decorosa. A pesar de tamaño orgullo, es cierto que la posteridad nos aprobaría que se escribiera sobre el sepulcro del metafísico alemán lo que con tanta razón se halla en el del astrónomo inglés: «sibi gratulentur mortales tale tantumque extitisse humani generis decus».

Llegó a tal punto la manía de Hegel sobre este particular que su admirador Link no pudo menos de decir: «aflicción causa el ver de qué manera habla nuestro autor de los objetos pertenecientes al dominio de las ciencias naturales, de la astronomía y de las matemáticas; y, sin embargo, él gusta de hablar sobre esto, y lo hace siempre con tono tan magistral y tan amargo, que le daría a uno risa, si reírse pudiera al ver a un hombre como él, extraviarse de un modo tan lastimoso. Este mal de Hegel empeoraba en la última época de su vida, y hasta se enojaba contra los que no se decidían a admirarle».

Bien se habrá convencido usted, mi apreciado amigo, de que no sin razón me había mostrado algo severo con la moderna filosofía alemana; ciertamente que no necesita comentarios la doctrina que acabo de examinar, para que se vean, no solo su tendencia y espíritu, sino lo que es en sí, en realidad. Espero volver otro día sobre este punto, y entre tanto viva usted seguro del afecto de este su amigo y S. S. Q. B. S. M.

J. B.

Carta X. Escuela filosófica francesa de Mr. Cousin

Razones que tiene el clero francés para levantar la voz contra ella. Lo que enseñaba Mr. Cousin en 1818 y en 1819. Su panteísmo. Citas justificadas.

Con las teorías de monsieur Cousin; todas las religiones quedan reducidas a la nada. Conclusión.

Mi estimado amigo: Voy a pagar el resto de la deuda que hace muchos días tengo contraída, de hacerle a usted una breve reseña de cierta escuela filosófica, que, nacida en Alemania y difundida por Francia, causa los mayores estragos a la religión, y tiende a comprometer gravemente el porvenir de la ciencia. Bien recordará usted lo que dije en mis anteriores sobre la filosofía alemana que tan abiertamente profesa el panteísmo, por más que de vez en cuando quiera envolverse en formas enigmáticas, hablando, en lenguaje ininteligible, de Dios, del hombre y de la naturaleza. Esta acusación procuraré fundarla en pasajes del mismo filósofo contra quien la dirigía; y creo que no le habrá quedado a usted ninguna duda de que la imputación no era calumniosa. Quizás le será difícil a usted persuadirse de que iguales cargos puedan hacerse a la escuela francesa que sigue las huellas de M. Cousin; porque, habiendo oído repetidas veces las invectivas de los universitarios contra la intolerancia del clero, se habrá usted imaginado que la filosofía del jefe del eclecticismo es inocente en todas sus partes; y que solo cabe apellidarla impía en hombres que se alarmen, no por el error sino por la sola luz de la razón, y se empeñen en condenar el entendimiento humano a eterna inmovilidad y a la más estúpida ignorancia.

No me costará mucho trabajo sacarle a usted de este error, y demostrarle hasta la última evidencia que no sin razón levanta la voz el clero francés contra el veneno que se procura ofrecer a los jóvenes en copa de oro.

En primer lugar, debe saber usted que ya en 1819 enseñaba M. Cousin que no había demostración de la existencia y de los atributos de Dios, ni experimental, ni de otra clase. Es cierto que, al propio tiempo, afirmaba que la existencia de Dios es una verdad superior a todas las otras y hasta a los principios que se llaman axiomas; mas no deja de añadir lo siguiente: «Sea cual fuere la opinión que se adopte sobre el particular, queda establecido que ni la experiencia sola, ni la experiencia ayudada del raciocinio, puede alcanzar la existencia de los atributos esenciales de Dios». ¿De qué servía el decir que la existencia de Dios es una verdad superior a todas las otras, si luego se la combatía por sus cimientos, asegurando que la razón no podía alcanzarla, y declarando, por consiguiente, vana ilusión la creencia en que

estuvieron los filósofos de que habían conseguido por medio de las criaturas elevarse al conocimiento del Criador? ¿No podríamos suponer que
en 1819 no se atrevía M. Cousin a manifestar su pensamiento todo entero;
y que así tributaba aparentes homenajes a la verdad para poder continuar
minándola, sin alarmar demasiado a los que no se hubieran podido resignar
a la enseñanza del panteísmo? Bien pronto se convencerá usted de que esta
conjetura no está destituida de fundamento.

Leamos las palabras de su Curso de 1818, pág. 55, y por ellas echaremos
de ver que el fondo de su filosofía era el mismo que hemos hecho notar en
la escuela alemana. «El ser absoluto, dice, conteniendo en su seno el yo y
no yo finito, y formando, por decirlo así el fondo idéntico de todas las cosas,
uno y muchos a un tiempo, uno por la sustancia, muchos por los fenómenos,
se aparece a sí mismo en la conciencia humana.»

»No puede haber más que una sustancia, añade en la página 139,
la sustancia de la verdad o la suprema inteligencia. Dios es el ser único
y universal (pág. 274); Dios es la sustancia universal, cuyas ideas absolutas componen la sola manifestación accesible a la inteligencia del hombre
(página 390); Dios no es más que la verdad en su esencia (128); no es otra
cosa que el mismo bien, el orden moral tomado sustancialmente» (Obras
de Platón, tomo 1.ʃ, argumento del Euthyphron, página 3). «No sabemos de
Dios otra cosa, sino que existe; y que se manifiesta a nosotros por la verdad
absoluta.» (Curso de 1818, pág. 140.) «La materia, tal como se la define
vulgarmente, no existe; pues que por lo común se la mira como una masa
inerte, sin organización y sin regla, cuando en realidad está penetrada de un
espíritu que la sostiene y ordena; ella no es, pues, otra cosa que el reflejo
visible del espíritu invisible: el mismo ser que vive en nosotros, vive en ella;
est Deus in nobis: est Deus in rebus» (pág. 265.) «Estudiad la naturaleza,
elevaos a las leyes que la rigen y que hacen de ella una verdad viviente, una
verdad que se ha hecho activa, sensible: en una palabra, Dios es la materia.
Profundizad, pues, la naturaleza; cuanto más os penetraréis de sus leyes,
más os acercaréis al espíritu divino que la anima. Estudiad sobre todo la
humanidad, pues que ella es todavía más santa que la naturaleza, porque,
estando animada de Dios como ésta, lo conoce así, mientras la naturaleza lo
ignora: abarcad el conjunto de las ciencias físicas y de las morales: separad

los principios que ellas encierran; poneos en presencia de estas verdades, referidlas al ser infinito que es su origen y sostén, y habréis conocido con respecto a Dios todo lo que de él nos es dado conocer en los estrechos límites de nuestra inteligencia finita» (págs. 141-142).

Si usted reflexiona sobre estos pasajes de M. Cousin, mejor diré, con solo que usted atienda al sentido literal y obvio de algunas de sus proposiciones, verá usted el panteísmo cubierto con un velo muy transparente. Según M. Cousin, no puede haber más que una sustancia: Dios es el ser único y universal: el ser absoluto es uno por la sustancia, y muchos por los fenómenos; el hombre no es más que una participación de ese ser absoluto, pues que el ser que contiene en sí el yo, y el no yo finito, y que constituye, por decirlo así, el fondo idéntico de todas las cosas, se aparece a sí mismo en la conciencia humana. Si estudiamos la naturaleza, si nos penetramos de sus leyes, nos acercaremos al espíritu divino que la anima, pues que en ella no es más que una verdad viviente, una verdad que ha pasado a ser activa, sensible: en una palabra, Dios en la materia. Todo lo que podemos saber de Dios, lo conocemos poniéndonos en presencia de los principios de las ciencias físicas y morales, y refiriéndolos al ser infinito que es su origen y su sostén. Para que no nos quedase duda de que M. Cousin no entendía estas palabras en sentido que pudiese ser aceptado por hombres que admiten la existencia de Dios como distinto de la naturaleza, tuvo buen cuidado el autor de explicarse más en otro lugar, revelando todo el fondo de su sistema: he aquí sus palabras: «Dios cuenta tantos adoradores cuantos son los hombres que piensan; pues que no es posible pensar sin admitir alguna verdad, aunque no fuese más que una sola» (ib., pág. 128). He aquí, según M. Cousin, reducida la adoración de Dios al conocimiento de una verdad cualquiera; así, por ejemplo, quien conozca un principio de matemáticas, sean cuales fueren su ignorancia o sus errores sobre todos los demás puntos naturales y sobrenaturales, este tal será un adorador de Dios. De esta suerte no es posible que haya ateos; pues que, como todo hombre admitirá cuando menos su propia existencia, ya admite una verdad, y, por consiguiente, adora a Dios. M. Cousin vio que esta consecuencia nacía de su doctrina, y lejos de rechazarla la abrazó y la consignó en sus escritos. He aquí cómo se expresa sobre el particular: «No hay ateos; el que hubiese estudiado todas las leyes de la física y de la química, aun cuando no resumiese su saber bajo la denominación de verdad divina o de Dios, sería, no obstante, más religioso, o, si se quiere, sabría más sobre Dios, que quien, después de haber recorrido dos o tres principios como el de la razón suficiente o el de causalidad, hubiese formado desde luego un todo al que llamara Dios. No se trata de adorar un nombre, Dios, sino de encerrar en este título el mayor número de verdades posible; pues que la verdad es la manifestación de Dios» (pág. 141). «Cuando habéis concebido una verdad como idea, dice en otro lugar, concebid que ella existe, y así la unís a la sustancia; el que concibe la verdad, concibe, pues, la sustancia, sea que él lo sepa o que lo ignore... Para saber si alguno cree en Dios, yo le preguntaría si cree en la verdad; de donde se sigue que la teología natural no es más que la ontología y que la ontología está en la psicología. La verdadera religión no es más que esta palabra añadida a la idea de la verdad, ella es» (pág. 385).

Bien claro se echa de ver que el Dios de M. Cousin no es el Dios de los cristianos; pues no es otra cosa, según él, que la naturaleza misma, el conjunto de las leyes que la rigen, bastando conocer una cualquiera de ellas o una verdad, sea la que fuere, para eximirse de la nota de ateo. Creer en Dios, según M. Cousin, es creer en la verdad; la teología natural no es más que la ciencia de los seres en abstracto; y la religión no es otra cosa que una palabra, añadida a esta verdad: con esta teoría tenemos proclamado sin rodeos el panteísmo: según ella, Dios es todo, y todo es Dios: es decir, que el ser infinitamente perfecto, esencialmente distinto de la naturaleza, será una quimera; pues que no hay otro ser que la naturaleza misma: todo cuanto existe, todo será fenómenos de la sustancia universal, de ese ser único que todo lo absorbe, que todo lo identifica en sí mismo, que es a un tiempo espíritu y materia, que es activo e inerte, que ha existido siempre y siempre existirá; y, por consiguiente, no hay creación, y todas las transformaciones que vemos en el universo, no son otra cosa que diferentes fases de un ser único que se modifica de varias maneras.

No crea usted, mi estimado amigo, que estas doctrinas de M. Cousin con respecto a Dios fuesen vertidas como al acaso, sin estar enlazadas con otros principios que las sostuviesen. Muy al contrario, ellas son las consecuencias del principio fundamental de los panteístas sobre la sustancia; he aquí cómo la define en sus Fragmentos filosóficos (tom. 1 ∫, página 312 de la 3.ª edición): «La sustancia es aquello que no supone nada fuera de sí, relativamente a la existencia». Tenemos, pues, que la sustancia ha de ser única, ya que en su esencia excluye la coexistencia de otros seres; luego todo cuanto existe, finito o infinito, no puede ser más que una sustancia única; luego los seres que a nosotros nos parecen distintos, no son en realidad otra cosa que modificaciones del ser universal, único, que todo lo identifica en sí. Estos corolarios no asustan a M. Cousin, antes bien los adopta como la única doctrina razonable. «Una sustancia absoluta, dice, debe ser única para ser absoluta... Las sustancias relativas destruyen la idea misma de sustancia; y sustancias finitas que suponen fuera de ellas otra sustancia con la cual se ligan, se parecen mucho a fenómenos» (página 63). «La sustancia de las verdades absolutas, dice en otro lugar, es necesariamente absoluta; y, si es absoluta, es también única, porque, si no es única, se puede buscar alguna cosa que exista fuera de ella, y entonces se sigue que ella no es más que un fenómeno relativamente a este nuevo ser, el cual, si se dejase sospechar que fuera de él existía también alguna cosa, perdería a su vez la naturaleza de ser, y no sería más que un fenómeno. El círculo es infinito: o no hay sustancia, o no hay más que una» (pág. 312).

No cabe profesar con más claridad el principio fundamental de los panteístas; solo faltaba saber si M. Cousin admitía en toda su extensión la doctrina de la escuela de Espinosa. Desgraciadamente encontramos un pasaje donde formula su pensamiento de la manera más explícita que imaginarse pueda, diciendo: «El Dios de la conciencia no es un Dios abstracto, un rey solitario, relegado más allá de la creación sobre el trono desierto de una eternidad silenciosa, y de una existencia absoluta que se parece a la misma nada. Es un Dios a un tiempo verdadero y real, a un tiempo sustancia y causa, siempre sustancia y siempre causa; no siendo sustancia, sino en cuanto es causa, y causa, sino en cuanto es sustancia; es decir, siendo causa absoluta, uno y muchos, eternidad y tiempo, espacio y número, esencia y vida, indivisibilidad y totalidad, principio, fin y medio, en la cumbre del ser y en su más humilde grado, infinito y finito a un tiempo, triple en fin, es decir, a un mismo tiempo Dios, naturaleza y humanidad. En efecto, si Dios no es todo, es nada; si es absolutamente indivisible en sí, es incomprensible;

y su incomprensibilidad es para nosotros su destrucción. Incomprensible como fórmula y en la escuela, Dios es claro en el mundo que le manifiesta, y para el alma que le posee y le siente: estando en todas partes, vuelve en algún modo a sí mismo en la conciencia del hombre, del cual él constituye indirectamente el mecanismo y la triplicidad fenomenal, por el reflejo de su propia voluntad y la triplicidad sustancial, de la cual él es la identidad absoluta» (tomo 1.f, prefacio de la 1.ª edición, pág. 76).

Después de una declaración tan terminante, no creo, mi estimado amigo, que pueda usted dudar de la mente del filósofo; y, sean cuales fueren las declaraciones de cristianismo que en otras partes haya hecho M. Cousin, convendrá usted con nosotros en que se las debe mirar como una especie de cumplimientos que dispensa a la religión dominante, y no como la expresión de la fe, ni siquiera de sanas convicciones filosóficas. Yo por lo menos no alcanzo cómo puede profesarse más abiertamente el panteísmo, que diciendo claramente que Dios es uno y muchos, eternidad y tiempo, espacio y número, esencia y vida, indivisibilidad y totalidad, principio, fin y medio, en la cumbre de los seres y en su grado más humilde, infinito y finito a un mismo tiempo, y a un mismo tiempo Dios, naturaleza y humanidad, compendiando el pensamiento en estas inequívocas palabras: «Si Dios no es todo, es nada».

Asentados semejantes principios, bien se deja suponer que las doctrinas morales de M. Cousin no serán muy conformes a la religión cristiana; pues que la profesión del panteísmo trae consigo el anonadamiento de la libertad humana. Porque es evidente que, siendo el hombre, según las doctrinas panteístas, un mero accidente de la sustancia única, todo cuanto él piense, quiera o haga, serán modificaciones de la sustancia universal; por lo mismo, desaparece la libertad del individuo, ya que éste no tiene una existencia distinta y propia, y cuanto en él se encierra pertenece al ser único que le absorbe. Así es que M. Cousin no tiene reparo en decir: «el hombre no es libre de una manera absoluta, porque esta fuerza de que está dotado, una vez caída en el espacio y en el tiempo, pierde de su carácter ilimitado y absoluto». (Introducción general al Curso de 1820, págs. 66 y 67.) En otro lugar, explicando lo que es libertad, dice: «Un ser es libre cuando lleva en sí mismo el principio de sus actos, cuando en el ejercicio de su fuerza solo obedece a sus propias leyes.» (Curso de 1818, pág. 40.) De suerte que, según este filósofo, para ser libre no es necesario tener la elección entre obrar y no obrar, y entre obrar esto o aquello, sino que es suficiente el tener en sí mismo el principio de sus actos, y no obedecer más que a sus propias leyes. Así el bruto que tiene en sí mismo el principio de sus actos, el demente, el imbécil, en una palabra, todos los seres que tienen en sí mismos el principio de su acción, serán tan libres como el hombre en sano juicio y en la plenitud del conocimiento.

La revelación y hasta todas las religiones quedan reducidas a la nada con las teorías de M. Cousin; y en vano es que este filósofo se empeñe en sostener que sus doctrinas no están reñidas con el cristianismo. Después de haber leído los anteriores pasajes, ciertamente encontrará usted muy peregrino el lenguaje de M. Cousin cuando se atreve a decir lo siguiente en el prefacio de sus Fragmentos: «¿Qué puede haber entre mí y la escuela teológica? ¿Por ventura yo soy un enemigo del cristianismo y de la Iglesia? En los muchos cursos que he hecho y libros que he escrito, ¿puédese acaso encontrar una sola palabra que se aparte del respeto debido a las cosas sagradas? Que se me cite una sola, dudosa o ligera, y la retiro, la repruebo como indigna de un filósofo. ¿Será tal vez que, sin quererlo ni saberlo yo, la filosofía que enseño haga vacilar la fe cristiana? Esto sería más peligroso, y, al mismo tiempo, menos criminal, porque no siempre es ortodoxo quien quiere serlo. Veamos cuál es el dogma que mi teoría pone en peligro. ¿Es el del Verbo, el de la Trinidad, u otro cualquiera? Dígase, pruébese o ensáyese de probarlo: ésta será cuando menos una discusión seria, verdaderamente teológica: yo la acepto de antemano, y la solicito».

Ya ve usted, mi estimado amigo, que M. Cousin entiende la religión cristiana de un modo bien singular; pues que, después de haber profesado el panteísmo, es decir, después de haber destruido la idea fundamental de toda verdadera religión, que es la de un Dios esencialmente distinto de la naturaleza, todavía está empeñado en pasar plaza de verdadero fiel, y no quiere que se diga que se ha desviado de las doctrinas del cristianismo. Usted, que no tiene interés en ver las cosas al revés de lo que son, no podrá concebir cómo un hombre grave se atreve a consignar en sus obras semejantes palabras, después de haber manifestado en escritos anteriores cuál era su modo de pensar sobre las verdades a que rinde en el citado pasaje tan humilde acatamiento. Esta extrañeza se le desvanecerá a usted algún tanto, cuando sepa que M. Cousin no admite, como él dice, la tiranía del principio absoluto de que jamás es lícito engañar, y que en su opinión hay engaños inocentes, los hay útiles y hasta obligatorios. (Traducción de Platón, t. 4, págs. 276-277.) Quien de tal modo niega a Dios su naturaleza, y al hombre su libre albedrío, no es mucho que no escrupulice en legitimar la mentira; lo singular es que él se haya podido hacer la ilusión de que semejante engaño en lo tocante a sus doctrinas había de alucinar a nadie. Es tan vivo el contraste, o, mejor diremos, la contradicción entre unos y otros pasajes, que para no verla sería preciso cerrar los ojos a lo que es más claro que la luz del día.

Con esta breve reseña habrá formado usted concepto de lo que son esos sistemas filosóficos, en los cuales suponía usted tendencias espiritualistas muy sanas, y hasta muy conformes con la enseñanza del cristianismo. Así habrá podido usted rectificar, o, mejor diré, variar la opinión que había formado sobre el clero católico de Francia, imaginándose que sus clamores contra el veneno de alguno de los jefes de la Universidad eran declamaciones fanáticas, nacidas únicamente del espíritu de intolerancia, y del empeño de encerrar el entendimiento humano en los límites prescritos por el antojo de los eclesiásticos. Ahora, para en adelante, me tomaré la libertad de advertirle a usted que, cuando lea en alguna de nuestras publicaciones científicas y literarias fallos magistrales sobre este linaje de materias, no se deje usted sorprender fácilmente por el tono de seguridad con que se expresa el escritor; que las más veces, lejos de enterarse a fondo del estado de la cuestión, no hace más que traducir al pie de la letra las palabras de algún periódico de allende los Pirineos. Y como quiera que los que más en boga andan en ciertas regiones, no son los más adictos a las doctrinas católicas, acontece que el fallo emitido con aire de imparcialidad y de pleno conocimiento de causa, es copia literal de una de las partes, sin que el escritor español se haya tomado la pena de escuchar los descargos que hubiera alegado la otra. Pero basta de la filosofía de Schelling, Hegel y Cousin, pues que, si mucho no me engaño, debe de estar usted medianamente fatigado, con la sustancia universal, y las transformaciones, y los fenómenos, y el ser único que se revela a sí mismo en la conciencia humana, y semejantes abstracciones, de la alta concepción de esos filósofos que se levantan a inmensa altura sobre el resto de la humanidad, olvidándose en su atrevido vuelo, de llevar consigo las nociones del sentido común. Nosotros, que a tanto no alcanzamos, cuidaremos de no desviarnos hasta tal punto de los senderos trazados por una razón juiciosa, sin que nos importe mucho el que se nos diga que recibimos la inspiración de musa pedestre. Entre tanto vea usted en qué puede complacerle este su atento y S. S. Q. B. S. M.

J. B.

Carta XI. Cómo ha podido introducirse en Francia la filosofía alemana

Su oposición con el genio francés. Conjeturas sobre el porvenir de esa filosofía en Francia. Se propone el argumento de un escéptico contra la religión cristiana. Palabras del escéptico. Su equivocación sobre la enseñanza del cristianismo con respecto al amor propio. Es falso que la religión nos prohíba amarnos a nosotros mismos. Pruebas sacadas del mismo catecismo. Lo que significa el principio de la caridad bien ordenada. Lo que nos dice el catecismo sobre el origen y destino del hombre. La religión cristiana hermana y armoniza de una manera admirable el amor de Dios, el de sí mismo y el del prójimo. Cómo se entiende la muerte del amor propio de que hablan los autores místicos. Cómo se entiende el aborrecimiento de sí mismo. Cómo entendían los Santos el amor propio en medio de las mortificaciones. Recursos que le quedan al escéptico después de desbaratados sus argumentos. Nuevo terreno en que en tal caso se colocaría la cuestión. La moralidad del Evangelio ha sido aplaudida hasta por los más violentos enemigos del cristianismo. Un consejo a los impugnadores de la religión cristiana.

Mi estimado amigo: Tengo particular complacencia en que su apreciada de usted me exima, ahora para siempre, de hablarle de la filosofía alemana y de la francesa, que es una imitación de la misma. Ya tenía yo un presentimiento de que su juicio de usted, naturalmente recto, amante de la verdad y enemigo de abstracciones, no había de avenirse muy bien con ese lenguaje simbólico y esos pensamientos fantásticos, con que los buenos alemanes han engalanado la filosofía, sin duda en los ratos de ocio que les habrá proporcionado en abundancia su clima de escarchas y de niebla. Extraña usted con razón que esta filosofía haya podido cundir en Francia, donde los espíritus propenden más bien al extremo opuesto, es decir, a un positivismo sensual y materialista. Yo creo que esto ha sido una especie de necesidad, supuesto que, habiéndose desacreditado tan completamente la filosofía volteriana, érales preciso a los que querían echarla de filósofos, cubrirse con un manto más grave y majestuoso; y, como quiera que no tenían ganas de seguir a los buenos escritores que les habían precedido en su mismo país, menester fue dirigir las miradas allende el Rin y traer con grande ostentación, en medio de un pueblo caprichoso y novelero, los sistemas de Schelling y Hegel, como portentosos inventos que hubiesen hecho progresar de una manera admirable al ingenio humano. Por lo demás, si he de decir francamente lo que pienso, opino que el genio francés no se acomodará bien con la filosofía alemana; que descubrirá lo que hay en su fondo, a saber, el panteísmo; y que, sin detenerse mucho en sutilizar y cavilar sobre la sustancia universal y única, llegará pronto a la última consecuencia, que es el puro ateísmo, sin los ambages de palabras misteriosas. En deduciendo este resultado, observará que nada se le dice de nuevo sobre lo que le enseñaran sus filósofos del siglo pasado. Desdeñará, pues, esta filosofía que se apellida nueva, como un plagio de otra envejecida y caduca; y entonces será preciso andar en busca de otros manantiales de ilusión, para dar pábulo, siquiera por algún tiempo, a la curiosidad de las escuelas y a la vanidad de los maestros. Ésta es la historia del entendimiento humano, mi querido amigo; recorra usted sus páginas, y notará desde luego que el fenómeno que nosotros presenciamos, es la reproducción de lo mismo que vieron los siglos anteriores. No es poco el provecho que de aquí sacan los hombres religiosos, pues que, contemplando la versatilidad del entendimiento humano, comprenden mucho mejor la necesidad de una guía en medio de las ilusiones y extravíos.

Casi me ha sorprendido el argumento que usted me propone contra la verdad de nuestra religión, fundándose en que contrariamos con nuestras doctrinas uno de los sentimientos más indelebles y al propio tiempo más inocentes que se abrigan en nuestro pecho: el amor propio. Me han hecho gracia las cláusulas en que usted desenvuelve sus ideas; las razones en que las apoya, serían ciertamente muy fuertes, si no estribasen en una suposición falsa, y, por lo mismo, no fueran como edificios sin cimiento. «Yo no sé, dice usted en su apreciada, qué espíritu misantrópico reina entre los católicos, que todo lo cubre de negra tristeza. Ustedes no quieren que se hable de nada terreno; no permiten que se piense en las cosas de este mundo; anonadan, por decirlo así, el universo entero, y cuando lo tienen sacrificado todo a su tétrico sistema, cuando han logrado dejar al hombre aislado en espantosa soledad, quieren que él se revuelva contra sí propio, que se niegue, que se anonade también a sí mismo, que se despoje de sus sentimientos más íntimos, que se aborrezca, haciendo un esfuerzo cruel contra los más vivos instintos de su naturaleza. ¡Pues qué! ¿Dios Criador será contrario de Dios Salvador? Dios, que nos ha comunicado el amor de nosotros mismos, que lo ha escrito en nuestras almas con caracteres indelebles, ese mismo Dios, cuando obra, como dicen ustedes, en el orden de la gracia, ¿se complacerá en obrar contra sí mismo como autor de la naturaleza? Estas son cosas que yo no he podido comprender nunca; y difícil se me hace creer que usted consiga disiparme las tinieblas que en esta parte me impiden conocer la verdad. Bien se me alcanza que usted se me ha de descolgar con un elocuente sermón sobre la miseria y la iniquidad del hombre, sobre los justos motivos que tenemos para profesarnos un odio santo; pero desde luego le prevengo a usted que esa santidad yo no puedo desearla; que, por más débil y vano y malo que me conozca, yo no puedo menos de quererme, y que, comparando mi nada con la elevación de los querubines, más afición me siento, más amor a mi menguado ser, que no hacia aquellas elevadas inteligencias que diz que rayan muy alto allá en las jerarquías celestiales.» El tono de seguridad con que usted se expresa, me hace entender que tiene usted aquí algo más que dudas, pues, según parece, abriga verdaderas convicciones; y no lo extraño, supuesto que estriba usted en un principio falso, lo da por cierto, y sobre él levanta el edificio de sus discursos. Algunas palabras que habrá, leído usted en ciertos libros místicos las ha tomado usted al pie de la letra, y de aquí el achacar a la religión doctrinas que ella no profesa.

    ¿Quién le ha dicho a usted que el cristianismo condena el amor propio, entendiendo esta condenación en un sentido riguroso? He aquí el vacío que ha dejado usted en sus raciocinios: no se ha cuidado de asegurarse bien del principio en que los apoyaba, y así, creyendo construir sobre base sólida, ha formado, como suele decirse, un castillo en el aire. No es la primera vez que esto le acontece a la religión, pues sucede muy a menudo que para combatirla se forman fantasmas, y contra ellos se pelea llamándolos hijos suyos, cuando no son más que creaciones del pensamiento del mismo que la ataca. No quiero yo decir que usted haya procedido en esta parte de mala fe; estoy seguro de que padece una equivocación, que reconocerá tan pronto como yo se la ponga de manifiesto; y esto me lisonjeo de poder lograrlo, no obstante lo que usted dice de que ha de ser difícil disipar las tinieblas que le impiden el conocimiento de la verdad. Por lo que toca a descolgarme con el elocuente sermón sobre la miseria y maldad del hombre, me parece que debiera usted vivir tranquilo, cuando hartas pruebas le tengo dadas de que no soy aficionado a declamaciones de ninguna clase. Pero vamos al punto de la dificultad.

Es falso que la religión nos prohíba el amarnos nosotros mismos; y tan falso es, que, antes al contrario, uno de sus preceptos fundamentales es este mismo amor. Para convencerle a usted, no necesito más que el catecismo. Creo que no se le habrá olvidado todavía aquello de que debemos amar al prójimo como a nosotros mismos, en lo cual está consignado de la manera más explícita el precepto del amor que cada cual debe profesarse a sí propio. Este amor se nos da por modelo del que debemos tener a los prójimos; y claro es que el precepto sería contradictorio, si se nos prohibiese ese mismo amor, que ha de servir de dechado y como de norma, para arreglar el que debemos a los otros.

¿Sabe usted que aquel principio que corre muy válido en el mundo de que la caridad bien ordenada comienza por sí mismo, está expresamente consignado en todos los tratados teológicos que se han escrito sobre la caridad? En ellos se explica el orden que ésta debe seguir, según son diferentes las relaciones con los objetos a que se extiende, y, siendo el primero y principal Dios, el segundo somos nosotros mismos.

Por el pronto ya ve usted que quedan desbaratados todos sus raciocinios, ya que he negado redondamente el principio en que estribaban, aduciendo en pro de mi negación pruebas tan claras y sencillas, que usted no podrá desechar; sin embargo, quiero ampliar mis ideas sobre este punto, haciendo de ellas aplicaciones que le dejen a usted cumplidamente satisfecho.

Otra vez volveremos al catecismo: en él se nos dice que el hombre es criado para amar y servir a Dios en esta vida y gozarlo en la eterna bienaventuranza. Ahora bien; todos nuestros actos tienen por fin: Dios y nuestra felicidad eterna. Quien desea ser eternamente feliz, ¿no se ama a sí mismo? Quien tiene la obligación de trabajar toda su vida para alcanzar esta felicidad, ¿no tiene la obligación también de amarse muchísimo a sí mismo?; o, mejor diré, estas dos obligaciones, ¿no se refunden en una sola? El cristiano tiene por dogma de que esta vida es un tránsito para la otra; si desprecia lo terreno, si no hace caso de las vanidades del mundo, es porque todo es pasajero, todo es nada en comparación de la dicha que tiene prometida para después de su muerte, si procura merecerla con sus buenas obras: sus bienes, su salud, su vida, su honra, todo debe perderlo antes que empañar su conciencia con un solo acto que le cerrara las puertas del cielo; pero en esa abnegación, en ese desprendimiento de sí mismo, queda salvo el amor propio bien ordenado, pues se desprecia lo poco para alcanzar lo mucho, se abandona lo terrenal por obtener lo celeste, se deja lo temporal por ganar lo eterno. Bien examinadas las doctrinas cristianas, se encuentra que hermanan y armonizan de una manera admirable el amor de Dios, el de sí mismo y el del prójimo; y, por consiguiente, es de todo punto falso que esta inclinación natural que nos lleva a amarnos a nosotros mismos, quede destruida por la religión; es rectificada, bien ordenada, purificada de las manchas que la afean, preservada de los extravíos que pudieran perderla, dirigida al supremo fin, infinitamente santo, infinitamente bueno, que es Dios.

¿Cómo se entiende, pues, esa muerte del amor propio de que están hablando los autores místicos? Se entiende la extirpación de los vicios, el refrenar las pasiones, el guardarnos del orgullo; en una palabra, el cuidar de que el amor del hombre sensual no dañe al hombre moral. El hacer que prevalezca lo superior sobre lo inferior, no es matar el amor, sino hacerle obrar en un sentido conforme a la ley eterna y altamente provechoso a nosotros mismos: quien se abstiene de una comida a la que se siente inclinado por su apetito, si lo hace con el fin de evitarse el daño que de ella teme, ¿podrá decirse, por ventura, que no se ame, que se aborrezca a sí propio? Se dirá, con mucha verdad, que se priva de un gusto; pero esta privación dimana del mismo afecto que tiene a la conservación de la salud, y por lo mismo procede de este mismo amor propio bien entendido, que le induce a sacrificar lo menos a lo más, y no le permite dañarse la salud por complacer el apetito del momento. Con este ejemplo tan sencillo, y que presenciamos todos los días sin que cause ninguna extrañeza, se explican fácilmente las relaciones de las doctrinas cristianas con el amor propio, no siendo necesario más que extender el mismo principio a objetos elevados, y considerar que la norma que ha dirigido una acción particular, es la misma con que se ordena toda la conducta del cristiano.

»Pues, ¿cómo se dice que nos aborrezcamos a nosotros mismos?» Este aborrecimiento no se refiere, ni puede referirse, sino a lo que hay en nosotros de malo, ya sea actos o hábitos pecaminosos, ya sea ciertas inclinaciones que tienden a apartarnos del camino de la ley de Dios; pero de ninguna manera debemos ni podemos aborrecer nuestra naturaleza en lo que tiene de bueno, en lo que es obra de Dios; antes al contrario, debemos amarla, y la prueba de que es así, está en que debemos aborrecer el mal que haya en ella, y aborrecer el mal de una cosa, es desear su bien, es amarla.

Ya sabe usted, mi estimado amigo, que de las reglas dadas para la conducta de los cristianos, unas son preceptos, otras consejos: la observancia de las primeras es necesaria para la eterna salvación: la de las segundas contribuye a hacernos perfectos en esta vida, y a merecernos más alto grado de gloria en la venidera; mas no nos obliga de tal suerte, que, si lo omitimos, nos hagamos reos de culpa. Esto mismo se aplica a la conducta con respecto al amor propio: por los preceptos estamos obligados a abstenernos de toda infracción de la ley de Dios, por más que a ello nos impulsen nuestros apetitos desordenados, así como debemos sacrificar el placer que nos resulta de la satisfacción de las pasiones, cuando se trate de ejercer un acto expresamente mandado en la ley divina: a sofocar de esta manera el amor propio todos estamos obligados; si no lo hacemos así, tenemos por dogma que no nos será otorgada la vida eterna, antes sí un castigo que no tendrá fin. Pero hay ciertas abstinencias, ciertas mortificaciones de los sentidos que no entran en el orden de los preceptos, y pertenecen solo al de los consejos. Estas mortificaciones las vemos practicadas, con más o menos rigor, por las personas que desean caminar hacia la perfección, y en algunos santos hallamos la austeridad conducida a tan alto punto, que nos asombra y aterra. Mas en estos mismos santos no estaba ahogado el amor bien entendido de sí mismo: se entregaban sin tasa a la penitencia, ya para purificarse cumplidamente de sus faltas, ya también para hacerse más agradables al Señor, ofreciéndole en holocausto sus sentidos, su cuerpo, todo cuanto tenían y todo cuanto eran; pero estos hombres extraordinarios ¿se olvidaban, por ventura, de sí mismos? Se olvidaban, sí, del hombre sensual, o, mejor diremos, le tenían declarada guerra a muerte, abatiéndole, atormentándole cuanto les era posible; pero la razón de esto se encuentra en que le miraban como enemigo del hombre espiritual, como enemigo temible, altamente peligroso, de quien no convenía fiarse un solo instante, a quien no se podía soltar la cadena del cuello sin el riesgo inminente de que se levantara contra su dueño, que es el espíritu, y le redujese a esclavitud. Pero la salvación de su alma, la felicidad eterna en la otra vida, tanto distaban de olvidarla aquellos ilustres penitentes, que antes bien suspiraban incesantemente por ella; ansiaban vivamente que Dios les librase de este cuerpo que los agravaba: así es que el mayor de sus deseos era disolverse y estar con Cristo. La visión de Dios, la unión con Dios en lazos de inefable amor, era el objeto de sus esperanzas, de sus ardientes deseos, de sus continuos gemidos; así es que no puede decirse que se aborreciesen a sí mismos en toda la propiedad de la palabra, sino que se amaban con amor más bien entendido que el resto de los mortales.

Con las consideraciones que preceden, creo que se habrá convencido usted de que estribaba en una suposición falsa, y de que, si intenta continuar sus ataques contra la religión, considerándola como contraria al amor propio, le será preciso argumentar sobre otros principios. En efecto, desvanecido completamente el error en que usted vivía de que la religión cristiana nos prohíbe amarnos a nosotros mismos, y probado hasta la última evidencia que no solo no nos lo prohíbe, sino que, muy al contrario, nos lo manda, solo le resta a usted un camino, que es probar que la religión entiende de una manera equivocada el amor propio, y que, proponiéndose dirigirle y purificarle, le sofoca y le mata. Pero ¿sabe usted en qué terreno se habrá colocado entonces la cuestión? ¿Sabe usted que, considerada bajo este aspecto, nada tiene que ver con lo que estábamos discutiendo hasta aquí, y que se trata nada menos que de examinar si los preceptos y consejos del

Evangelio son justos, son santos, son prudentes? No creo que usted se atreva a entablar disputa sobre una verdad generalmente reconocida hasta por los más violentos enemigos del cristianismo. Ellos niegan sus dogmas, se burlan de sus creencias, se ríen de su jerarquía, desprecian su autoridad, la consideran como un mero sistema filosófico, despojándole de todo carácter sobrenatural y divino; pero, en llegando a su moral, todos están acordes en que es pura, en que es admirable, sublime, en que es superior a la de todos los legisladores antiguos y modernos, en que se halla en íntima armonía con la luz de la razón, con los más nobles y bellos sentimientos que se albergan en nuestra alma, en que es la única digna de reinar sobre la humanidad y de dirigir los destinos del mundo; de suerte que, cuando, entregados a sus vanos pensamientos, forjan allá en su mente cristianismos reformados o religiones totalmente nuevas, todos adoptan como modelo de su moral lo enseñado en el Evangelio, y, aun cuando quizás en el fondo de su corazón profesen, con respecto a la moral misma, doctrinas degradantes y altamente funestas, no se atreven por lo común a exponerlas en público, y se deshacen en elocuentes elogios de la dulzura, de la santidad, de la elevación de las máximas salidas de la boca de Jesucristo.

Se hallará usted, pues, en grave conflicto si se propone dirigir sus ataques sobre este punto; y así es que me atreveré a darle un consejo, que bien lo han menester la mayor parte de los que inculpan a la religión, y es que, al juzgar alguno de sus dogmas o máximas, no se deje usted llevar de esa ligereza que falla sobre los objetos de la mayor importancia, sin haberse tomado la pena de examinarlos con la debida atención; y que reflexione que lo que han creído y enseñado y practicado tantos hombres eminentes en talento y sabiduría, sin duda debe de estar muy fundado, y no es fácil que venga al suelo con cuatro observaciones, que, por ingeniosas, no dejan de ser extremadamente fútiles. Créame usted: cuando se le ocurran argumentos de esta clase, que con tanta facilidad le parecen derribar alguna verdad religiosa, suspenda usted el juicio; no se precipite, medite, o lea, o consulte, que bien pronto echará de ver que el invencible Aquiles no tiene más fuerza que la que le suministra una suposición falsa, o un raciocinio mal trabado. No dudo que se habrá usted convencido de que, si con el tiempo se resuelve a volver al seno de la religión, podrá usted amarse a sí mismo. Entre tanto viva usted seguro del afecto de este S. S. y amigo Q. B. S. M.

J. B.

Carta XII. Contradicciones de los incrédulos

La moral de los hombres irreligiosos. Defensa de la moral del Evangelio. Las pasiones. Actos internos y externos. Diferencia capital entre la religión cristiana y los filósofos que la combaten. Vicio radical del sistema de los incrédulos. Aplicación al principio de fraternidad universal. Sabiduría de la moral evangélica. Suavidad de los incrédulos convertida en crueldad. Observaciones sobre la Providencia. Importancia de la religión.

Mi estimado amigo: El método que va siguiendo usted en la discusión epistolar que hemos entablado, me va manifestando una verdad, que, si bien ya la tenía conocida, me la hace usted mucho más evidente: hablo de la poca fijeza y exactitud en la moral; vicio de que adolecen generalmente los que no están fundados sobre el sólido cimiento de la religión. Con mucha verdad se ha dicho que la moral sin dogma era justicia sin tribunales. «yeseles a ustedes ponderar y ensalzar con entusiasmo la sublime doctrina de Jesucristo en todo lo concerniente a la conducta del arreglo del hombre; confiesan que nada hay superior ni igual entre los filósofos antiguos y modernos; reconocen que nada hay que añadir ni quitar; todo esto con una sinceridad y una expresión de buena fe, que no le dejan a uno duda de que, si rechazan los dogmas de la religión cristiana, al menos abrazan como convicción filosófica la moral que ella nos enseña. Cuando he aquí que a lo mejor, hablando de puntos de alta importancia, se disparan de improviso con la exposición de una doctrina que no puede conciliarse con la moral del Evangelio, pues que se halla en abierta oposición con lo que éste prescribe. Así me ha sucedido con la última de usted, en la cual, después de resignarse a abandonar la trinchera en la que se había hecho fuerte, pretendiendo que nuestra religión se empeñaba en luchar con lo más íntimo de la naturaleza, al prohibir como cosa mala el amor propio, me viene usted modificando su argumento, pero en realidad proponiéndose un objeto semejante.

Dice usted que está de acuerdo conmigo en que la religión no destruye sino que rectifica el amor propio; y no tiene usted inconveniente en reconocer que las objeciones de su carta anterior estribaban en un supuesto falso. No obstante, deseando no abandonar el terreno sin combatir, se empeña usted en sostener que la manera con que la religión rectifica el amor propio es demasiado dura, y contraria por demás a los instintos de la naturaleza. Aquí tiene su aplicación lo que le estaba diciendo poco antes, a saber, que los hombres irreligiosos caen con frecuencia en una contradicción patente, alabando, de una parte, la moral de Jesucristo, y atacándola, por otra, sin consideración ni miramiento. Usted pertenece al número de aquellos que se glorían de reconocer la santidad de la moral evangélica, y, sin embargo, no tiene reparo en condenarla por lo que prescribe con respecto a las pasiones. Y ¿sabe usted que el declarar una moral mala, o inútil, o inaplicable en lo relativo a las pasiones, es condenarla poco menos que en su totalidad? ¿No ha advertido usted que la mayor parte de los preceptos de la moral se rozan con el arreglo y represión de las pasiones? Si, pues, la del Evangelio no sirve para ellas, ¿para qué servirá?

Afirma usted que los preceptos evangélicos son duros en demasía, por oponerse a irresistibles instintos de la naturaleza; y, por lo que toca a algunos de sus consejos, se adelanta usted a decir que difícilmente se le persuadirá de que sean conformes a la razón y a la prudencia. Asienta usted por principio que el secreto de dirigir las pasiones es dejarles respiradero para evitar la explosión, añadiendo que el olvido de esta máxima es uno de los defectos capitales de que adolece la moral del Evangelio. No lleva usted a mal que se declaren culpables los actos que introducirían la perturbación en las familias, y aun aquellos que tienden a multiplicar la población, encargando a la caridad pública el fruto de la incontinencia; pero no puede persuadirse de que el rigor se haya de llevar hasta el punto de prohibir el mismo pensamiento, declarando culpable a los ojos de Dios aquel que admitiera la liviandad en su corazón, por más que se abstenga de todo cuanto repugne a la naturaleza o pueda acarrear algún daño a la familia y a la sociedad. Dejando aparte la discusión a que bajo muchos aspectos podría dar lugar la objeción de usted, y ciñéndonos al punto de vista de la prudencia, que es el que usted encarece principalmente, sostengo que la moral del Evangelio es tan profundamente sabia y cuerda en su pretendida dureza, que sería mucho más dura si se amoldase a las doctrinas de usted Extravagante aserción ha de parecer esta que acabo de emitir, y, no obstante, me lisonjeo de poderla apoyar con tales razones, que se vea usted precisado a suscribir a mi dictamen.

Ya que usted parece aficionado al estudio del corazón, me atreveré a preguntarle si, en el supuesto de haberse de prohibir un acto es más difícil alcanzar la obediencia prohibiendo también el deseo, o dejándole campear libremente. Tengo por seguro que es harto más fácil lograr que el hombre evite aquello que no puede ni desear, que no el que, siéndole permitido el deseo, haya de abstenerse de la obra. Se ha dicho muy bien que del pensamiento a la ejecución va tan poca distancia como de la cabeza al brazo, y la experiencia está enseñando todos los días que quien ha concebido deseos vehementes de poseer un objeto, deja con mucha dificultad de emplear los medios para lograrlo. Cabalmente en la materia de que estamos tratando, se ciega de tal modo la razón, y preponderan de tal suerte las pasiones, que el que se deja arrastrar por ellas se degrada y embrutece, olvidando lastimosamente su honor, sus bienes, su salud y hasta su vida. Y con una pasión semejante, ¿cree usted que la prudencia aconseja permitir el deseo y prohibir la ejecución? Afirma usted sin vacilar que es dura la prohibición que se extiende al deseo, sin advertir que solo en el sistema de usted hay la verdadera crueldad, pues que se pone al hombre en el tormento de Tántalo, haciendo correr a las inmediaciones de sus sedientos labios, aguas frescas y cristalinas que no se le permite probar. Reflexione usted maduramente sobre estas observaciones y se convencerá de que la verdadera dureza está en la moral de usted y no en la del Evangelio; que en la de usted, bajo la apariencia de indulgente suavidad, se pone en verdadera tortura al corazón; y que en la del Evangelio, con una severidad prudente y oportuna, se procura a las almas virtuosas la tranquilidad y la calma. El hombre que sabe no serle lícito deleitarse ni siquiera en un pensamiento malo, lo rechaza con fuerza desde el momento que se le ocurre, y así no da lugar a que la pasión se exalte y le ciegue; el que creyese no caber pecado sino en la ejecución, procuraría complacer las inclinaciones de la naturaleza, engañándose a sí mismo con la esperanza de que el placer del pensamiento y del deseo no le arrastraría hasta cometer el acto; pero, desde el momento que la razón y la voluntad hubiesen abdicado su soberanía, aun cuando fuese con la condición expresa de que no se los había de llevar más allá de lo que permitieran los deberes, fuérales imposible contener las pasiones turbulentas, que, engreídas con la primera concesión, no cederían hasta satisfacerse cumplidamente.

Una diferencia capital existe entre la religión cristiana y los filósofos que bajo distintos nombres la combaten: aquélla asienta por principio que es preciso atajar las pasiones en su cuna, creyendo que será tanto más difícil dirigirlas o sujetarlas cuanto más incremento se les haya dejado tomar, mientras éstos se conducen por la regla de que conviene permitir que las pasiones, aun las de tendencias más aviesas, se desenvuelvan hasta cierto punto, en el cual afirman que es necesario detenerlas. Y ¡cosa notable!, así se portan los filósofos que no disponen de otros medios para dominar el corazón que estériles discursos, cuya impotencia se manifiesta siempre que se hallan en lucha con una pasión algo vehemente; y la religión obra en sentido contrario, ella que abunda de medios eficacísimos para obrar sobre el entendimiento y la voluntad, y señorear al hombre entero. La religión fundada por el mismo Dios se atiene a una regla prudente, estimando en más la precaución del mal que no el tener que remediarlo, procurando curarlo cuando es pequeño por ahorrar la dificultad de hacerlo cuando sea grande; y el débil mortal se atreve a soltar el dique a las aguas, afirmando que conviene dejarlas correr libres, y que basta el que, cuando lleguen al límite prefijado, se les diga: «de aquí no pasaréis, y aquí quebrantaréis el orgullo de vuestras olas».

Yo no sé si se habrá convencido usted, mi estimado amigo, con las razones que acabo de alegar en defensa de la moral del Evangelio y en contra del sistema filosófico. Como quiera, no podrá usted negarme que estas consideraciones no son para despreciadas, dado que se fundan en la misma naturaleza del hombre y en lo que nos está enseñando la experiencia de todos los días. Lo que hemos aplicado a la pasión más turbulenta y peligrosa de las que afligen a los míseros humanos, puede decirse de todas las demás, bien que de ella se verifica de una manera particular aquello de que no hay más remedio que la fuga. Sentencia profundamente sabia y prudente, que advierte al hombre de lo mucho que importa no perder el dominio sobre sí mismo, porque no le sería fácil encadenar las pasiones, una vez hubiese llegado a soltarlas.

Sucede con el individuo lo propio que con la sociedad: si el poder supremo, cuyo cargo es gobernar, principia a ceder a las exigencias de los que deben obedecer, éstas van cada día en aumento, la autoridad se degrada a proporción que pierde terreno, hasta que al fin se llega a una completa anarquía o se apela a una reacción violenta, para recobrar lo perdido y restablecer derechos que jamás se debieran haber abdicado. Las leyes de orden tienen una analogía singular, aun en sus aplicaciones a cosas de naturaleza muy diferente; pudiera decirse que es una misma ley, sin más modificaciones que las absolutamente indispensables para atender a la especie del sujeto que por ellas se ha de regir.

He dicho que cuanto acababa de afirmar sobre la pasión voluptuosa era también aplicable a las demás, y voy a hacérselo sentir a usted, atacándole por la parte más sensible, que es la filantropía, ya que ustedes los filósofos no pueden tolerar que se ponga en duda su ardiente amor a la humanidad. Están ustedes encareciendo continuamente el precepto de fraternidad universal, que, según la religión de Jesucristo, enlaza a todos los hombres como miembros de una misma familia. Infiérese de dicho mandamiento la prohibición de dañar al prójimo, y, según nuestros principios, no solo no podernos dañarle, pero ni aun tener este deseo; por manera que pecamos con solo complacernos en nuestro corazón un pensamiento de venganza.

Ahora bien, aplicando al caso presente la teoría de usted, resultará que debe condenarse por sobrado dura la moral cristiana en esta parte, y para seguir los consejos de una suave prudencia, será preciso contentarse con declarar que es malo el cometer un acto que dañe a nuestros hermanos, pero no lo es el deseo, si nos limitamos a él. Así la bella fraternidad de ustedes se podrá expresar de esta suerte: «Hombres, no os causéis daño, ni de obra, ni de palabra, porque con esto faltaríais a las reglas de la sana moral, y ofenderíais al Dios que os ha criado, no para que os perjudiquéis mutuamente, sino para que viváis en pacífica armonía. Hasta aquí llega la obligación; pero entrando en el santuario de vuestro interior, sois dueños de desear a los demás hombres todo el mal que os pluguiere, seguros de que con ello no cometeréis ninguna falta, pues que Dios no es tan duro que haya querido, no solo prohibir los hechos, sino también el pensamiento y el deseo». ¿No le parece a usted que el precepto de la caridad, de la fraternidad universal, es cosa curiosa y peregrina, si la explicamos de esta manera? Y, sin embargo, es evidente que de esta suerte lo explica usted, no habiendo yo hecho otra cosa que reunir las partes del sistema para que se notara más vivamente el contraste.

El vicio radical de dicho sistema es poner en desacuerdo lo interior con lo exterior, es suponer que conviene limitar las obligaciones morales a los actos externos, es establecer una especie de moral civil que en último análisis vendría a parar a una jurisprudencia puramente humana, sin otro objeto que impedir el que se perturbase la tranquilidad pública. A este resultado conducen las doctrinas de usted; y nada extraño es que así sea, puesto que es muy natural que, en desterrando a Dios del mundo, o no admitiendo religión alguna, es decir, quitando la influencia divina sobre los actos del hombre, queden éstos considerados en el orden puramente externo, y no tengan importancia a los ojos del filósofo, sino en cuanto son capaces de producir algún bien exterior o de causar algún mal. Quitando ustedes a Dios, o, lo que viene a parar a lo mismo, destruyendo la religión, destruyen también la conciencia, destruyen al hombre interior, y reducen toda la moral a una combinación de utilidades bien calculadas.

Estas consecuencias le serán a usted desagradables, y no me cabe duda de que hará un esfuerzo por rechazarlas; mas, para evitar disputas, le ruego a usted que vuelva a seguir el hilo del raciocinio que me ha conducido a ellas, pues estoy cierto de que, haciéndolo así con imparcialidad y buena fe, no podrá menos de reconocer que mis palabras nada tienen de falso ni hiperbólico.

Entre tanto, y para hacer sentir más y más los errores o inconvenientes de la doctrina que usted abrazaba con tanta seguridad, voy a hacer una aplicación de ella al mismo precepto de fraternidad universal, no considerado en su parte prohibitiva, sino en la preceptiva. Dando por sentado que el mal está únicamente en los actos externos, deberemos convenir también en que la bondad de las acciones estará también en lo exterior: así ejerceremos un acto laudable haciendo bien al prójimo, mas no deseándoselo. Y ¿sabe usted a dónde nos conduce este principio? ¿Sabe usted que nada menos se logra con él que destruir de un golpe esa fraternidad universal tan encarecida por la filantropía de los filósofos. ¿Qué es el amor que se limita a los actos exteriores? ¿Es verdadero amor el que no está en el corazón? ¿No es esto lo mismo que nos está indicando el lenguaje cuando distingue entre la beneficencia y la benevolencia, es decir, entre hacer el bien y el desearlo? Así la primera como la segunda, ¿no son virtudes muy loables? Quien no puede ser benéfico por faltarle los medios necesarios, ¿no es muy laudable que sea benévolo, esto es, que tenga deseos de hacer el bien, ya que no le sea posible realizarlo? Quien hace el bien ¿no lo desea antes de ponerlo en práctica? Es decir, el hombre benéfico ¿no es antes benévolo? ¿Y no es benéfico por lo mismo que es benévolo? Yo no sé si usted mirará las cosas desde este punto de vista, pero de mí sabré decirle que considero tan enlazados el deseo y el acto, que se me presentan como cosas de un mismo orden, y como que la una es complemento de la otra. Más diré, limitándome a la beneficencia: cuando me figuro a un hombre que hace el bien por un motivo cualquiera, pero que al mismo tiempo no abriga en su corazón un afectuoso deseo que le impulsa a estos actos, es decir, cuando veo la beneficencia separada de la benevolencia, o no concibo allí un acto de virtud, o por lo menos la encuentro manca, despojada de los más bellos adornos que la hacían agradable y encantadora.

Ya ve usted, mi querido amigo, que la religión cristiana no anda tan desacertada en entrometerse en los actos internos, en extender sus mandamientos y sus prohibiciones hasta lo más recóndito que ejecutamos en el fondo de la conciencia; y que el tacharla de dura por este procedimiento, es dar por el pie, no solo a la moral religiosa, sino también a la enseñada por la luz de la razón. Así se enlazan las cosas que parecen más distantes; así se encadenan las verdades con tan estrecha intimidad, que quien se atreve a negar una, se ve forzado a desechar muchas otras, que él tal vez respeta y venera con toda sinceridad y acatamiento. De estas consideraciones desearía yo que sacase usted una consecuencia que le he indicado varias veces, y que no me cansaré de repetirle, y es la importancia de que, al examinar las cuestiones religiosas, no nos empeñemos en aislarlas demasiado, pues que corremos peligro de mutilar la verdad, y una verdad mutilada es un error. Los incrédulos y los escépticos incurren casi siempre en este defecto: toman un dogma, un precepto moral, una práctica, una ceremonia de la religión, la separan de todo lo demás, la analizan prescindiendo de todas las relaciones que tiene con otros dogmas, preceptos y prácticas o ceremonias; no miran el objeto sino por un lado, y de esta manera consiguen que la ceremonia parezca ridícula, que la práctica sea irracional, que el precepto sea cruel, que el dogma sea absurdo. No hay orden de verdades que no venga al suelo si de este modo se las examina; porque entonces no se las considera como son en sí, sino como las ha arreglado allá en su mente el antojo del filósofo. En tal caso se crean fantasmas que no existen, se huye el cuerpo a los verdaderos enemigos, para pelear con otros imaginarios, con lo cual es poco peligroso el entrar en la lucha, partiendo de un tajo descomunales jayanes.

En la parte moral, mayormente cuando se trata de los sentimientos más dulces y seductores, no es difícil alucinar a los incautos ofreciéndoles como una expansión inocente lo que es un veneno mortífero. Así, por ejemplo, en la dificultad que usted me propone en su apreciada, ¿qué cosa más conforme a los instintos de la naturaleza, a los más suaves impulsos del corazón, que la doctrina por usted sustentada? «¿Qué, decía usted, no basta prohibir los actos que podrían producir malos resultados a la sociedad, a la familia, o al individuo, que sea preciso penetrar hasta lo interior del alma y allí complacerse en atormentar el corazón, obligándole a abstenerse hasta de aquellas exhalaciones que, más bien que crímenes, deberán ser a los ojos de Dios inocentes desahogos de la naturaleza? Si el mal no se consuma, ¿a quién daña el deseo? ¿Es posible que el Criador pueda ofenderse de los actos más inofensivos de su criatura?» He aquí lo que se apellidan golpes sentimentales, y que son argumentos decisivos para las almas candorosas y ardientes, que están ansiosas de una doctrina que excuse sus debilidades, aflojando algún tanto la austeridad de la moral que aprendieron en el catecismo.

Pero he aquí también sofismas peligrosos, que a nada conducen para el bienestar y consuelo de aquello en cuyo favor se hacen, y que, antes al contrario, los extravían y corrompen de una manera lastimosa. «¿Qué, se podría replicar imitando el propio tono, seréis tan crueles que permitáis arrimar a los labios sedientos el fresco y sabroso licor, y no consintáis probarlo? ¿Seréis tan crueles que soltéis la rienda a la pasión en las regiones interiores y no le dejéis un desahogo en lo exterior? ¿Seréis tan crueles que

desencadenéis las tempestades en el fondo del corazón, que allí conser-
véis a éste agitado y combatido por todos lados, sin dejar que el desahogo
le alivie de sus penas, y que, extendiéndose la borrasca, se haga menos
intensa y dolorosa? O cerrad enteramente la puerta al daño, o permitidle el
remedio: no pongáis de tal suerte en lucha al hombre interior con el exterior,
al corazón con las obras; ya que de humanos os preciáis, procurad que no
sea tan cruel vuestra mentida indulgencia.»

Por lo que toca al otro punto de si Dios puede indignarse por los actos
interiores de su criatura: ¡Qué!, Podríamos decir, si relaciones hay entre Dios
y el hombre, si el Criador no ha abandonado a su criatura, si la mira todavía
como digno objeto de sus cuidados, ¿no es claro, no es evidente, que el
entendimiento y la voluntad, es decir, lo más precioso que hay en el hombre,
lo que le hace capaz de conocer y amar a su Hacedor, lo que le ensalza sobre
los brutos, lo que le constituye rey de la creación, no es aquello, repetiremos,
lo que debe suponerse objeto de la solicitud del Supremo Hacedor, y que
Éste no atiende a los actos exteriores sino en cuanto manan del santuario
de la conciencia, donde se complace en ser conocido, amado y adorado?
¿Qué es el hombre, si prescindimos de su interior? ¿Qué es la moral, si no
la aplicamos al entendimiento y a la voluntad? ¿Es fundada, es razonable
siquiera, una doctrina que, aparentando sobreabundancia de sentimientos
de humanidad, y blasonando de dignidad e independencia, mata tan despiadadamente al hombre en lo que tiene de más independiente y más digno?

Persuádase usted, mi querido amigo, de que no hay verdad, no hay
dignidad en nada de lo que se opone a la religión; que lo que a primera
vista parece más noble y generoso, es en realidad bajo y degradante; y
a propósito de sentimientos filantrópicos, guárdese usted de esas inspiraciones repentinas que se le ofrecerán como argumentos decisivos, y que,
examinados a la luz de la religión y hasta de la sana filosofía, no son más que
raciocinios infundados, o bien que, estribando sobre principios erróneos,
conducen a establecer el predominio del cuerpo sobre el espíritu, y a desen-
cadenar sobre la tierra las pasiones voluptuosas. Ínterin vea usted en qué
puede complacerle este su amigo y S. S. Q. B. S. M.

J. B.

Carta XIII. La humildad

Equivocaciones de un escéptico. Dicho de Santa Teresa. Pasaje de San Francisco de Sales. Cómo debe entenderse la humildad. Cuán agradable es la humildad a los ojos del mundo.

Mi estimado amigo: Ya veo yo que es empeño inútil el de obligarle a usted a una discusión seguida sobre los dogmas de la religión y los principios en que se fundan, pues que, fiel a su sistema de no atenerse a ningún sistema, y guardando inviolablemente la regla de su método, que es no observar ninguno, revolotea como mariposa de flor en flor, de suerte que, cuando le creía uno engolfado en alguna cuestión capital y decidido a continuar por largo tiempo el ataque empezado contra un punto de las murallas de la ciudad santa, levanta de improviso los reales, se aposenta en otro campo, y desde allí amenaza abrir nueva brecha, esperando que yo acuda a defender el punto atacado, para luego dirigirse a otra parte y fatigarme inútilmente sin obtener el resultado que deseo. Pero digo mal cuando afirmo que me he fatigado inútilmente; porque, si bien es verdad que no me ha sido posible hasta ahora apartarle a usted de su error, porque se ha resistido siempre a sujetarse al trabajo de una discusión sostenida con el debido orden y encadenamiento, me lisonjeo, no obstante, de que habré logrado desvanecerle a usted algunas preocupaciones, que sin duda le habrían obstruido el paso en el camino de la fe, si es que algún día, ilustrado su entendimiento por inspiraciones superiores, movido su corazón por la gracia del Señor, se resuelve a emprenderle con seriedad, rompiendo las trabas que le detienen, y saliendo del infeliz estado en que se encuentra, y en que espero no le ha de sorprender la hora de la muerte.

Disimulándome usted el preámbulo, que quizás calificará de importuno y que yo considero como importunidad saludable, voy a responder a las dificultades que me propone usted sobre una de las virtudes más encarecidas por la religión cristiana. Alégrome en gran manera de que hayamos salido de las disputas que eran objeto de la carta anterior; porque, si bien versaba sobre asunto muy trascendental y de altísima importancia, la materia era de suyo tan delicada y vidriosa, que es preciso andar siempre midiendo las palabras y en busca de expresiones que, dejando traslucir la verdad, cubran

con tupido velo cuanto pudiera ofender las buenas costumbres y las delicadas consideraciones debidas al pudor. Al fin la humildad es cosa sobre la
cual es lícito hablar sin rodeos, no habiendo el peligro de que una palabra
poco mesurada haga salir los colores al rostro.

Algo volteriano está usted cuando habla de la virtud de la humildad, y le
aplica irónicamente el dictado de sublime que los cristianos nos compla-
cemos en tributarle. Según parece, se ha formado usted ideas muy equivo-
cadas sobre la naturaleza de dicha virtud, pues que llega a asegurar que,
por más que lo desease, le sería imposible el ser humilde a la manera que
lo exigen los libros de mística, por la sencilla razón de que no cree permitido el engañarse a sí mismo, y de que, aun cuando se esforzase en ello,
tampoco le sería dado conseguirlo. Gana de reír me ha dado el que usted
se imagine haberme propuesto una dificultad insoluble, con aquello de que
no le es posible persuadirse de que sea el más estúpido entre los hombres,
pues que está viendo tantos otros que evidentemente no poseen los pocos
o muchos conocimientos que a usted le han proporcionado la educación
y la instrucción, ni tampoco que sea el más perverso entre los mortales,
supuesto que ni roba, ni asesina, ni comete otros actos a que se arrojan
algunos de sus semejantes; y que, sin embargo, si escuchamos la doctrina
de los místicos, ésta es la perfección de la humildad y a ella llegaron los
santos más distinguidos, más adelantados en esta virtud. No tengo tampoco
inconveniente en que usted no se encuentre de humor para andarse, como
dice, por esas calles haciendo el loco, con el fin de que los demás le desprecien, y tener así ocasión de ejercer la humildad; pero lo que extraño es que
tales argumentos los repute usted por invencibles, y que cante de antemano la victoria, intimándome que, o es preciso tragar los absurdos que de
estas máximas y ejemplos resultan, o condenar las vidas de grandes santos
y echar al fuego las obras de los místicos más afamados. Paréceme que el
dilema no es tan perfecto que no deje salida; antes creo que ni será preciso
devorar absurdos, ni tampoco entregarse al repugnante oficio del ama de D.
Quijote y del cura de su lugar.

Usted, que se precia de caballeroso, creo que no estará reñido con
Santa Teresa de Jesús, a quien, si reputa por ilusa, al menos no podrá dejar
de tributarle el merecido elogio por sus eminentes virtudes, por su alma

cándida, su bellísimo corazón, su talento claro y penetrante, y su pluma tan amable como sublime A esta Santa ya sabe usted que algo se le alcanzaba de achaque de virtudes cristianas, y que, con lo mucho que había meditado y leído, y consultado, además, con hombres sabios, o, como ella dice, grandes letrados, debía de saber en qué consistía la humildad, y cómo era entendida y explicada esta virtud en el seno de la Iglesia Católica. Y ¿cree usted que la Santa pensaba que para ser humilde era preciso comenzar engañándose a sí propia? Apostaría yo que usted no acierta en la definición que da de la humildad; definición admirable, y que, preciso me es decirlo, parece excogitada a propósito para contestar a las dificultades de usted. Refiere la Santa que no comprendía por qué la humildad era tan agradable a Dios, y que, discurriendo un día sobre este punto, alcanzó que era así, porque la humildad es la verdad. Ya ve usted que no se trata de engaño, y que tan distante está de obligarnos a él la humildad, que antes bien con ella disipamos el engaño: porque su mérito más sólido, el título por el cual es agradable a Dios, es el ser verdad.

Desenvolveré en pocas palabras esa hermosa sentencia de Santa Teresa de Jesús; y no necesitaré más que esta luminosa observación de la Santa para hacerle comprender a usted lo que es la humildad, en sus relaciones con nosotros mismos, con Dios y con el prójimo.

¿Está en oposición con la virtud de la humildad el que reconozcamos las buenas dotes naturales o sobrenaturales con que Dios nos ha favorecido? No, antes al contrario: revuelva usted todas las obras de los teólogos escolásticos y místicos, y a todos los encontrará de acuerdo en que dicha virtud no se opone a semejante conocimiento. Quien experimenta a cada paso que comprende con mucha facilidad cuanto lee u oye, que le basta fijar su meditación sobre las cuestiones más abstrusas para que se le presenten desde luego claras y despejadas, no hay inconveniente en que se halle interiormente convencido de que Dios le ha dispensado este señalado favor; más diré, le es imposible dejar de abrigar esta convicción, que tiene por objeto un hecho que está presente a su ánimo y de que le asegura su conciencia propia, como que es una serie de actos que acompañan de continuo su existencia, que constituyen su vida intelectual, aquella vida íntima de que estamos tan ciertos como de la existencia de nuestro cuerpo. ¿Podrá usted figurarse que Santo Tomás estuviese persuadido de que era tan ignorante como los legos de su convento? San Agustín ¿era posible que creyese conocer tan poco la ciencia de la religión como el último del pueblo a quien la explicaba? San Jerónimo, que tan aventajados conocimientos poseía en las lenguas sabias y en cuanto es menester para interpretar atinadamente la Sagrada Escritura, ¿diremos que en su interior no estaba penetrado de que poseía más que medianamente el griego y el hebreo, y de que sus investigaciones con que se remontaba hasta las fuentes de la erudición habían sido del todo infructuosas? No; no dicen los cristianos tales disparates. Una virtud tan sólida, tan hermosa, tan agradable a los ojos de Dios, no puede exigir de nosotros tamañas extravagancias; no puede exigir que cerremos los ojos para no ver lo que es más claro que la luz del día.

Bien entendida la humildad, trae consigo el claro conocimiento de lo que somos, sin añadir ni quitar nada; quien tenga sabiduría, puede interiormente reconocerlo así; pero debe al propio tiempo confesar que la ha recibido de Dios, y que a Dios se debe el honor y la gloria. Debe reconocer también que esta sabiduría, si bien levanta mucho más su entendimiento que el de los ignorantes, o de los menos sabios que él, le deja, sin embargo, muy inferior a los demás sabios que se le aventajan en extensión y profundidad. Debe, al propio tiempo, considerar que esta sabiduría no le da derecho para despreciar a nadie, pues que, teniéndola por especial beneficio de Dios, de la misma manera la hubieran poseído los otros, si el Criador se hubiese dignado otorgársela. Debe considerar que este privilegio no le exime de las flaquezas y miserias a que está sometida la humanidad, y que cuantos más sean los favores con que Dios le haya distinguido, cuanto más claro sea el entendimiento para conocer el bien y el mal, tanto más estrecha cuenta deberá dar a Dios, que de tal suerte le ha hecho objeto de su bondadosa munificencia. Quien tenga virtudes, no hay inconveniente en que lo reconozca así, confesando, al propio tiempo, que son debidas a particular gracia del cielo; que, si no comete las maldades a que se arrojan otros hombres, es porque Dios le tiene de su mano; que, si hace el bien y evita el mal por medio de la gracia, esta gracia le ha sido concedida por Dios; que, si por su misma índole está inclinado a ciertos actos virtuosos, causándole horror los vicios opuestos, esa índole le ha venido también de Dios: en una palabra, tiene motivo para estar contento, mas no para engreírse, supuesto que sería injusto atribuyéndose lo que no le pertenece y defraudando a Dios la gloria que le corresponde.

Oiga usted sobre este particular al gran Santo, al hombre que tan alto se levantó en todas las virtudes cristianas, especialmente en la de la humildad: a San Francisco de Sales, y vea usted cómo no solo conviene en que es lícito reconocer los bienes que nosotros tenemos, sino también en que es permitido, y muchas veces saludable, el fijar sobre ellos la atención, el pararse detenidamente a considerarlos.

»Pero tú desearás, Filotea, que te conduzca más adelante en la humildad; porque lo que de ella hasta aquí he tratado, más parece sabiduría que humildad. Paso, pues, adelante: muchos no quieren ni se atreven a pensar y considerar en particular las gracias y mercedes que Dios les ha hecho, temerosos de dar en la vanagloria y complacencia, en lo cual ciertamente se engañan; porque, como dice el grande Doctor Angélico, el verdadero medio de llegar al amor de Dios es la consideración de sus beneficios, porque, cuanto más los conociéramos, tanto más le amaremos; y, como los beneficios particulares mueven más particularmente que los comunes, así también deben ser considerados más atentamente. Es cierto que nada nos puede humillar tanto delante de la misericordia de Dios como la muchedumbre de sus beneficios: ni nada nos puede humillar tanto delante de su justicia como la multitud de nuestras maldades. Consideremos lo que ha hecho por nosotros, y lo que nosotros hemos hecho contra él, y, como consideramos por menudo nuestros pecados, consideremos así por menudo sus gracias. No hay que temer que el conocimiento de lo que ha puesto en nosotros nos desvanezca, con tal que atendamos a esta verdad: que cuanto hay bueno en nosotros, no es nuestro. ¿Los mulos, dime, dejan de ser torpes y hediondas bestias porque estén cargados de muebles preciosos y olores de príncipes? ¿Qué tenemos nosotros bueno, que no hayamos recibido? Y si lo hemos recibido ¿por qué nos queremos ensoberbecer? (I ad Cor., VI, 7.) Al contrario, la viva consideración de las mercedes recibidas nos hace humildes, porque el conocimiento engendra el reconocimiento; pero, si viendo los beneficios que Dios nos ha hecho nos llegase a inquietar cualquiera suerte de vanidad, el remedio infalible será recurrir a la consideración de nuestras ingratitudes, de nuestras imperfecciones y de nuestras miserias. Si consideramos lo que hacíamos cuando Dios no estaba con nosotros, conoceremos que lo que hacemos cuando nos acompaña no es de nuestra industria ni de nuestra cosecha. Alegrarémonos verdaderamente y regocijarémonos porque tenemos algún bien; pero glorificaremos solo a Dios, como autor de él. Así la Santísima Virgen confesó que Dios obró en ella cosas grandes; pero esto fue por humillarse y engrandecer a Dios: «Mi alma, dice, engrandece al Señor, porque ha hecho en mí cosas grandes» (Luc., I, 46, 49.) (San Francisco de Sales, Introducción a la vida devota, parte 3.ª, cap. 5.ſ).

No cabe testimonio más concluyente en favor de la doctrina que andaba exponiendo; ya ve usted que no se trata de engañarse a sí mismo, sino de conocer las cosas tales como son en sí. «Entonces, me objetará usted, ¿cómo es que los grandes Santos digan a boca llena que son los mayores pecadores del mundo, que son indignos de que la tierra los sostenga, que son los más ingratos entre los hombres?» Entienda usted el verdadero sentido de estas palabras, advierta que andan acompañadas de un sentimiento de profunda compunción; que son pronunciadas en momentos en que el espíritu se anonada en presencia del Criador; y echará usted de ver que son susceptibles de interpretación muy razonable. Aclarémoslo con un ejemplo. Cuando Santa Teresa de Jesús decía que era la mayor pecadora de la tierra ¿deberemos pensar que ella creyese ser culpable de los delitos de las mujeres más perdidas, cuando le constaba muy bien la pureza de su cuerpo y alma, cuando sabía los inefables beneficios con que el Señor la estaba favoreciendo? Claro es que no. Más diré. ¿Debemos suponer que se creyese con un solo pecado mortal en la conciencia? Es cierto que no; pues de lo contrario no se hubiera atrevido a recibir el augusto Sacramento del Altar, que, sin embargo, recibía con tanta frecuencia y con tales éxtasis de gratitud y de amor. Ahora bien: la Santa no ignoraba que en el mundo había muchas personas culpables de pecados graves y gravísimos a los ojos de Dios; ella era la primera en deplorarlo y en rogar al cielo que se dignase mirar a aquellos desgraciados con ojos de misericordia; luego, cuando aseguraba que era la mujer más pecadora de la tierra, no podía entenderlo en un sentido riguroso tal como usted parece quererlo interpretar. ¿Qué significaba, pues? Helo aquí muy sencillamente. Asistamos a una de las escenas que se representaban en su espíritu, y comprenderemos perfectamente el sentido de las palabras que son para usted piedra de escándalo. Puesta en presencia de Dios con fe viva, con caridad ardiente, con el corazón contrito y humillado, examinaría los recónditos pliegues de su corazón y observaría de vez en cuando algunas ligeras imperfecciones que no habían sido consumidas todavía por el fuego del divino amor; recordaría también los tiempos pasados en los que, no obstante de ser ya muy virtuosa, no había entrado de lleno en el camino sublime que la condujo a la altura de santidad que hacía de ella un ángel sobre la tierra. Se ofrecerían a su memoria las faltas leves en que había incurrido, la poca prontitud en seguir las inspiraciones del cielo, y, comparado todo con los beneficios naturales y sobrenaturales de que el Señor la había llenado, y medido todo con su viva fe, con su inflamada caridad, con aquella íntima presencia de Dios que la tenía fuera de esta vida mortal, y la hacía morar en regiones superiores, vería en toda su negrura la fealdad del pecado, aun venial, consideraría la ingratitud de que se hiciera culpable no presentándose, desde luego, con mucho más ardor del que lo hiciera, a los llamamientos del Señor; y entonces, puesta en parangón la santidad de su alma con la santidad divina, su ingratitud con los beneficios de Dios, su amor con el amor que Dios le manifestaba, se anonadaría en presencia del Altísimo, perdería de vista el bien que en sí tenía, y, fijos, únicamente los ojos en su debilidad y miseria, exclamaría que era la más pecadora entre las mujeres, que era la más ingrata entre todas las criaturas. ¿Qué encuentra usted aquí de irracional y de falso? ¿Se atreverá usted a condenar la expansión de un corazón humilde que, anonadado en presencia del Señor, reconoce sus defectos, y, considerándolos con toda viveza, exclama que son los mayores pecados del mundo? ¿No ve usted aquí más bien la expresión de una caridad ardiente, que palabras de engaño?

Si quisiera valerme de un lenguaje afilosofado, le diría a usted que la humildad cristiana es lo más a propósito para formar verdaderos filósofos; si es que la verdadera filosofía ha de consistir en hacernos ver las cosas tales como son en sí, sin añadir ni quitar nada. La humildad no nos apoca, porque no nos prohíbe el conocimiento de las buenas dotes que poseamos; solo nos obliga a recordar que las hemos recibido de Dios, y este recuerdo, lejos de abatir nuestro espíritu, lo alienta; lejos de debilitar nuestras fuerzas, las robustece, porque, teniendo presente cuál es el manantial de donde nos ha venido el bien, sabemos que, recurriendo a la misma fuente con viva fe y rectitud de intención, manarán de nuevo copiosos raudales para satisfacernos en todo lo que necesitemos. La humildad nos hace conocer el bien que poseemos, pero no nos deja olvidar nuestros males, nuestras flaquezas y miserias: nos permite conocer el grandor, la dignidad de nuestra naturaleza y los favores de la gracia; pero no consiente que exageremos nada, no consiente que nos atribuyamos lo que no tenemos, o que, teniéndolo, nos olvidemos de quien lo hemos recibido. La humildad, pues, con respecto a Dios nos inspira el reconocimiento y la gratitud, nos hace sentir nuestra pequeñez en presencia del Ser infinito.

Con respecto a nuestros prójimos, la humildad no nos permite exaltarnos sobre ellos, exigiendo preeminencias que no nos corresponden; nos hace afables en el trato porque, dándonos a conocer nuestras flaquezas nos vuelve compasivos con las que sufren los demás, y, conservando nuestro corazón exento de envidia, que siempre acompaña a la soberbia, hace que respetemos el mérito dondequiera que se halle, y que lo reconozcamos francamente, tributándole el debido homenaje, sin el mezquino temor de que pueda salir perjudicada nuestra gloria.

Ya que acabo de pronunciar la palabra gloria, desearía saber si usted lleva también a mal que la humildad no nos permita saborearnos en las alabanzas de los hombres, y nos inspire sentimientos superiores a ese humo que desvanece tantas cabezas. Si así fuere, como no lo dudo, me bastará una reflexión para convencerle a usted de su error. ¿Le parece a usted bueno todo lo que hace el hombre más grande? Creo que no tendrá reparo en decirme que sí. Pues bien, el mismo mundo mira como un héroe a aquel que, haciendo acciones dignas de alabanza, no se para en ella, la menosprecia, y al sentir el fragante aroma pasa sin detenerse, con la cabeza llena de pensamientos elevados, con el corazón henchido de sentimientos generosos: el mundo, pues, hace justicia a los despreciadores de la vanidad humana, es decir, a los que practican actos de verdadera humildad: no quiera usted ser menos justo que el mundo. ¿Desea usted una contraprueba de lo que acabo de decir? Hela aquí: los que no son humildes buscan la alabanza; y ¿sabe usted lo que se adquieren tan pronto como se trasluce su afán? El ridículo y la burla. Cuando deseamos parecer bien a los ojos del mundo, si no somos humildes en realidad, lo aparentamos; porque en lo exterior damos a entender que no hacemos caso de la alabanza; y, si se nos tributa, la resistimos diciendo que es inmerecida. Vea usted, mi estimado amigo, cuán sabia, cuán noble, cuán sublime es la religión cristiana, pues en la virtud que tanto abatimiento parece traer consigo, está encerrado el secreto de adquirir gloria sólida aun entre los hombres; éstos la ofrecen gustosos a quien la merece y no la busca, pero desprecian y ridiculizan al que la solicita. Tanta es la fuerza de las cosas, que la misma soberbia, para saciar su sed de gloria, se ve precisada a negarse a sí misma, a cubrirse con el manto de la humildad; así se verifica, aún en la tierra, aquella sentencia de la Sagrada Escritura: «Quien se exalta será humillado, y quien se humilla será exaltado».

Basta por hoy de humildad; creo que con lo dicho hasta aquí se quedará usted bien convencido de que, para ser verdaderamente humilde conforme al espíritu de la religión cristiana, no necesita usted ni andarse haciendo el loco por las calles, ni creer que es digno de ser llevado a presidio o al cadalso, ni tampoco que no tiene más conocimientos de ciencias y literatura que el que no sabe deletrear. Si alguna vez encuentra usted en las vidas de los Santos algún hecho que no pueda usted explicar por las reglas arriba establecidas, recuerde usted que nosotros no tenemos inconveniente en decir que hay cosas que son más bien para admiradas que para imitadas; y, además, no quiera usted juzgar por mundanas consideraciones, lo que marcha por caminos desconocidos al común de los mortales. Esto es lo que nosotros llamamos misterios y prodigios de la gracia; y que ustedes los filósofos apellidarán exaltación y exageración del sentimiento religioso. Entre tanto espera ocasiones de complacerle a usted este su afectísimo. S. S. Q. S. M. B.

J. B.

Carta XIV. Los cristianos viciosos

Los tibios. Argumentos contra la religión. Solución. Cómo es posible que un hombre religioso sea vicioso. El jugador. El disipador. Observaciones sobre las pasiones humanas. Efecto de la religión sobre la moral de los hombres.

Sus efectos preventivos. Pruebas. Ejemplos. Flaqueza de la moral de los hombres irreligiosos. Observaciones sobre esta moral.

Mi estimado amigo: Casi me inclinaría a creer que empieza usted a no encontrarse muy bien en su escepticismo religioso, pues que al parecer se averg‚enza de él, no queriendo confesar que se halla en esta parte en situación muy diferente de la de muchos otros, a quienes usted, con buena intención sin duda, pero con mucha injusticia, les achaca las mismas ideas. No podía yo figurarme que le causase a usted tanta novedad la conducta de muchos cristianos, hasta el punto de llegar a suponer que, o fingen hipócritamente estar adheridos a la religión, o cuando menos la profesan sin entender de ella una palabra. Dice usted que no alcanza a comprender cómo es posible que, enseñando la religión doctrinas tan altas, algunas de las cuales son sumamente trascendentales y hasta terribles, haya hombres que, estando convencidos de la verdad de ellas, o las contraríen con su conducta, o vivan haciendo poquísimo caso de las mismas. Añade usted que concibe muy bien la religión de un San Jerónimo, de un San Benito, de un San Pedro de Alcántara, de un San Juan de la Cruz; es decir, hombres penetrados profundamente de la nada de las cosas terrenas, de la importancia de la eternidad, y por consiguiente, desasidos de todo lo mundano, muertos a todo cuanto los rodea, y atentos únicamente a la gloria de Dios y a la salvación de sus almas y de las de sus prójimos; pero que no comprende, en primer lugar, la religión de los viciosos, esto es, de hombres que viven convencidos de la eternidad de las penas del infierno, y, no obstante, como que hacen todo lo posible para hundirse en él; que no comprende la religión de otros que, sin embargo de no estar entregados al vicio, dejan correr sus días con cierta indiferencia, sin afanarse mucho por lo que pueda venir después de la muerte; ni aun de aquellos que, practicando la virtud, lo hacen con cierta tibieza, no mostrándose continuamente poseídos de la idea de que muy en breve van a encontrarse, o con una dicha sin fin, o condenados para siempre a horribles suplicios. Según parece, esto le escandaliza a usted y hasta puede contribuir a mantenerle separado de la religión; pues que, si nos atenemos a este modo de mirar las cosas, no hay medio entre ser escéptico o anacoreta.

En primer lugar, se me ocurre una reflexión que no quiero dejar de consignar aquí, y es: la variedad y contradicción de los argumentos con que es atacada la religión, y lo descontentadizos que con ella se muestran los escépticos e indiferentes. ¿Hay una persona muy cristiana, muy devota, que pasa los días en la oración y en la penitencia, que mira todas las cosas del mundo como transitorias y livianas, que se manifiesta profundamente poseída de la nada de todo lo terreno, que con sus palabras y sus acciones muestra bien claro que no se apartan jamás de su mente Dios y la eternidad? Entonces se dice que la religión es esencialmente apocadora, que estrecha las ideas, que encoge el corazón, que hace a los hombres misántropos, que los inutiliza, y que, por tanto, solo sirve para frailes y monjas. Hasta se llega algunas veces a dar consejos de prudencia, recordando que, si se procurase presentar la religión bajo un aspecto jovial y afable, no se apartarían de ella tantos hombres que, si bien se sienten inclinados a seguirla, no pueden consentir a tornarse tristes, taciturnos, andándose cabizbajos y cuellituertos por esas calles e iglesias: y hete ahí que, si hay otros hombres que, a pesar de ser profundamente religiosos, de estar altamente penetrados de las terribles verdades de la fe y quizás muy dedicados a la práctica de virtudes austeras, se muestran, no obstante, con rostro sereno y apacible, conversación alegre y festiva, no dejando entrever que se agite en su mente el formidable pensamiento del infierno, entonces se objeta lo extraño, lo inconcebible de semejante proceder, y se echa de menos la conducta de aquellos otros que poco antes eran blanco de represión, y tal vez de desprecio y burla. De suerte que, si la religión llora, se quejan ustedes de que llora; si ríe, de que ríe; y, si se mantiene sosegada y calmosa, le acusan de indiferente. Bueno es hacer notar semejantes contradicciones, que dejan en evidencia la sinrazón de los que caen en ellas, ya sea por haber meditado poco sobre los objetos de que hablan, ya por dejarse arrastrar del prurito de hacer cargos a la religión, echando mano de todo linaje de argumentos.

Pero vamos derechamente al punto capital de la dificultad, y veamos si es posible contestar satisfactoriamente a las objeciones de usted. ¿Cómo es posible que un hombre religioso sea vicioso? Ésta es, si no me engaño, la principal dificultad que usted presenta, y me ha de permitir usted que le diga con toda ingenuidad que muestra muy escaso conocimiento del corazón humano quien propone seriamente una objeción semejante. La vida entera de la mayor parte de los hombres es un tejido de esas contradicciones que usted no alcanza a explicarse: si debiéramos dar alguna importancia a dicha objeción, nada menos resultaría sino exigir que todos los hombres arreglasen su conducta a sus ideas, y que quien abrigase una convicción, obrara siempre en consecuencia de ella. ¿Y cuándo, y dónde ha existido un proceder semejante? ¿No estamos viendo todos los días que, aun prescindiendo de las ideas religiosas, se verifica aquello de conocer el hombre el bien, de aprobarle, y, sin embargo, ejecutar el mal? Video meliora, proboque, deteriora sequor. Veo lo mejor, me gusta; pero sigo lo peor. No hago el bien que quiero, sino el mal que aborrezco. Non quod volo bonum hoc ago, sed quod odi malum illud facio. Hablamos con un jugador y la conversación llega a girar sobre el vicio que le domina; un predicador en el púlpito no se expresará con más energía contra los males acarreados por el juego. «¡Qué pasión más funesta!, le oiréis decir: siempre inquietud, siempre desasosiego y turbación, siempre incertidumbre y zozobra: ahora nadando en la abundancia, no sabiendo qué hacerse del oro; un momento después todo se ha perdido, es preciso pedir prestado a los amigos, o empeñar una finca, o enajenar una prenda, o excogitar algún expediente desastroso para proporcionarse siquiera una pequeña cantidad con que probar fortuna de nuevo. Si perdéis, os halláis en la desesperación; si ganáis, os veis forzado a presenciar la desesperación de los otros; a sofocar tal vez los sentimientos de compasión que brotan de vuestro pecho, disfrazándolos y encubriéndolos con chanzas y algazara. ¡Qué momentos más crueles al salir de la casa de juego, al recordar que habéis labrado quizás el infortunio de vuestra familia o de la de vuestros amigos, al pensar que ibais con la esperanza de mejorar vuestra posición, y tal vez de rico que erais habéis pasado a la más estrecha pobreza! No es posible concebir cómo hay hombres que se abandonen a ese vicio detestable: el jugador es un verdadero loco que va corriendo continuamente tras de una ilusión, a pesar de estar convencido de que es ilusión y no más, de haberlo experimentado una y mil veces en sí y en los otros. En un joven, en el acto de salir de la casa de sus padres, un desliz en esta parte es disculpable hasta cierto punto: en un hombre de alguna experiencia, el vicio carece de excusa.» ¿Ha oído usted, mi querido amigo, a ese moralista tan juicioso, tan severo, tan inexorable con los jugadores? Pues vea usted: apenas ha concluido su santa plática, quizás mientras está perorando, saca inquietamente su reloj o pregunta a los circunstantes qué hora tienen, y ¿sabe usted para qué? Es que el tiempo de la cita está cercano, que la mesita cubierta de paño está esperando, y los compañeros se hallan ya colocados en sus asientos respectivos, y barajando con impaciencia, y maldiciendo al perezoso y tardío; y su pobre corazón salta de gozo al pensar que en breves instantes va a comenzar la tarea, y los montones de dinero irán girando rápidamente en derredor, ahora enfrente de uno de los actores, luego de otro, enseguida de otro, hasta que al fin en las altas horas de la noche se concluirá la función, quedando, por supuesto, vencedor el moralista y completamente vengado de sus descalabros de ayer. Por lo menos, él así lo espera; y tan pronto como ha puesto fin al sermón, se levanta, toma el sombrero y echa a correr, rabiando por la poca puntualidad. ¿Qué le parece a usted de semejante contradicción? «¡Oh!, se me replicará, este hombre era un hipócrita, decía lo que no pensaba!» Es falso, hablaba con la convicción más profunda; y los circunstantes, si no eran jugadores, no eran capaces de comprender toda la viveza con que él sentía lo que expresaba. En prueba de esto, suponed que tiene un hijo, un hermano menor, un amigo, una persona cualquiera por la cual se interese: él le aconsejará que no juegue y lo hará con todas las veras de su corazón; si tiene autoridad para ello, se lo prohibirá severamente; cuando no, se lo rogará con encarecimiento, y, si puede hablar con entera franqueza, exclamará con acento de dolor: «creed a un hombre experimentado: este vicio ha hecho y está haciendo mi infortunio, ¡ay de mí!, y siempre temo que me llevará a la perdición». El desgraciado no deja de conocer el mal que se hace a sí propio, no deja de conocer su temeridad, su locura; se la echa en cara una y mil veces, así en los momentos de calma y buen juicio, como en los de furor y desesperación; pero no tiene bastante fuerza de ánimo para resistir el impulso de su inclinación, arraigada y acrecentada con el hábito, para conformar sus obras con sus palabras, con sus convicciones más profundas.

¿Quiere usted otro ejemplo? Fácil sería amontonarlos hasta lo infinito. Hay un hombre de fortuna respetable, de reputación sin tacha, que disfruta en el seno de su familia de toda la dicha que pueda desear; su instrucción, su moralidad y hasta su misma educación culta y esmerada, le hacen contemplar con lástima los extravíos de otros; no concibe cómo consienten en sacrificar sus bienes a una pasión liviana, en mancillar por ella su nombre, en hacerse objeto del desprecio y ludibrio de cuantos los conocen; sin embargo, transcurrido algún tiempo, una ocasión, un trato frecuente le ha enredado a él mismo en una amistad peligrosa: la hacienda, la fama, la salud, hasta su misma vida, todo lo está sacrificando a su ídolo; ¿ha perdido por esto sus antiguas convicciones?, ¿la variación de conducta es efecto de un cambio de ideas? Nada de eso: piensa como antes, no se ha desviado un ápice de sus convicciones primitivas, solo las ha puesto a un lado. A los parientes, a los amigos que le amonestan, que le recuerdan sus propias palabras, que le hacen los cargos que él mismo dirigía a los demás, que le excitan a que tome los consejos que él poco antes diera a los otros, a todos contesta: «sí, cierto, tiene usted razón, ya con el tiempo... pero...».

Es decir, que no hay falta de luz en el entendimiento, sino extravío en el corazón; está seguro de que la dorada copa contiene veneno, pero en su ardor febril se la acerca a sus labios con el riesgo, con la certeza de perecer.

Recorra usted todos los vicios, fije su atención sobre todas las pasiones, y echará usted de ver esta contradicción de que voy hablando. Son pocos, poquísimos los hombres que desconocen el mal que se hacen, los daños que se acarrean con su propia conducta, y, sin·embargo, ¡cuán difícil es la enmienda! De donde resulta no ser nada extraño que una persona profundamente convencida de la verdad de la religión, obre contra lo que ella prescribe, y no es prueba de que no crea lo que dice el no ponerlo él mismo en práctica.

Si usted hubiese leído obras de moral y de mística, o conversado con hombres experimentados en la dirección de las conciencias, sabría la triste y angustiosa situación en que se encuentran a menudo muchas almas, y la paciencia que han menester los confesores para sufrir y alentar a esos desgraciados que proponen dejar el vicio, que lloran amargamente sus culpas, que tiemblan por el eterno castigo a que se hacen acreedores, que a fuerza de consejos, de amonestaciones, de remedios y precauciones de todas clases, llegan quizás a resistir por algún tiempo su funesta inclinación, y, sin embargo, reinciden y vuelven a los pies del confesor y al cabo de algún

159

tiempo tornan a reincidir, padeciendo de esta suerte congojas mortales, hasta que, más fortalecidos por la gracia, alcanzan a mantenerse firmes, disfrutando así una vida sosegada y tranquila.

Si no es imposible, antes sucede con mucha frecuencia, que quien profesa una religión pura y severa, viva en la relajación, no es tampoco incomprensible el que otros no sumidos en semejante miseria se porten, no obstante, con, cierta tibieza y frialdad, a pesar de que en su entendimiento se hallen las creencias religiosas muy solidadas, muy firmes y hasta vivas y ardorosas. Son tantas las causas que pueden producir y conservar un estado semejante, que sería enojosa tarea enumerarlas. Baste decir que inconsecuencias y contradicciones se hallan a cada paso en toda la vida del hombre, que le afectan del tal modo las cosas presentes, que por lo común olvida las pasadas y futuras; que, estando dotado de inteligencia y voluntad, no obstante, sufre también a menudo la tiranía de las pasiones que le arrastran por caminos de perdición, aun conociéndolo él mismo. Los ejemplos aducidos y las consideraciones que los ilustran, creo que serán suficientes para dejarle a usted convencido de cuán infundadamente atacaba usted la religión y que, si semejante discurso tuviera alguna fuerza, probaría que muchos no tienen principios morales, pues que obran contra ellos; que muchos son hasta el extremo ignorantes con respecto a lo que conviene a su salud, a sus intereses y honor, porque los perjudican a cada paso con sus actos; que el que come con exceso no conoce que le ha de dañar, que quien bebe con destemplanza no sospecha que el vino sea capaz de embriagar, y así, raciocinando por el mismo tenor, sería preciso afirmar en general que los hombres están faltos de muchos conocimientos, que poseen sin duda alguna. Digamos que el hombre es inconstante, inconsecuente, que le afectan demasiado las cosas presentes para que sepa conciliar el interés o el gusto del momento con la felicidad venidera, y estará explicado todo de una manera cabal y satisfactoria, sin suponerle más ignorante de lo que es en realidad.

Otra equivocación de mucha trascendencia padece usted sobre el particular, y es el que según indica en su apreciada, opina que la religión produce muy poco efecto en la conducta de los hombres; pues que, tanto los creyentes como los incrédulos, suelen vivir como si no tuviesen nada que esperar ni temer después de la muerte. «Los hombres, dice usted, cuidan de sus negocios, satisfacen sus pasiones o caprichos, forman continuamente, grandes proyectos, en una palabra, viven tan distraídos, tan olvidados de su última hora, tan sin pensar en lo que podrá venir después, que, por lo tocante a la moralidad con respecto al mayor número, podría decirse que el efecto de la religión es poco menos que nulo.» Para dejar a usted convencido de cuán falso es el hecho que usted asienta con tanta seguridad, basta recordar la profunda mudanza que produjo en las costumbres públicas la propagación del cristianismo; pues que este solo recuerdo pone fuera de duda que la enseñanza de la religión no es inútil para modificar la conducta de los hombres, y que, antes al contrario, es muy eficaz y el único medio del cual es dado prometerse resultados felices y duraderos. También ahora como entonces, cuidan los hombres de sus negocios y tienen pasiones, y se divierten, y viven distraídos y disipados; pero ¡qué diferencia entre las costumbres antiguas y las modernas! Si lo consintiesen los límites de una carta, podría aducir mil y mil comprobantes de lo que acabo de establecer, manifestando con cuanta verdad se ha dicho que se cometían entonces más delitos en un año que ahora en medio siglo. Recuerde usted las doctrinas de los primeros filósofos de la antig,edad sobre el infanticidio, doctrinas que se vertían con una serenidad para nosotros inconcebible, y que revela el funesto estado de la moralidad de aquellas sociedades; recuerde usted los vicios nefandos tan generales a la sazón y que entre nosotros están cubiertos de baldón y de infamia; recuerde usted lo que era la mujer entre los paganos y lo que es en los pueblos formados por la religión cristiana; y entonces echará usted de ver cuántos son los beneficios que ha dispensado al mundo el cristianismo en lo tocante a la mejora de las costumbres; entonces comprenderá usted cuán errado es el decir que la religión influye poco en la conducta de los hombres.

Sucédenos con mucha frecuencia, cuando tratamos de apreciar el bien producido por una institución, que nos paramos únicamente en los resultados positivos y palpables, prescindiendo de otros que podríamos llamar negativos, y que, sin embargo, no son menos reales, menos importantes que aquéllos. Atendemos al bien que hace y no al mal que evita, cuando, para calcular la fuerza y la índole de ella, no deberíamos pararnos menos en lo último que en lo primero. Como la ausencia de un mal, que sin aquella institución hubiera existido, ya es de suyo un gran beneficio, es preciso agradecer a ella el haberle evitado, y contar este efecto como la producción de un bien. Para hacer debidamente este cálculo, conviene suponer que la institución no exista y ver lo que en tal caso sucedería. Así, a quien negase la utilidad de los tribunales de justicia, o pretendiese rebajar su importancia, no habría otro método más a propósito para convencerle, que el que acabo de indicar. Si los tribunales de justicia, se le podría decir, os parecen de poca utilidad, suponed que se quitan; y que el ratero, el ladrón, el asesino, el falsario, el incendiario y toda la ralea de malvados, no tienen que temer otra cosa sino la resistencia o la venganza de sus víctimas. Desde luego la sociedad se convertirá en un caos, los unos se armarán contra los otros, los criminales se adelantarán mucho más en su carrera de iniquidad, multiplicándose el número de ellos de una manera espantosa. ¿Quién evita todo esto? Ciertamente los tribunales; y el evitar este mal es sin duda producir un gran bien.

Suponga usted, pues, que la religión no existe, que no se nos da desde niños ninguna idea de la otra vida, ni de Dios, ni de nuestros deberes. ¿Qué sucedería? Todos seríamos profundamente inmorales; y así el individuo como la sociedad caminarían rápidamente hacia la degradación más abyecta. Y, sin embargo, ateniéndonos al argumento de usted, se podría objetar: ya que cuidamos de nuestros negocios, y vivimos distraídos pensando poco o nada en nuestros deberes, en la otra vida, en Dios, ¿de qué nos aprovecha el haber sido instruidos en estos puntos, el haber recibido una educación en que se nos inculcaban de continuo dichas verdades? Ya ve usted que, presentada la cuestión bajo este aspecto, no es posible sostener la solución que usted pretende darle, y claro es que, si este método de argumentar flaquea en el caso presente, no será muy firme en los otros.

¿Quién le ha dicho a usted que ese hombre tan distraído, tan disipado, no piensa en la religión que profesa?; ¿cree usted que le ha de estar revelando de continuo lo que pasa en lo íntimo de su corazón, cuando tiene a la vista un cebo que estimula sus pasiones, poniéndolo en riesgo de faltar a su deber?; ¿cree usted que le ha de estar narrando cuántas veces las ideas religiosas le han retraído de cometer un mal, o han hecho que lo cometiera mucho menor?

Una prueba evidente de los muchos efectos que producen en la conducta de los hombres las ideas religiosas y de lo presentes que están en su memoria, aun cuando parecen haberlas descuidado del todo, es la rapidez instantánea con que se les ofrecen, tan luego como se hallan en peligro de la vida. Casi puede decirse que se despliegan en un mismo momento el instinto de la conservación y el sentimiento religioso.

¿Cómo obra el instinto de la conservación sobre el curso general de los actos de nuestra vida? Si bien se observa, estamos cuidando incesantemente de conservarnos sin pensar en ello; hacemos de continuo actos que tienden a este fin, y, sin embargo, no reparamos en ello. ¿Cuál es la causa? Es que todo cuanto se liga muy íntimamente con la vida del hombre está sin cesar presente a sus ojos; no lo mira, pero lo ve; lo piensa, sin pensar que lo piense. Lo que se dice de la vida material, puede afirmarse de la vida del alma; hay un conjunto de ideas de razón, de justicia, de equidad, de decoro, que vagan de continuo por nuestra mente, ejerciendo incesante influencia en todos nuestros actos. Ocurre una mentira y la conciencia dice: esto es indigno de un hombre; y la palabra que iba a ser pronunciada es detenida por ese sentimiento de moralidad y de decoro. Se habla de una persona con quien se tiene enemistad; viene la tentación de rebajar su mérito, o revelar una de sus faltas, o quizás de calumniarla; y la conciencia dice: esto no lo hace un hombre de bien, esto es una venganza; y el enemigo calla. Hay la oportunidad de defraudar sin que nadie lo sepa, sin que el honor pueda correr ningún peligro, y, sin embargo, no se defrauda; ¿quién lo impide? La voz de la conciencia. Hay la tentación de abusar de la confianza de un amigo haciendo traición a sus secretos, explotándolos en provecho propio, y, sin embargo, la traición no se consuma, aun cuando el amigo víctima de ella no pudiese ni siquiera sospecharla; ¿quién lo impide? La conciencia. Estas aplicaciones, que podrían extenderse indefinidamente, muestran bien a las claras que el hombre, sin advertirlo, obedece muchísimas veces al grito de la conciencia, y que, aun cuando no piensa, o no cree pensar, en ella, ni en Dios, no obstante, obran en su ánimo esas ideas, y le impulsan, y le detienen, y le hacen retroceder y variar de camino, y modificar continuamente su conducta en todos los instantes de su vida.

Si esto se verifica, aun tratándose de los mismos incrédulos, ¿qué sucederá con respecto a los hombres, sinceramente religiosos? A los ojos del mundo podrá parecer que ellos se olvidan completamente de sus creencias, que de nada les sirve la fe en verdades grandes y terribles, que el cielo, el infierno, la eternidad, solo se ofrecen a su mente como ideas abstractas, sin relación alguna con la práctica; pero ellos saben muy bien que la eternidad, y el cielo, y el infierno se les presentan en el acto de querer obrar mal, que ora los apartan del camino de la iniquidad, ora los detienen para que no anden por él con tanta precipitación; ellos saben que, después de haberse abandonado al impulso de sus pasiones, experimentan remordimientos que los atormentan atrozmente y que los hacen arrepentir de haberse desviado del sendero de la virtud. No hay cristiano que no experimente esta influencia de la religión; si es realmente cristiano, es decir, si cree en las verdades religiosas, sufre repetidas veces el castigo de sus malas obras, o disfruta el galardón de las buenas. Esta pena, o este premio, lo siente en lo íntimo de su conciencia, y el recuerdo de lo que ha gozado en un caso, o padecido en otro, contribuye a menudo a que no se permita extravíos contra lo que le prescriben sus deberes.

No dudo que con estas reflexiones se quedará usted convencido de que es un error contrario a la razón, a la historia y a la experiencia, lo que usted afirma de que la religión influye poco en la conducta de los hombres. Es cierto que los que la profesan no siempre se portan como debieran; es cierto que encontrará usted hombres que tienen fe, y, sin embargo, son muy malos; pero, no es menos cierto que, en general, la conducta de las personas religiosas es incomparablemente mejor que la de los incrédulos. ¿Cuántas ha conocido usted que no profesando ninguna religión observen una conducta de todo punto irreprensible? Y cuando esto digo no hablo de cometer delitos de los cuales nos apartan cierto horror natural, el temor de la justicia, y el deseo de conservar la reputación: no hablo de cierta inmoralidad asquerosa y repugnante, de la cual retraen el honor, el decoro, y hasta cierta delicadeza de gusto, fruto de la buena educación; hablo de aquella moralidad severa que rige todos los actos de la vida de un hombre, y no le permite desviarse del camino del deber, aun cuando en ello no se interesen ni la honra, ni los miramientos de sociedad, ni se opongan otras consideraciones que las inspiradas por una sana moral. Me dirá usted que conoce a ciertos hombres que, a pesar de ser irreligiosos, son incapaces de defraudar, de hacer traición a la amistad, y hasta observan una conducta que, si no es tan rigurosa como yo deseara, está muy lejos de la disipación y quizás de la liviandad; será posible que usted conozca a incrédulos que sean tales como usted los pinta; será posible que por educación, por honor, por decoro, por esa luz interior que Dios nos ha dado y que no alcanzamos a extinguir con insensatos esfuerzos, ajusten su conducta una y mil veces a la ley del deber cuando no se atraviesa algún poderoso motivo que los impulsa en sentido contrario; pero no ponga usted a esos mismos hombres a prueba de una tentación violenta.

A ese que no cree en nada, ni aun en Dios, y a quien supone usted tan probo, tan incapaz de cometer un fraude, redúzcale usted a la miseria, figúreselo luchando entre el apremio de grandes necesidades y la tentación de echar mano de una cantidad ajena, pudiendo hacerlo de manera que nada pierda su reputación de hombre de bien, ¿qué hará? Usted podrá creer lo que quiera; yo por mi parte no le fiaría mi dinero; y me atrevería a aconsejar a usted que tampoco le fiara el suyo.

Usted, mi apreciado amigo, hallándose en una posición ventajosa, y sin otras tentaciones de hacer mal que las ofrecidas por las ilusiones de la juventud, no conoce a fondo lo que es esa probidad que no se apoya en la religión. Usted no conoce cuán frágil, cuán quebradiza es esa honradez que a los ojos del mundo se presenta con tanto alarde de firmeza e incorruptibilidad; fáltanle todavía algunos desengaños, que recogerá usted muy en breve, cuando, rasgándose ese velo tan hermoso con que el mundo se presenta a nuestros ojos en la primavera de la vida, comience a ver las cosas y los hombres tales como son en sí; cuando entre en la edad de los negocios, y vea la complicación de circunstancias que en ellos se ofrecen, y asista a esa lucha de pasiones e intereses que tan a menudo coloca al hombre en posiciones críticas y hasta angustiosas, en que el cumplimiento del deber es un sacrificio y a veces un heroísmo. Entonces comprenderá usted la necesidad de un freno poderoso, de un freno que sea algo más que consideraciones puramente terrenas. Entre tanto, queda de usted su afectísimo y S. S. Q. B. S. M.

J. B.

Carta XV. Destino de los niños que mueren sin bautismo

Equivocación del escéptico. Pena de daño y de sentido. Las opiniones y el dogma. Protestantes y católicos. Santo Tomás. Ambrosio Catarino. Se defiende la justicia de Dios. El dogma no es duro. Razones.

Mi estimado amigo: La dificultad que usted me propone en su última apreciada, aunque no es tan fuerte como usted se figura, confieso que, considerada superficialmente, es bastante especiosa. Tiene, además, una circunstancia particular, y es que se funda, al parecer, en un principio de justicia. Esto la hace mucho más peligrosa; porque el hombre tiene tan profundamente grabados en su alma los principios y sentimientos de justicia, que, cuando puede apoyarse en ellos, se cree autorizado para atacarlo todo.

Desde luego convengo con usted en que la justicia y la religión no pueden ser enemigas; y que una creencia, fuera la que fuese, que se hallase en oposición con los eternos principios de justicia, debiera ser desechada por falsa. Admitida una de las bases sobre que usted levanta la dificultad, no puedo admitir la fuerza de la dificultad misma, por la sencilla razón de que estriba, además, en suposiciones completamente gratuitas. No sé en qué catecismo habrá usted leído que el dogma católico enseñe que los niños muertos sin bautismo son atormentados para siempre con el fuego del infierno; por mi parte confieso francamente que no tenía noticia de la existencia de tal dogma, y que, por lo mismo, no me había podido causar el horror que usted experimenta. Esto me hace suponer que se halla usted como tantos otros, en la mayor confusión de ideas sobre esta importante y delicada materia, y me indica la necesidad de aclarárselas algún tanto de la manera que me lo consiente la ligereza de discutir a que me condena la incesante movilidad de mi adversario.

Es absolutamente falso que la Iglesia enseñe como dogma de fe que los niños muertos sin bautismo sean castigados con el suplicio del fuego, ni con ninguna otra pena llamada de sentido. Basta abrir las obras de los teólogos, para ver reconocido por todos ellos que no es dogma de fe la pena de sentido aplicada a los niños; y que, antes por el contrario, sostienen, en su inmensa mayoría, la opinión opuesta. Fácil me sería aducir innumerables textos para probar esta aseveración; pero lo juzgo inútil, porque puede usted asegurarse de la verdad de este hecho empleando un rato en recorrer los índices de las principales obras teológicas, y ver las opiniones que allí se consignan.

No ignoro que ha habido algunos autores respetables que han opinado en favor de la pena de sentido; pero repito que éstos son en número muy escaso, que está contra ellos la inmensa mayoría; y sobre todo insisto en que la opinión de aquellos autores no es un dogma de la Iglesia, y, por consiguiente, rechazo las inculpaciones que con este motivo se dirigen contra la fe católica. Por sabio, por santo que sea un doctor de la Iglesia, su opinión no es autoridad bastante para fundar un dogma: de la doctrina de un autor a la enseñanza de la iglesia va la misma distancia que de la doctrina de un hombre a la enseñanza de Dios.

Para los católicos la autoridad de la iglesia es infalible porque tiene asegurada la asistencia del Espíritu Santo: a esta autoridad recurrimos en todas nuestras dudas y dificultades, en lo cual se cifra la principal diferencia entre nosotros y los protestantes. Ellos apelan al espíritu privado, que al fin viene a parar a las cavilaciones de la flaca razón, o a las sugestiones del orgullo; nosotros apelamos al Espíritu Divino, manifestado por el conducto establecido por el mismo Dios, que es la autoridad de la Iglesia.

Me preguntará usted cuál es el destino de estos niños privados de la gloria, y no castigados con pena de sentido; y hallará quizás que la dificultad renace, aunque bajo forma menos terrible, por el mero hecho de no otorgarles la eterna bienaventuranza. A primera vista parece una cosa muy dura que los niños, incapaces como son de pecado actual, hayan de ser excluidos de la gloria, por no habérseles borrado el original con las aguas regeneradoras del bautismo; pero, profundizando la cuestión, se descubre que no hay en esto injusticia ni dureza, y sí únicamente el resultado de un orden de cosas que Dios ha podido establecer, y del cual nadie tiene derecho a quejarse.

La felicidad eterna, que, según el dogma católico, consiste en la visión intuitiva de Dios, no es natural al hombre, ni a ninguna criatura. Es un estado sobrenatural al que no podemos llegar sino con auxilios sobrenaturales. Dios, sin ser injusto ni duro, podía no haber elevado a ninguna criatura a la visión beatífica, y establecer premios de un orden puramente natural, ya en esta vida, ya en la otra. De donde resulta que el estar privadas de la visión beatífica un cierto número de criaturas, no arguye injusticia ni dureza en los decretos de Dios, supuesto que se habría podido verificar lo mismo con todos los seres criados; y hasta se debiera haber verificado, si la infinita bondad del Criador no los hubiese querido levantar a un estado superior a la naturaleza de los mismos.

Ya estoy previendo que se me hará la réplica de que la situación de las cosas es ahora muy diferente; y que, si bien es verdad que la privación de la visión beatífica no habría sido una pena para las criaturas que no hubiesen tenido noticia de ella, lo es ahora, y muy dolorosa, para los que se ven excluidos de la misma. Convengo en que esta privación es una pena del pecado original, pero no en que sea tan dolorosa como se quiere suponer. Para afirmar esto último sería preciso determinar hasta qué punto conocen la privación los mismos que la padecen, y saber la disposición en que se encuentran, para lamentar la pérdida de un bien, que con el bautismo hubieran podido conseguir.

Santo Tomás observa, con mucha oportunidad, que hay gran diferencia entre el efecto que debe producir en los niños la falta de la visión beatífica, y el que causa a los condenados. En éstos hubo libre albedrío, con el cual, ayudados de la gracia, pudieron merecer la gloria eterna; aquéllos se hallaron fuera de esta vida antes del uso de la razón: a éstos les fue posible alcanzar aquello de que se encuentran privados; no así a los primeros, que, sin el concurso de su libertad, se vieron trasladados a otro mundo, en el cual no hay los medios para merecer la eterna bienaventuranza. Los niños muertos sin bautismo se hallan en un caso semejante a los que nacen en una condición inferior, en la cual no les es posible gozar de ciertas ventajas sociales de que disfrutan otros más afortunados. Esta diferencia no los aflige, y se resignan sin dificultad al estado que les ha cabido en suerte.

Tocante al conocimiento que tienen de su situación los niños no bautizados, es probable que ni siquiera conocen que haya tal visión beatífica; así no pueden afligirse por no poseerla. Ésta es la opinión de Santo Tomás, quien afirma que estos niños tienen noticia de la felicidad en general, pero no en especial; y, por lo tanto, no se duelen de haberla perdido: «cognoscunt quidem beatitudinem in generali, secundum communem rationem, non autem in speciali; ideo de eius amissione non dolent».

El estar separados para siempre de Dios parece que ha de ser una aflicción muy grande para estos niños; porque, no pudiéndolos suponer privados de todo conocimiento de su Autor, han de tener un deseo vivo de verle, y han de sentir una pena profunda al hallarse faltos de dicho bien por toda la eternidad. Este argumento supone el mismo hecho que se ha negado más arriba, a saber, que los niños tienen conocimiento del orden sobrenatural. Santo Tomás lo niega redondamente: y dice que están separados de Dios perpetuamente por la pérdida de la gloria que ignoran, pero no en cuanto a la participación de los bienes naturales que conocen: «pueri in originali peccato decedentes sunt quidem separati a Deo perpetuo, quantum ad amissionem gloriae quam ignorant; non tamen quantum ad participationem naturalium bonorum, quae cognoscunt».

Algunos teólogos, entre los que se cuenta Ambrosio Catarino, han llegado a defender que estos niños tienen una especie de bienaventuranza natural, la que no explican en qué consiste, por la sencilla razón de que en estas materias solo se puede discurrir por conjeturas. Sin embargo, no dejaré de observar que esta doctrina no ha sido condenada por la Iglesia, siendo notable que el mismo Santo Tomás, tan mesurado en todas sus palabras, no deja de decir que estos niños se unen a Dios por la participación de los bienes naturales, y así podrán alegrarse también de los mismos con conocimiento y amor natural: «sibi (Deo) coniungentur per participationem naturalium bonorum; et ita etiam de ipso gaudere poterunt naturali cognitione et dilectione» (22 D. 33., Q. 2, ar. 2. ad 5).

Ya ve usted que la cosa no es tan horrible como usted se figuraba; y que no se complace la Iglesia en pintarnos entregados a espantosos tormentos los niños que han tenido la desgracia de no recibir el bautismo. La pena que padecen estos niños la compara muy oportunamente Santo Tomás a la que sufren los que, estando ausentes, son despojados de sus bienes, pero ignorándolo ellos. Con esta explicación se concilia la realidad de la pena con la ninguna aflicción del que la padece; y henos aquí conducidos a un punto en que permanece salvo el dogma del pecado original y el de la pena que sigue, sin vernos precisados a imaginarnos un número inmenso de niños atormentados por toda la eternidad, cuando por su parte no han podido ejercer ningún acto por el cual lo merecieran.

Hasta aquí me he ceñido a la defensa del dogma católico, y a la exposición de las doctrinas de los teólogos; y creo haber manifestado que, limitándose aquél a la simple privación de la visión beatífica, por efecto del pecado original no borrado por el bautismo, está muy lejos de hallarse en contradicción con los principios de justicia, ni trae consigo la pretendida dureza que usted le achacaba. Como es natural, los teólogos se han aprovechado de esta latitud para emitir varias opiniones más o menos fundadas, sobre las que es difícil formar un juicio acertado, faltándonos noticias que solo pudiera proporcionarnos la revelación. Como quiera, parece muy razonable la doctrina de Santo Tomás de que estos niños podrán tener un conocimiento y amor de Dios en el orden puramente natural, y que podrán gozarse en estos bienes que les ha otorgado el Criador. Siendo criaturas inteligentes y libres, no podemos suponerlos privados del ejercicio de sus facultades; pues, de lo contrario, sería preciso considerar sus espíritus como sustancias inertes, no por su naturaleza, sino por estar ligadas sus potencias del orden intelectual y moral. Y como, por otra parte, no se admite que sufran pena de sentido, y se afirma que no se duelen de la de daño, es preciso otorgarles las afecciones que en todo ser resultan naturalmente del ejercicio de sus facultades. Queda de usted su afectísimo y S. S. Q. S. M. B.

J. B.

Carta XVI. Los que viven fuera de la Iglesia

Equivocación del escéptico. Justicia de Dios. La culpa supone la libertad. Se establecen algunos principios. Cuestión de doctrinas y de aplicación. Se deslindan y caracterizan estas dos cuestiones. Se aclara la materia con un corto diálogo. Observaciones sobre la oscuridad de los misterios.

Mi estimado amigo: Mucho me alegro que la carta anterior haya disipado el horror que le inspiraba el dogma católico sobre la suerte de los niños que mueren sin bautismo, manifestándole que atribuía a la Iglesia una doctrina que ella jamás reconoció por suya: el haberse usted convencido de la equivocación que en este punto padecía, hará menos difícil el que se persuada de que está igualmente equivocado en lo tocante a la doctrina de la Iglesia sobre la suerte de los que viven fuera de su seno. Está usted en la creencia de que es un dogma de nuestra religión que todos los que no viven en el seno de la Iglesia católica serán por este mero hecho condenados a penas eternas: éste es un error que nosotros no profesamos, ni podemos profesar, porque es ofensivo a la justicia divina. Para proceder con buen orden y claridad, voy a exponer sucintamente la doctrina católica sobre este particular.

Dios es justo: y, como tal, no castiga ni puede castigar al inocente: cuando no hay pecado, no hay pena, ni la puede haber.

El pecado, dice San Agustín, es voluntario, de tal manera, que, si deja de ser voluntario, ya no es pecado. La voluntad que se necesita para hacernos culpables a los ojos de Dios, es la de libre albedrío. Para constituir la culpa no bastaría la voluntad, si ésta no fuese libre.

No se concibe el ejercicio de la libertad, si no va acompañado de la deliberación correspondiente; y ésta implica conocimiento de lo que se hace, y de la ley que se observa, o se infringe. Una ley no conocida no puede ser obligatoria.

La ignorancia de la ley es culpable en algunos casos, es decir, cuando el que la padece ha podido vencerla: entonces la infracción de la ley no es excusable por la ignorancia.

La Iglesia, columna y firmamento de la verdad, depositaria de la augusta enseñanza del Divino Maestro, no admite el error de que todas las religiones sean indiferentes a los ojos de Dios, y que el hombre pueda salvarse en cualquiera de ellas, de tal modo, que no esté ni siquiera obligado a buscar la verdad en un asunto tan importante. Estas monstruosidades las condena la Iglesia con mucha razón; y no puede menos de condenarlas, so pena de negarse a sí propia. Decir que todas las religiones son indiferentes a los ojos de Dios, equivale a decir que todas son igualmente verdaderas, lo que en último resultado viene a parar a que todas son igualmente falsas. La religión que, enseñando dogmas opuestos a los de otras religiones, las tuviese a todas por igualmente verdaderas, sería el mayor de los absurdos, una contradicción viviente.

La Iglesia católica se tiene a sí misma por la verdadera Iglesia, fundada por Jesucristo, iluminada y vivificada por el Espíritu Santo, depositaria del dogma y de la moral, y encargada de conducir a los hombres, por el camino de la virtud, a la eterna bienaventuranza. En este supuesto, proclama la obligación en que todos estamos de vivir y morir en su seno, profesando una misma fe, recibiendo la gracia por sus sacramentos, obedeciendo a sus legítimos pastores, y muy particularmente al sucesor de San Pedro y vicario de Jesucristo, el romano Pontífice.

Ésta es la enseñanza de la Iglesia; y no veo que se le pueda objetar nada sólido, aun examinada la cuestión en el terreno de la filosofía. De los principios arriba enunciados, unos son conocidos por la simple razón natural, otros por la revelación. A la primera clase pertenecen los que se refieren a la justicia divina y a la libertad del hombre; corresponden a la segunda los que versan sobre la autoridad e infalibilidad de la Iglesia. Estos últimos, considerados en sí mismos, nada encierran contrario a la justicia y a la misericordia divina; porque es evidente que Dios, sin faltar a ninguno de estos atributos, ha podido instituir un cuerpo depositario de la verdad y sometido a las leyes y condiciones que hayan sido de su agrado en los arcanos inescrutables de su infinita sabiduría.

Hasta aquí se ha examinado la cuestión de derecho, o sea de doctrinas; descendamos ahora a la cuestión de hecho, en la cual se fundan las dificultades que a usted le abruman. Es necesario no perder de vista la diferencia de estas dos cuestiones: una cosa son las doctrinas, otra su aplicación; aquéllas son claras, explícitas, terminantes; ésta se resiente de la oscuridad a que están sujetos los hechos, cuya exacta apreciación depende de muchas y muy varias circunstancias.

Debe tenerse por cierto que no se condenará ningún hombre por solo no haber pertenecido a la Iglesia católica, con tal que haya estado en ignorancia invencible de la verdad de la religión, y, por consiguiente, de la ley que le obligaba a abrazarla. Esto es tan cierto, que fue condenada la siguiente proposición de Bayo: «La infidelidad puramente negativa es pecado». La doctrina de la Iglesia sobre este punto se funda en principios muy sencillos: no hay pecado sin libertad, no hay libertad sin conocimiento.

Cuándo existe el conocimiento necesario para constituir una verdadera culpa a los ojos de Dios en lo tocante a no abrazar la verdadera religión; quiénes se hallan en ignorancia vencible, quiénes en ignorancia invencible; entre los cismáticos, entre los protestantes, entre los infieles, hasta dónde llega la ignorancia invencible, quiénes son los culpables a los ojos de Dios por no abrazar la verdadera religión, quiénes son los inocentes: éstas son cuestiones de hecho, a las que no desciende la enseñanza de la Iglesia. Ésta nada enseña sobre dichos puntos: se limita a establecer la doctrina general, y deja su aplicación a la justicia y a la misericordia de Dios.

Permítame usted que le llame la atención sobre esta diferencia, a la que no siempre se atiende como sería menester. Los incrédulos nos abruman con preguntas sobre la suerte de los que no pertenecen a la Iglesia católica; y como que nos exigen que los salvemos a todos, so pena de que nuestros dogmas sean acusados de ofensivos a la justicia y misericordia de Dios. Con esto nos tienden un lazo, en el cual es muy fácil que se dejen enredar los incautos, incurriendo en uno de dos extremos: o echando al infierno a todos los que no pertenecen a la Iglesia, o abriendo las puertas del cielo a los hombres de todas las religiones. Lo primero puede dimanar del celo para poner en salvo nuestro dogma sobre la necesidad de la fe para salvarse; y lo segundo puede nacer de un espíritu de condescendencia y del deseo de defender el dogma católico de las acusaciones de duro e injusto. Yo creo que no hay necesidad de incurrir en ninguno de estos extremos, y que la posición de un católico es en este punto más desembarazada de lo que parece a primera vista. ¿Se le pregunta sobre la doctrina, o, valiéndome de otras palabras, sobre la cuestión de derecho? Puede presentar el dogma católico con entera seguridad de que nadie podrá tacharlo de contrario a la razón. ¿Se le pregunta sobre los hechos? Puede confesar francamente su ignorancia, y envolver en ella al mismo incrédulo, que por cierto no sabe más sobre el particular que el católico a quien impugna.

Para que usted se convenza de lo expedita que es nuestra posición, con tal que sepamos colocarnos en ella y mantenernos constantemente en la misma, voy a hacer un ensayo en forma de diálogo entre un incrédulo y un católico.

173

INCRÉDULO	El dogma católico es injusto porque condena a los que no viven en la Iglesia, no obstante haber muchos que no pueden tener conocimiento de la verdadera religión.
CATÓLICO	Esto es falso; cuando hay ignorancia invencible, no hay pecado; y tan lejos está la Iglesia de enseñar lo que usted dice, que antes bien enseña lo contrario. Los hombres que hayan tenido ignorancia invencible de la divinidad de la Iglesia católica, no son culpables a los ojos de Dios de no haber entrado en ella.
INCRÉDULO	Pero, ¿cuándo, en quiénes se hallará esta ignorancia invencible? Señáleme usted un límite que separe estas dos cosas, según las diferentes circunstancias en que se hallan los hombres y los pueblos.
CATÓLICO	¿Tendrá usted la bondad de señalármelo a mí?
INCRÉDULO	Yo no lo sé.
CATÓLICO	Pues yo tampoco, y así estamos iguales.
INCRÉDULO	Es verdad; pero ustedes hablan de condenación, y yo no me acuerdo de ella.
CATÓLICO	Es cierto; pero advierta usted, que nosotros solo hablamos de condenación con respecto a los culpables, y no creo que nadie se atreva a negarme que la culpa merezca pena; pero, cuando usted me viene preguntando quiénes y cuántos son, la ignorancia es igual por parte de ambos. Yo me atengo a la doctrina; y para su aplicación me limito a preguntar quiénes son los culpables. Si usted no me lo puede decir, es injusto el exigirme que yo se lo diga.

Por este pequeño diálogo se echa de ver que hay aquí dos cosas: por una parte, el dogma, que, a más de ser enseñado por la Iglesia, está de acuerdo con la sana razón; por otra, la ignorancia de los hombres, que no conocemos bastante los secretos de la conciencia para poder determinar siempre a punto fijo en qué individuos, en qué pueblos, en qué circunstancias deja la ignorancia de ser invencible en materia de religión, y constituye una culpa grave a los ojos de Dios.

Nada más fácil que extenderse en conjeturas sobre la suerte de los cismáticos, de los protestantes y aun de los infieles; pero nada más difícil que apoyarlas en fundamentos sólidos. Dios, que nos ha revelado lo necesario para santificarnos en esta vida y alcanzar la felicidad eterna, no ha querido satisfacer nuestra curiosidad haciéndonos saber cosas que de nada nos servirían. Estas sombras de que están rodeados los dogmas de la religión, nos son altamente provechosas para ejercitar la sumisión y la humildad, poniéndonos de manifiesto nuestra ignorancia, y recordándonos la degeneración primitiva del humano linaje. Preguntar por qué Dios ha llevado la luz de la verdad a unos pueblos y permitido que otros continuasen sumidos en las tinieblas, equivale a investigar la razón de los secretos de la Providencia, y a empeñarse en rasgar el velo que cubre a nuestros ojos los arcanos de lo pasado y de lo futuro. Sabemos que Dios es justo, y que al propio tiempo es misericordioso; sentimos nuestra debilidad, conocemos su omnipotencia. En nuestro modo de concebir, se nos presentan a menudo graves dificultades para conciliar la justicia con la misericordia, y no figurarnos a un ser sumamente débil cual víctima de un ser infinitamente fuerte. Estas dificultades se disipan a la luz de una reflexión severa, profunda, y, sobre todo, exenta de las preocupaciones con que nos ciegan las inspiraciones del sentimiento. Y si, merced a nuestra flaqueza, restan todavía algunas sombras, esperemos que se desvanecerán en la otra vida, cuando, libertados del cuerpo mortal que agrava al alma, veremos a Dios como es en sí y presenciaremos el encuentro amistoso de la misericordia y de la verdad y el santo ósculo de la justicia y de la paz. Queda de usted su afectísimo y S. S. Q. S. M. B.

J. B.

Carta XVII. La visión beatífica

Dificultad del escéptico. El conocimiento y el afecto en sus relaciones con la felicidad. Dos conocimientos de intuición y de concepto. En qué consiste el dogma de la visión beatífica. Sublimidad de este dogma.

Mi estimado amigo: Las últimas palabras de mi carta anterior han excitado en usted el deseo de que yo me extienda en algunas aclaraciones sobre la visión beatífica, porque, según dice, nunca ha podido formarse una idea bien clara de lo que entendemos por esta soberana felicidad. Por cierto que me ha complacido sobremanera el que se me llame la atención hacia este punto, que no deja en el alma las dolorosas impresiones con que nos afligen algunos de los examinados en otras cartas. Al fin se trata de felicidad, y ésta no puede causar más afecciones ingratas que el temor de no conseguirla.

Según veo, no comprende usted bien «cómo puede constituir felicidad cumplida un simple conocimiento; y no ha de ser otra cosa la visión intuitiva de Dios. No puede negarse que el ejercicio de las facultades intelectuales nos proporciona algunos goces; pero también es positivo que éstos necesitan la concomitancia del sentimiento, sin el cual son fríos y severos como la razón de la cual dimanan». Quisiera usted que nos hubiésemos hecho cargo los católicos de «este carácter de nuestro espíritu, el cual, si bien por medio del entendimiento llega a los objetos, no se une íntimamente con ellos de manera que le produzcan el goce, hasta que viene el sentimiento a realizar esa misteriosa expansión del alma, con la cual nos adherimos al objeto percibido, estableciéndose entre él y nosotros una afectuosa compenetración». Estas palabras de usted encierran un fondo de verdad, en cuanto para la felicidad del ser inteligente exigen, a más del acto intelectual, la unión de amor. Es indudable que, si falta esta última, el conocimiento puro no nos ofrece la idea de felicidad. Sea cual fuere el objeto conocido, no nos haría felices, si lo contemplásemos con indiferencia. Admito sin dificultad que el alma no sería dichosa si, conociendo el objeto que la ha de hacer feliz, no le amase. Sin amor no hay felicidad.

Pero, si bien es verdadera en el fondo la doctrina de usted, está aplicada con mucha inexactitud e inoportunidad, cuando se pretende fundar en ella un argumento en contra de la visión beatífica, tal como la enseñan los católicos. La eterna bienaventuranza la hacemos consistir en la visión intuitiva de Dios; mas no por esto excluimos el amor, antes por el contrario, decimos que este amor está necesariamente ligado con la visión intuitiva. Por manera que los teólogos han llegado a disputar si la esencia de la bienaventuranza consistía en la visión o en el amor; pero todos están de acuerdo en que éste es cuando menos una consecuencia necesaria de aquélla. Bien se conoce que hace largo tiempo ha dado usted de mano a los libros místicos, y aun a todos los que tratan de religión, puesto que piensa mejorar la felicidad cristiana con este filosófico sentimentalismo, que está muy lejos de levantarse a la purísima altura del amor de caridad que reconocemos los católicos, imperfecto en esta vida, y perfecto en la otra.

El simple conocimiento de que usted habla al tratar de la visión intuitiva de Dios, me hace sospechar con harto fundamento que no comprende usted bien lo que entendemos por visión intuitiva, y que confunde este acto del alma con el ejercicio común de las facultades intelectuales, a la manera que le experimentamos en esta vida. Séame, pues, permitido entrar en algunas consideraciones filosóficas sobre los diferentes modos con que podemos conocer un objeto.

Nuestro entendimiento puede conocer de dos maneras: por intuición o por conceptos. Hay conocimiento de intuición, cuando el objeto se ofrece inmediatamente a la facultad perceptiva, sin que ésta necesite combinaciones de ninguna clase para completar el conocimiento. En esta operación, el entendimiento se limita a contemplar lo que tiene delante: no compone, no divide, no abstrae, no aplica, no hace nada más que ver lo que está patente a los ojos. El objeto, tal como es en sí, le es dado inmediatamente, se le presenta con toda claridad; y, si bien termina objetivamente la operación, y en este sentido ejercita la actividad del sujeto, influye también a su vez sobre éste, señoreándole, por decirlo así, y embargándole con su íntima presencia.

El conocimiento por concepto es de naturaleza muy diferente. El objeto no es dado inmediatamente a la facultad perceptiva: ésta se ocupa en una idea que en cierto modo es obra del entendimiento mismo, el cual ha llegado a formarla combinando, dividiendo, comparando, abstrayendo, y recorriendo a veces la dilatada cadena de un discurso complicado y penoso.

Aunque estoy seguro de que no se ocultará a la penetración de usted la profunda diferencia que hay entre estas dos clases de conocimiento, voy a hacerla sensible en un ejemplo que está al alcance de todo el mundo. El conocimiento intuitivo se puede comparar a la vista de los objetos; el que se hace por conceptos es semejante a la idea que nos formamos por medio de las descripciones. Usted, como aficionado a las bellas artes, habrá admirado mil veces las preciosidades de algunos museos, y habrá leído las descripciones de otras que no le ha sido dado contemplar. ¿Encuentra usted alguna diferencia entre un cuadro visto y un cuadro descrito? Inmensa, me dirá usted. El cuadro visto me presenta de golpe su belleza; no necesito producir, me basta mirar; no combino, contemplo; mi alma está más bien pasiva que activa; y, si en algún modo ejerce su actividad, es para abrirse más y más a las gratas impresiones que recibe, como las plantas se dilatan con suave expansión para ser mejor penetradas por una atmósfera vivifi-cante. En la descripción, necesito ir recogiendo los elementos que se me dan, combinarlos con arreglo a las condiciones que se me determinan, y elaborar de esta manera el conjunto del cuadro, con imperfección, de una manera incompleta, sospechando la distancia que va de la idea a la realidad, distancia que se me presenta instantáneamente, tan pronto como se ofrece la ocasión de ver el cuadro descrito.

He aquí un ejemplo, que, aunque inexacto, nos da una idea de la dife-rencia de estas dos clases de conocimiento, y que manifiesta en algún modo la distancia que va del conocimiento de Dios a la visión de Dios. En aquél tenemos reunidas en un concepto las ideas de ser necesario, inteligente, libre, todopoderoso, infinitamente perfecto, causa de todo, fin de todo; en ésta, se ofrecerá la esencia divina inmediatamente a nuestro espíritu, sin comparaciones, sin combinaciones, sin raciocinios de ninguna especie: íntimamente presente a nuestro entendimiento, le dominará, le embargará; los ojos del alma no podrán dirigirse a otro objeto, y entonces experimen-taremos de una manera purísima, inefable, para el débil mortal, aquella compenetración afectuosa, aquella íntima unión del seráfico amor, descrito con tan magníficas pinceladas por algunos Santos, que, llenos del Espíritu Divino, presentían en esta vida lo que bien pronto habían de experimentar en la mansión de los bienaventurados.

Permítame usted que le manifieste la extrañeza que me causa el notar que usted no ha sentido la belleza y sublimidad del dogma católico sobre la felicidad de los bienaventurados. Prescindiendo de toda consideración religiosa, no puede imaginarse cosa más grande, más elevada, que el constituir la dicha suprema en la visión intuitiva del Ser infinito. Si este pensamiento fuese debido a una escuela filosófica, no habría bastantes lenguas para ponderarle. El autor que le hubiese concebido sería el filósofo por excelencia, digno de la apoteosis, y de que le tributasen incienso todos los amantes de una filosofía sublime. El vago idealismo de los alemanes, ese confuso sentimiento de lo infinito que respira en sus enigmáticos escritos; esa tendencia a confundirlo todo en una unidad monstruosa, en un ser oscuro e ignorado, que se llama absoluto; todos esos sueños, todos esos delirios, encuentran admiradores y entusiastas, y conmueven profundamente algunos espíritus, solo porque agitan las grandes ideas de unidad e infinidad; ¿y no tendrá derecho a la admiración y entusiasmo la sublime enseñanza de la Iglesia católica, que, presentándonos a Dios como principio y fin de todas las existencias, nos le ofrece de una manera particular como objeto de las criaturas intelectuales, cual un océano de luz y de amor en que irán a sumergirse las que lo hayan merecido por la observancia de las leyes emanadas de la sabiduría infinita? ¿No es digno de admiración y de entusiasmo, aun cuando se le mirara como un simple sistema filosófico, el augusto dogma que nos presenta a todos los espíritus finitos sacados de la nada por la palabra todopoderosa, dotados de una centella intelectual, participación e imagen de la inteligencia divina, destinados a morar por breve espacio de tiempo en uno de los globos del universo, donde puedan contraer mérito para unirse con el mismo Ser que los ha criado, y vivir después con Él en intimidad de conocimiento y de amor, por la eternidad?

Si esto no es grande, si esto no es sublime, si esto no es digno de excitar la admiración y el entusiasmo, no alcanzo en qué consisten la sublimidad y la grandeza. Ninguna secta filosófica, ninguna religión ha tenido un pensamiento semejante. Bien puede asegurarse que las primeras palabras del catecismo encierran infinitamente más sublimidad de la que se contiene en los más altos conceptos de Platón, apellidado por sobrenombre el Divino. Es lamentable que ustedes, preciados de filósofos, traten con tamaña ligereza misterios tan profundos. Cuanto más se medita sobre ellos, más crece la convicción de que solo han podido emanar de la inteligencia infinita. En medio de las sombras que los rodean, al través de los augustos velos que encubren a nuestra vista profundidades inefables, se columbran destellos de vivísima luz, que, fulgurando repentinamente, iluminan el cielo y la tierra. Durante los momentos felices en que la inspiración desciende sobre la frente del mortal, se descubren tesoros de infinito valor en aquello mismo que el escéptico mira desdeñoso cual miserable pábulo de la superstición y del fanatismo. No se deje usted dominar, mi estimado amigo, por esas mezquinas preocupaciones que oscurecen el entendimiento y cortan al espíritu sus alas: medite, profundice usted enhorabuena las verdades religiosas: ellas no temen el examen, porque están seguras de alcanzar victoria tanto más cumplida, cuanto sea más dura la prueba a que se las sujete. Queda de usted su afectísimo y S. S. Q. B. S. M.

J. B.

Carta XVIII. El purgatorio

Dificultades. Cómo se alían el dogma del infierno y el del purgatorio. Los sufragios. La caridad. Belleza de nuestro dogma. No es invención humana. Su tradición universal.

Mi estimado amigo: Tarea difícil es para los católicos la de contentar a los escépticos. Una de las pruebas más poderosas que tenemos en favor de la razón y justicia de nuestra causa, es la injusticia y la sinrazón con que somos atacados. Si el dogma es severo, se nos acusa de crueles; si es benigno, se nos llama contemporizadores. La verdad de esta observación la justifica usted con las dificultades que en su última carta objeta al dogma del purgatorio, con el cual, según afirma, está más reñido que con el del infierno. «La eternidad de las penas, dice usted, aunque formidable, me parece, sin embargo, un dogma lleno de terrible grandor, y digno de figurar entre los de una religión que busca la grandeza, aunque sea terrible. Al menos veo allí la justicia infinita ejerciéndose en escala infinita; y estas ideas de infinidad me inclinan a creer que este dogma espantoso no es concepción del entendimiento del hombre. Pero, cuando llego al del purgatorio; cuando veo esas pobres almas que sufren por las faltas que no han podido expiar en su vida sobre la tierra; cuando veo la incesante comunicación de los vivos con los muertos por medio de los sufragios; cuando se me dice que se van rescatando estas o aquellas almas, me parece descubrir en todo esto la pequeñez de las invenciones humanas, y un pensamiento de transacción entre nuestras miserias y la inflexibilidad de la divina justicia. Hablando ingenuamente, me atrevo a decir que, en este punto, los protestantes han sido más cuerdos que los católicos, borrando del catálogo de los dogmas las penas del purgatorio.» También hablando ingenuamente, replicaré yo que solo la seguridad que abrigo de salir victorioso en la disputa, ha podido hacer que leyese con ánimo sereno tanta sinrazón acumulada en tan pocas palabras. No ignoraba que el purgatorio suele ser el objeto de las burlas y sarcasmos de la incredulidad; pero no podía persuadirme de que una persona preciada de juiciosa e imparcial se propusiera nada menos que lavar a esas burlas y sarcasmos su fealdad grosera, dándoles un baño de observación filosófica. No podía persuadirme de que a un entendimiento claro se le ocultase la profunda razón de justicia y equidad que se encierra en el dogma del purgatorio; y que un corazón sensible no hubiese de percibir la delicada ternura de un dogma que extiende los lazos de la vida más allá del sepulcro y esparce inefables consuelos sobre la melancolía de la muerte.

Como en otra carta he hablado largamente de las penas del infierno, no insistiré aquí sobre ellas; mayormente cuando usted parece reconciliarse con aquel dogma terrible, a trueque de poder combatir con más desembarazo el de las penas del purgatorio. Yo creo que estas dos verdades no están en contradicción; y que, lejos de dañarse la una a la otra, se ayudan y fortalecen recíprocamente. En el dogma del infierno resplandece la justicia divina en su aspecto aterrador; en el del purgatorio brilla la misericordia con su inagotable bondad; pero, lejos de vulnerarse en nada los fueros de la justicia, se nos manifiestan, por decirlo así, más inflexibles, en cuanto no eximen de pagar lo que debe, ni aun al justo que está destinado a la eterna bienaventuranza.

Supongo que no profesa usted la doctrina de aquellos filósofos de la antig,edad que no admitían grados en las culpas, y no puedo persuadirme de que juzgue usted digno de igual pena un ligero movimiento de indignación manifestado en expresiones poco mesuradas, y el horrendo atentado de un hijo que clava su puñal asesino en el pecho de su padre. ¿Condenaría usted a pena eterna la impetuosidad del primero, confundiéndola con la desnaturalizada crueldad del segundo? Estoy seguro de que no. Henos aquí, pues, con el infierno y el purgatorio; henos aquí con la diferencia entre los pecados veniales y los mortales; he aquí la verdad católica apoyada por la razón y por el simple buen sentido.

Las culpas se borran con el arrepentimiento: la misericordia divina se complace en perdonar a quien la implora con un corazón contrito y humillado; este perdón libra de la condenación eterna, pero no exime de la expiación reclamada por la justicia. Hasta en el orden humano, cuando se perdona un delito, no se exime de toda pena al culpable perdonado; los fueros de la justicia se templan, mas no se quebrantan. ¿Qué dificultad hay, pues, en admitir que Dios ejerza su misericordia, y que al propio tiempo exija el tributo debido a la justicia? He aquí, pues, otra razón en favor del purgatorio. Mueren muchos hombres que no han tenido voluntad o tiempo para satisfacer lo que debían de sus culpas ya perdonadas; algunos obtienen este perdón, momentos antes de exhalar el último suspiro. La divina misericordia los ha librado de las penas del infierno; pero, ¿deberemos decir que se han trasladado desde luego a la felicidad eterna, sin sufrir ninguna pena por sus anteriores extravíos? ¿No es razonable, no es equitativo, el que, si la misericordia templa a la justicia, ésta modere a su vez a la misericordia?

La incesante comunicación de los vivos con los muertos, que tanto le desagrada a usted, es la consecuencia natural de la unión de caridad que enlaza a los fieles de la vida presente con los que han pasado a la futura. Para condenar esta comunicación, es necesario condenar antes a la caridad misma, y negar el dogma sublime y consolador de la comunión de los Santos. Extraño es que, cuando se habla tanto de filantropía y fraternidad, no sean dignamente admiradas la belleza y ternura que se encierran en el dogma de la Iglesia. Se pondera la necesidad de que todos los hombres vivan como hermanos, ¿y se rechaza esa fraternidad que no se limita a los de la tierra, sino que abraza a la humanidad entera en la tierra y en el cielo, en la felicidad y en el infortunio? Donde hay un bien que comunicar, allí está la caridad, que no lo deja aislar en un individuo, y lo extiende largamente sobre los demás hombres; donde hay una desgracia que socorrer, allí acude la caridad llevando el auxilio de los que pueden aliviarla. Que este infortunio sea en esta vida o en la otra, la caridad no le olvida. Ella, que manda dar de comer al hambriento, vestir al desnudo, amparar al desvalido, asistir al doliente, consolar al preso, ella misma es la que llama al corazón de los fieles para que socorran a sus hermanos difuntos implorando la divina misericordia, a fin de que abrevie la expiación a que están condenados. Si esto fuese invención humana, sería ciertamente una invención bella y sublime. Si la hubiesen excogitado los sacerdotes católicos, no podría negárseles la habilidad de haber harmonizado su obra con los principios más esenciales de la religión cristiana.

A propósito de invenciones, fácil me sería probarle a usted que el dogma del purgatorio no es un engendro de los siglos de ignorancia. Hallamos su tradición constante, aun en medio de los desvaríos de las religiones falsas; lo que manifiesta que este dogma, como otros, fue comunicado primitivamente al humano linaje, y sobrenadó en el naufragio de la verdad provocado por el error y las pasiones de la extraviada prole de Adán. Platón y Virgilio no eran sacerdotes de la Edad media; y, sin embargo, nos hablan de un lugar de expiación. Los judíos y los mahometanos no se habrán convenido con los sacerdotes católicos para engañar a los pueblos; no obstante, reconocen también la existencia del purgatorio. En cuanto a los protestantes, no es exacto que todos lo hayan negado; pero, si se empeñan en apropiarse esta triste gloria, nosotros no se la queremos disputar: no admitan en buen hora más penas que las del infierno; quiten toda esperanza a quien no se halle bastante puro para entrar desde luego en la mansión de los justos; corten todos los lazos de amor que unen a los vivientes con los finados; y adornen con tan formidable timbre sus doctrinas de fatalismo y desesperación. Nosotros preferimos la benignidad de nuestro dogma a la inexorabilidad de su error: confesamos que Dios es justo y que el hombre es culpable; pero también admitimos que el mortal es muy débil y que Dios es infinitamente misericordioso. Queda de usted su afectísimo y S. S. Q. B. S. M.

J. B.

Carta XIX. La felicidad en la tierra

Justos e injustos. Dificultad. Preocupación general sobre la fortuna de los malos. Males generales. Alcanzan a todos. La virtud es más feliz. Leyes físicas y morales. Se debe prescindir de excepciones. Los criminales que caen bajo la ley. Los que la evitan. Ilusión de su dicha. Parangón de buenos y malos. De ambas clases los hay felices e infelices. La diferencia en la desgracia. La preocupación en contradicción con los proverbios. Los ambiciosos violentos. Su suerte. Los intrigantes. Sus padecimientos. El avaro. El pródigo. El disipador. Armonía de la virtud con todo lo bueno. Hay justicia sobre la tierra.

Mi estimado amigo: La discusión sobre las penas del purgatorio le ha recordado a usted el sufrimiento de los justos, y le hace encontrar dificultad en que todavía hayan de estar sujetos a nuevas expiaciones los que tantas y tan duras las padecen en la vida presente. «La virtud, dice usted, está demasiado probada sobre la tierra, para que sea necesario que pase por un nuevo crisol en las penas de otro mundo. En esta tierra de injusticias e iniquidades, no parece sino que todo se halla trastornado, y que, reservada para los perversos la felicidad, se guardan para los virtuosos todo linaje de calamidades e infortunios. Por cierto que, si no tuviera el propósito firme de no dudar de la Providencia para no quemar las naves en todo lo tocante a las cosas de la otra vida, mil veces habría vacilado sobre este punto, al ver la desgracia de la virtud y la insolente fortuna del malvado. Quisiera que me respondiese usted a esta dificultad, no contentándose con ponerme delante de los ojos el pecado original y sus funestos resultados: porque, si bien podrá ser verdad que ésta sea una solución satisfactoria, no lo es para mí, que dudo de todos los dogmas de la religión incluso el de la degeneración primitiva.» No tenga usted cuidado que yo olvide la disposición de ánimo de mi contrincante, y que le arguya fundándome en principios que todavía no admite. Efectivamente: el dogma del pecado original da lugar a muy importantes consideraciones en la cuestión que nos ocupa; pero quiero prescindir absolutamente de ellas, y atenerme a principios que usted no puede recusar.

Desde luego me parece que en la presente cuestión supone usted un hecho que, si no es falso, es cuando menos muy dudoso. Poco importa que la opinión de usted se halle acorde con la vulgar; yo creo que en esto hay una preocupación infundada, que, por ser bastante general, no deja de ser contraria a la razón y a la experiencia. Supone usted, como tantos otros, que la felicidad en esta vida se halla distribuida de tal suerte, que les cabe a los malos la mayor parte, llevándose los virtuosos la más pequeña, acibarada, además, con abundantes sinsabores e infortunios. Repito que considero esta creencia como una preocupación infundada, incapaz de resistir el examen de la sana razón.

Ya se ha observado que los virtuosos no pueden eximirse de los males que afectan a la humanidad en general, si no se quiere que Dios esté haciendo milagros continuos. Si van muchas personas por un camino de hierro, y entre ellas se encuentra una o más de señalada virtud, claro es que, si sobreviene un accidente, Dios no ha de enviar un ángel para que ponga en salvo de una manera extraordinaria a los viajeros virtuosos. Si pasan dos hombres por la calle, uno bueno, otro malo, y se desploma una casa sobre sus cabezas, los dos quedarán aplastados: las paredes, vigas y techumbres, no formarán una bóveda sobre la cabeza del hombre virtuoso. Si un aguacero inunda los campos y destruye las mieses, entre las cuales se hallan las de un propietario virtuoso, nadie exigirá de la Providencia que, al llegar las aguas a las tierras del hombre justo, formen un muro, como en otro tiempo las del mar Rojo. Si una epidemia diezma la población de un país, la muerte no ha de respetar a las familias virtuosas. Si una ciudad sufre los horrores de un asalto, la soldadesca desenfrenada no dejará de atropellar la casa del hombre justo, como atropella la del perverso. El mundo está sometido a ciertas leyes generales que la Providencia no suspende sino de vez en cuando; y que, por lo común, envuelven sin distinción a todos los que se hallan en las circunstancias a propósito para experimentar sus resultados. Sin duda que, a más de las exenciones abiertamente milagrosas, tiene la Providencia en su mano medios especiales con que libra al justo de una calamidad general o atenúa su desgracia; pero quiero prescindir de estas consideraciones, que me llevarían al examen de hechos siempre difíciles de averiguar, y, sobre todo, de fijar con precisión; admito, pues, sin repugnancia, que todos los hombres justos e injustos están igualmente sometidos a los males generales de la humanidad, ora provengan de la naturaleza física, ora dimanen de infaustas circunstancias sociales, políticas o domésticas. No creo que pretenda usted hacer por este motivo un cargo a la Providencia; pues le considero demasiado razonable para exigir milagros continuos que perturben incesantemente el orden regular del universo.

Aparte, pues, las desgracias generales que alcanzan a los malos como a los buenos, según las circunstancias en que unos y otros se encuentran, y de las que no puede decirse que afectan más a los buenos que a los malos, veamos ahora si es verdad que la dicha se halle repartida de tal modo, que su mejor parte sea patrimonio del vicio. Yo creo, por el contrario, que, aun prescindiendo de beneficios especiales de la Providencia, las leyes físicas y morales del mundo son de tal naturaleza, que por sí solas, abandonadas a su acción natural y ordinaria, distribuyen de tal modo la dicha y la desdicha, que los hombres virtuosos son incomparablemente más felices, aun en la tierra, que los viciosos y malvados.

Convendrá usted conmigo en que el juicio sobre los grados de felicidad o desdicha no ha de fundarse en casos particulares, sino que debe estribar en el orden general, tal como resulta, y ha de resultar necesariamente, de la misma naturaleza de las cosas.

El mundo está ordenado tan sabiamente, que la pena, más o menos clara, más o menos sensible, va siempre tras el delito. Quien abusa de sus facultades buscando placer, encuentra el dolor; quien se desvía de los eternos principios de la sana moral para proporcionarse una felicidad calculada sobre el egoísmo, se labra por lo común su desventura y ruina.

No necesito hablar de la suerte que cabe a los grandes delincuentes, entregados a crímenes que puede alcanzar la acción de la ley. El encierro perpetuo, los trabajos forzados, la exposición a la verg̦enza pública, un afrentoso patíbulo: he aquí lo que encuentran en el término de una carrera azarosa, llena de peligros, de sobresalto, de raptos de cólera y desesperación, de sufrimientos corporales, de calamidades y catástrofes sin cuento. Una vida y muerte semejantes nada tienen de feliz; en la embriaguez del desorden y del crimen esos desventurados quizás se imaginan que llegan a gozar; pero ¿llamaremos verdadero goce al que resulta del trastorno de todas las leyes físicas y morales, y que se pierde como una gota imperceptible en la copa de angustias y de tormentos agotada hasta las heces?

186

Supongo, pues, que, cuando habla usted de la dicha de los malvados, no se refiere a los que caen bajo la acción de la justicia humana, sino que trata de aquellos que, mientras faltan a sus deberes atropellando los altos fueros de la justicia y de la moral, insultan a sus víctimas con la seguridad de que disfrutan, albergándose tal vez bajo doradas techumbres, en el esplendor de la opulencia y en los brazos del placer.

No niego que, examinada la cosa superficialmente, hay algo que choca e irrita en la felicidad de esos hombres; no desconozco que, ateniéndose a las apariencias, no penetrando en el corazón de semejante dicha, y sobre todo limitándose a casos particulares, y no extendiendo la vista como debe extenderse en esta clase de investigaciones, se queda uno deslumbrado, y asaltan al espíritu los terribles pensamientos: «¿Dónde está la Providencia; dónde está la justicia de Dios?» Pero tan pronto como se medita algún tanto, y se toma el verdadero punto de vista, la ilusión desaparece, y se descubren el orden y la armonía reinando en el mundo con admirable constancia.

Aclaremos y fijemos las ideas. Me citará usted un hombre vicioso, y quizás perverso, que al parecer disfruta de felicidad doméstica, y obtiene en la sociedad una consideración que está muy lejos de merecer; sea en buena hora; no quiero entrar en disputas sobre lo que esta felicidad domés-tica encierra de real o de aparente, y sobre la dicha interior que producen consideraciones no merecidas; quiero suponer que la felicidad sea verda-dera, y que el goce que resulta de la consideración sea íntimo, satisfactorio; pero tampoco podrá usted negarme que, al lado de este hombre vicioso y perverso, se nos presentan otros, honrados y virtuosos, que disfrutan igual felicidad doméstica, y obtienen una consideración no inferior a la de aquél. Esta observación basta para restablecer el equilibrio y destruye por su base el hecho que usted daba por seguro de que el vicio es dichoso y la virtud desgraciada. Me presentará usted quizás un hombre dotado de grandes virtudes y oprimido con el peso de grandes infortunios: enhorabuena; pero yo puedo mostrarle a usted el reverso de la medalla, y ofrecerle otro hombre inmoral, afligido con infortunios no menores: y henos aquí otra vez con el equilibrio restablecido. La virtud se nos presenta infortunada; pero a su lado vemos gemir el vicio agobiado con el mismo peso.

Ya puede usted notar que no aprovecho todas las ventajas que me ofrece la cuestión, y que le dejo a usted en el terreno más favorable; pues que supongo igualdad de sufrimiento en igualdad de circunstancias infortunadas, y prescindo de la desigualdad que naturalmente debe resultar de la diferente disposición interior de los que sufren la desgracia: lo que para el uno es consuelo, para el otro es remordimiento.

Échase de ver fácilmente que con semejante estadística de paralelos no resolveríamos cumplidamente la cuestión; y que no podría citarse un caso en un sentido sin que se ofreciese otro parecido o igual en el sentido contrario. Observaré, no obstante, que a pesar de la preocupación que hay en este punto, y que llevo confesada desde el principio, la constante experiencia del infeliz término de los hombres malos ha producido la convicción de que, tarde o temprano, les alcanza la justicia divina, y el buen sentido del pueblo ha consignado esta verdad en proverbios sumamente expresivos. El vulgo habla incesantemente de la fortuna de los malos y desgracia de los buenos; pero siguiendo la conversación se le sorprende a cada paso en contradicción manifiesta, cuando refiere la maldición del cielo que ha caído sobre tal o cual individuo, sobre tal o cual familia, y anuncia las desgracias que no pueden menos de sobrevenir a otras que nadan en la opulencia y en la dicha. Esto ¿qué prueba? Prueba que la experiencia es más poderosa que la preocupación; y que el prurito de quejarse continuamente, de murmurar de todo, inclusa la Providencia, desaparece siquiera por momentos, ante el imponente testimonio de la verdad, apoyado en hechos visibles y palpables.

Los que desean elevarse a grande altura sin reparar en los medios, no suelen encontrar la felicidad que apetecen. Si se arrojan a grandes crímenes conspirando contra la seguridad del Estado, en vez de conseguir su objeto, labran su propia ruina. Se puede asegurar que, para uno afortunado, hay cien desgraciados que sucumben sin realizar su designio; así lo enseña la historia, así nos lo muestra la experiencia de todos los días. Los hombres que quieren medrar trastornando el orden público, están condenados a incesantes emigraciones, y muchos acaban por perecer en un cadalso.

Hay ambiciones que se alimentan de intrigas y bajezas, que no tienen el arrojo necesario para el crimen, y que, por consiguiente, pueden medrar sin grandes riesgos para la seguridad personal. Es cierto que algunas veces esos hombres, que suplen al vuelo del águila con la lenta tortuosidad del reptil, adelantan mucho en su fortuna, sin sufrir ninguna de aquellas terribles expiaciones a que están expuestos los que se lanzan por el camino de la violencia; pero ¿quién es capaz de contar los sinsabores, los pesares, las humillaciones vergonzosas que han debido de sufrir para llegar al colmo de sus deseos?; ¿quién podría pintar los temores y el sobresalto en que viven recelosos de perder lo que han conseguido?; ¿quién alcanza a describir las alternativas dolorosas por que han tenido que pasar y están pasando continuamente, según se inclina hacia ellos, o se retira en dirección opuesta, la gracia del protector que los ha encumbrado?; ¿y qué idea debemos formarnos, en tal caso, de la felicidad de esos hombres, mayormente si consideramos cuánto ha de atormentarlos la memoria de sus villanías, y el remordimiento por los males que tal vez han causado a hombres beneméritos y a familias inocentes? La dicha no está en lo exterior, sino en lo interior; el hombre más rico, el más opulento, más considerado, más poderoso, será infeliz, si su corazón está destrozado por una pena cruel.

Quien ama con exceso las riquezas hasta el punto de olvidar sus deberes con tal que pueda adquirirlas, en vez de lograr la felicidad, se acarrea la desdicha. Los hombres que para adquirir riquezas faltan a las leyes de la moral, se dividen en dos clases: unos trabajan simplemente por amontonarlas, y gozarse en la posesión de su tesoro; otros desean tenerlas para disfrutar el placer de gastarlas con lujosa profusión. Aquellos son los avaros; éstos son los pródigos. Veamos qué felicidad se encuentra por ambos caminos.

El avaro disfruta un momento al pensar en las riquezas que posee, al contemplarlas en cautelosa soledad lejos de la vista de los demás hombres; pero este placer es amargado con innumerables sufrimientos. La habitación estrecha, desaseada, incómoda, bajo todos sentidos; los muebles pobres y viejos; el traje raído, mugriento, y recordando modas que pasaron hace largos años; la comida mala, escasa y pésimamente condimentada; la vajilla miserable y rota; los manteles sucios; frío en invierno; calor en verano; aborrecido de sus amigos y deudos; despreciado y ridiculizado por sus sirvientes; maldito por los pobres; sin encontrar en ninguna parte una mirada afectuosa, ni oír una palabra de amor ni un acento de gratitud: ésta es la dicha del avaro. Si usted la desea, yo por mi parte no pienso envidiársela.

El pródigo no padece lo que el avaro; disfruta largamente, mientras hay dinero y salud; y, si llega a sus oídos el acento de las víctimas de su injusticia, experimenta algún consuelo con la expresión de gratitud de los que reciben sus favores. Pero, a más del remordimiento que siempre acompaña a los bienes mal adquiridos, a más del descrédito que consigo traen los procedimientos injustos, a más de las maldiciones que está condenado a escuchar quien se ha enriquecido a costa ajena, tiene la prodigalidad inconvenientes característicos, que al fin acaban por hacer desgraciado al que se había prometido ser feliz con la profusión de sus riquezas. Los placeres a que conduce la misma prodigalidad, estragan la salud, turban la paz doméstica, deshonran muchas veces a los ojos de la sociedad, y acarrean disgustos de mil clases. Por fin, hay en pos de estos males uno que viene a completarlos: la pobreza. Éstos no son cuadros ficticios, son realidades que encontrará usted por dondequiera, son ejemplos positivos a los que no falta otra cosa que nombres propios.

La inmoralidad en el goce de los placeres de la vida está muy lejos de acarrear la felicidad a quien los disfruta. Esta es una verdad tan conocida, que es difícil insistir en ella sin repetir lugares comunes, que han llegado a ser vulgares. Las obras de medicina y de moral están llenas de avisos sobre los inconvenientes de la destemplanza: las enfermedades de todas especies; la vejez prematura; la abreviación de la vida; padecimientos superiores a toda ponderación: he aquí los resultados de una conducta desarreglada.

Una mesa opípara, en magníficos salones, servida con lujo y esplendor, en brillante sociedad, en la algazara de los alegres convidados, seguida de los brindis, de festejos, de orquesta, de placeres de todos géneros, es ciertamente un espectáculo seductor: he aquí, mi estimado amigo, una felicidad incomparable, ¿no es verdad? Pues aguarde usted un poco; deje que la música termine, que se apaguen las bujías, los quinqués y las arañas, y que los convidados se retiren a descansar. Mientras el hombre sobrio y arreglado duerme tranquilamente, los criados del hombre feliz corren azorados por la casa; unos preparan bebidas demulcentes, otros disponen el baño; éstos salen precipitadamente en busca del facultativo, aquéllos golpean sin piedad la puerta del farmacéutico: ¿qué ha sucedido? Nada; la felicidad de la mesa se ha trocado en dolores agudísimos. El hombre venturoso no encuentra descanso ni en la cama, ni en el sofá, ni en la butaca, ni en el suelo: un frío sudor baña sus miembros; su faz está cadavérica, sus ojos desencajados, sus dientes rechinan, y clama a grandes gritos que se muere. Éstos son los percances de tamaña felicidad: para conocer cuán bien contrapesan semejantes padecimientos el placer de breves horas, sería bueno consultar al paciente y preguntarle si no renunciaría gustoso a todos los placeres y festines del mundo, con tal que pudiese aliviarse algún tanto en los dolores que sufre.

Interminable sería si quisiese continuar el parangón entre los resultados del vicio y de la virtud; pero no intento repetir lo que se ha dicho ya mil veces, y que usted sabe tan bien como yo. Baste observar que la felicidad no está en las apariencias, sino en lo más íntimo del alma: al hombre que experimenta agudos dolores, que vive agobiado de pesares, devorado por una tristeza profunda, o lentamente consumido por un tedio insoportable, ¿de qué sirve la magnificencia de un palacio, ni el brillo de los honores, ni el incienso de la lisonja, ni la fama de su nombre? La dicha, repito, está en el corazón; quien no tiene en el corazón la dicha, es infeliz, sean cuales fueren las apariencias de ventura de que se halle rodeado. Ahora bien; en el ejercicio de la virtud están harmonizadas las facultades del hombre, en sus relaciones consigo mismo, con sus semejantes, con Dios, así con respecto a lo presente como a lo futuro; el vicio trastorna esta armonía, perturba al hombre interior haciendo que la razón y la voluntad sean esclavas de las pasiones, debilita la salud, acorta la vida con los placeres de los sentidos, altera la paz doméstica, destruye la amistad, sacrifica lo futuro a lo presente; así el hombre marcha, por un camino de remordimiento y de agitación, hacia el umbral del sepulcro, donde no espera ni puede esperar ningún consuelo, y donde teme encontrar el castigo de sus desórdenes. La felicidad de un ser no puede consistir en la perturbación de las leyes a que se halla sometido por su propia naturaleza; las del orden natural se hallan acordes con las del moral; quien las infringe, paga su merecido; en vez de felicidad, encuentra terribles desventuras.

191

Ya ve usted, mi querido amigo, que no es tan cierto como usted creía que la felicidad de la tierra sea únicamente para los malos, y la desdicha para solos los buenos: tengo por indudable que, si se pudiesen pesar en una balanza los grados de felicidad que se reparten entre la virtud y el vicio, pesarían mucho más los de aquélla que los de éste, y que le cabe al vicio una cantidad de sufrimientos incomparablemente mayor que los que experimenta la virtud. Sí: hay justicia también sobre la tierra: Dios ha querido permitir muchas iniquidades; ha querido que a veces disfrute el malvado una sombra de felicidad; pero ha querido también que aun en esta vida se palpase la terrible ley de expiación, y a esto hacen contribuir los mismos medios de que se vale el perverso para labrar su ventura. Queda de usted afectísimo y seguro servidor Q. S. M. B.

J. B.

Carta XX. Culto de los Santos

Disposición de ánimo de los escépticos. Les falta lectura buena. No son imparciales como pretenden. Lo que deben preguntarse a sí mismos. Su poca filosofía. Leibnitz y el culto de los Santos. Cómo se entiende este culto. Cómo se distingue del que se da a Dios. Se rechaza la acusación de idolatría. Vaguedad con que se emplean las palabras de grandor y sublimidad. La gracia no destruye la naturaleza. Por qué honramos a los Santos. Diferencias entre el justo en vida y el santo en el cielo. Veneración de la virtud. Poca lógica de los incrédulos en este punto. Se oponen a la razón y al sentimiento. Las imágenes. La religión y el arte. Costumbres de todos los tiempos y países. Los Santos bienhechores de la humanidad. Condiciones para la veneración pública.

Mi estimado amigo: Cada día me voy convenciendo de que no está usted tan falto de lectura en materia de religión, como al principio me había figurado: conozco que no es lectura lo que le falta, sino lectura buena; pues que a cada paso se descubre que ha tenido bastante cuidado de revolver los escritos de los protestantes e incrédulos, guardándose de echar una ojeada a las obras de los católicos, como si fuesen para usted libros prohibidos. Séame permitido observar que una persona educada en la religión católica, y que la ha practicado durante su niñez y adolescencia, no podrá sincerarse en el tribunal de Dios del espíritu de parcialidad que tan claro se muestra en semejante conducta. Asegurar una y mil veces que se tiene ardiente deseo de abrazar la verdadera religión tan pronto como se la descubra; y, sin embargo, andar continuamente en busca de argumentos contra la católica, y abstenerse de leer las apologías en que se responde a todas las dificultades, son extremos que no se concilian fácilmente. Esta contradicción no me coge de nuevo, porque hace largo tiempo estoy profundamente convencido de que los escépticos no poseen la imparcialidad de que se glorían, y de que, aun cuando se distingan de los otros incrédulos, porque, en vez de decir «esto es falso», dicen «dudo que sea verdadero», no obstante, abrigan en su ánimo algunas prevenciones, más o menos fuertes, que les hacen aborrecer la religión, y desear que no sea verdadera.

El escéptico no siempre se da a sí propio exacta cuenta de esta disposición de su ánimo; quizás se hará muchas veces la ilusión de que busca sinceramente la verdad; pero, si se observan con atención su conducta y sus palabras, se echa de ver que tiene por lo común un gozo secreto en objetar dificultades, en referir hechos que lastimen a la religión; y por más que se precie de templado y decoroso, no suele eximirse de dar a sus objeciones un tono apasionado y frecuentemente sarcástico.

No quisiera que usted se ofendiese por estas observaciones; pero, hablando con ingenuidad, también desearía que no se olvidase de tomarlas en cuenta. No perderá usted nada con examinarse a sí propio, y preguntarse: «¿es cierto que buscas sinceramente la verdad?; ¿es cierto que en las dificultades que objetas al catolicismo, no se mezcla nada de pasión?; ¿es cierto que no se te ha pegado nada de la aversión y odio que respiran contra la religión católica las obras que has leído?» Esto quisiera que usted se preguntase una y muchas veces, puesto que, a más de hacer un acto propio de un hombre sincero, allanaría no pocos obstáculos que impiden llegar al conocimiento de la verdad en materia de religión.

Me dirá usted que no puede menos de extrañar las observaciones que preceden, cuando en su polémica ha conservado mayor decoro de lo que suelen los que combaten la religión. No niego que las cartas de usted se distinguen por su moderación y buen tono; y que, no profesando mis creencias, tiene usted bastante delicadeza para no herir la susceptibilidad de quien las profesa; sin embargo, no he dejado de notar que, no obstante sus buenas cualidades, no se exime usted completamente de la regla general; y que, al disputar sobre la religión, adolece también del prurito de tomar las cosas por el aspecto que más pueden lastimarla; y que, con advertencia o sin ella, procura usted eludir el contemplar los dogmas en su elevación, en su magnífico conjunto, en su admirable armonía con todo cuanto hay de bello, de tierno, de grande, de sublime. Repetidas veces he tenido ocasión de observar esto mismo; y por ahora no veo que lleve camino de enmendarse. Así, creo que me dispensará usted si no le exceptúo de la regla general y le considero más preocupado y apasionado de lo que usted se figura.

Precisamente en la carta que acabo de recibir, esta triste verdad se me presenta de bulto, de una manera lastimosa. A pesar de las protestas, se está descubriendo en toda ella el dejo del fanatismo protestante y de la ligereza volteriana; y difícilmente podría creer que, antes de escribirla, no consultase usted algunos de los oráculos de la mal llamada reforma o de la falsa filosofía. Por más que hable usted con respeto de las creencias populares, y del encanto que experimenta al presenciar el fervor religioso de las gentes sencillas, se trasluce que usted contempla todo eso con un benigno desdén, y que considera pagar bastante tributo a la sinceridad de los creyentes, con abstenerse de condenarlos y ridiculizarlos a cara descubierta. Agradecemos la bondad, pero tenga usted entendido que las creencias y costumbres de esas gentes sencillas tienen mejor defensa de lo que usted se imagina; y que, lejos de que el culto y la invocación de los Santos y la veneración de las reliquias y de las imágenes, hayan de ser el pábulo religioso de solas las gentes sencillas, pueden prestar materia a consideraciones de la más alta filosofía, manifestándose que no sin razón se confundieron en este punto con los crédulos y los ignorantes, genios tan eminentes como San Jerónimo, San Agustín, San Bernardo, Santo Tomás de Aquino, Bossuet y Leibnitz.

Al leer el nombre de este último, creerá usted que se me ha deslizado la pluma, y que lo he puesto por equivocación. Leibnitz protestante ¿cómo es posible que defendiera en este punto las doctrinas y prácticas del catolicismo? Sin embargo, escrito está en sus obras, que andan en manos de todo el mundo; y no tengo yo la culpa si el autor de la monadología y de la armonía prestabilita, el eminente metafísico, el insigne arqueólogo, el profundo naturalista, el incomparable matemático, el inventor del cálculo infinitesimal, se halla de acuerdo en este punto con las gentes sencillas, y es algo menos filósofo de lo que son tantos y tantos que no conocen más historia que los compendios en dieciseisavo, ni más filosofía que los rudimentos de las escuelas, mal aprendidos y peor recordados; ni más geometría que la definición de la línea recta y de la circunferencia.

Insensiblemente me he ido extendiendo en consideraciones generales, y el preámbulo de la carta se ha hecho demasiado largo, aunque estoy muy lejos de creerle inoportuno. Conviene ciertamente discutir con templanza, pero ésta no debe llevarse hasta tal punto, que se olvide el interés de la verdad. Si alguna vez es necesario advertir a ustedes el espíritu de parcialidad con que proceden, es preciso hacerlo; y, si otras veces puede interesar el observarles que discuten sin haber estudiado y combaten lo que ignoran, es preciso no escrupulizar en ello.

El culto de los Santos le parece a usted poco razonable; y hasta lo juzga poco conforme a la sublimidad de la religión cristiana, que nos da tan grandes ideas de Dios y del hombre. ¿Por qué se opone a estas grandes ideas el culto de los Santos? Porque «parece que el hombre se humilla demasiado, tributando a la criatura obsequios que solo son debidos a Dios». Desde luego se echa de ver que se halla usted imbuido de las objeciones de los protestantes, mil veces soltadas, y mil veces repetidas. Aclaremos las ideas.

El culto que se tributa a Dios, es en reconocimiento del supremo dominio que tiene sobre todas las cosas, como su criador, ordenador y conservador; es en expresión de la gratitud que la criatura debe al Criador por los beneficios recibidos, y de la sumisión, acatamiento y obediencia a que le está obligada, en el ejercicio del entendimiento, de la voluntad y de todas sus facultades. El culto externo es la expresión del interno; es, además, un explícito reconocimiento de que lo debemos todo a Dios, no solo el espíritu, sino también el cuerpo, y que le ofrecemos no solo sus dones espirituales, sino también los corporales. Es evidente que el culto interno y externo de que acabo de hablar, es propio de Dios exclusivamente: a ninguna criatura se le pueden rendir los homenajes que son debidos únicamente a Dios: lo contrario, sería caer en la idolatría; vicio condenado por la razón natural de la Sagrada Escritura, mucho antes de que le condenase el celo filosófico.

Pocas acusaciones habrá más injustas, y que se hayan hecho más de mala fe, que la que se dirige contra los católicos, culpándolos de idolatría por su dogma y prácticas en el culto de los Santos. Basta abrir, no diré las obras de los teólogos, sino el más pequeño de los catecismos, para convencerse de que semejante acusación es altamente calumniosa. Jamás, en ningún escrito católico, se ha confundido el culto de los Santos con el de Dios: quien cayese en tamaño error, sería desde luego condenado por la Iglesia.

El culto que se tributa a los Santos es un homenaje rendido a sus eminentes virtudes; pero, éstas son reconocidas expresamente como dones de Dios; honrando a los Santos, honramos al que los ha santificado. De esta manera, aunque el objeto inmediato sean los Santos, el último fin de este culto es el mismo Dios. En la santidad que veneramos en el hombre, veneramos un reflejo de la Santidad infinita. Éstas no son explicaciones arbitrarias, ni excogitadas a propósito para deshacerme de la dificultad: abra usted por donde quiera las vidas de los Santos, las colecciones de panegíricos; oiga usted a nuestros oradores, a nuestros catequistas: en todas partes encontrará la misma doctrina que acabo de exponer. Otra observación. La Iglesia ora en las fiestas de los Santos: ¿y a quién dirige las oraciones? Al mismo Dios. Note usted el principio de la oración: Deus qui= Omnipotens sempiterne Deus= Praesta quaesumus, Omnipotens Deus, etc., etc.; lo mismo sucede en el final, el que siempre se refiere a una de las personas de la Santísima Trinidad, o a dos, o a las tres, como se está oyendo continuamente en nuestras iglesias.

No concibo qué es lo que se puede contestar a razones tan decisivas; y así no debo temer que continúe usted culpándonos de idolatría: aclaradas de este modo las ideas, es imposible insistir en la acusación, si se procede de buena fe.

Voy, pues, a considerar la cuestión bajo otros aspectos, y en particular con relación a la pretendida discordancia entre el culto de los Santos y la sublimidad de las ideas cristianas sobre Dios y el hombre. La religión, al darnos ideas grandes sobre el hombre, no destruye la naturaleza humana; si esto hiciese, sus ideas no serían grandes, sino falsas.

Es un dicho común entre los teólogos que la gracia no destruye a la naturaleza, sino que la eleva, la perfecciona. La verdadera revelación no puede estar en contradicción con los principios constitutivos de la naturaleza humana. De ello resulta que la sublimidad de las ideas que la religión nos da sobre el hombre, no se opone a las condiciones naturales de nuestro ser, aunque éstas sean pequeñas. Nuestro grandor consiste en la altura de nuestro origen, en la inmensidad de nuestro destino, en las perfecciones intelectuales y morales que debemos a la bondad del Autor de la naturaleza y de la gracia, y en el conjunto de medios que nos proporciona para alcanzar el fin a que nos tiene destinados. Pero este grandor no quita que nuestro espíritu esté unido a un cuerpo; que a más de ser inteligentes seamos también sensibles; que al lado de la voluntad intelectual se hallen los sentimientos y las pasiones; y que, por consiguiente, en nuestro pensar, en nuestro querer, en nuestro obrar, estemos sometidos a ciertas leyes de las que no puede prescindir nuestra naturaleza. Sería de desear que no perdiese usted de vista estas observaciones, que sirven mucho para no confundir las ideas y no emplear las palabras de sublimidad y grandor en un sentido vago, que puede dar ocasión a graves equivocaciones, según el objeto a que se las aplica.

Ya que la oportunidad se brinda, séame permitido observar que las ideas de grande y de infinito se hacen servir para arruinar las relaciones del hombre con Dios. ¿Cómo es posible, se dice, que un Ser infinito se ocupe en un ser tan pequeño como somos nosotros? Y no se advierte que el mismo argumento podría servir a quien se empeñase en sostener que no hay creación, diciendo: ¿cómo es posible que un Ser Infinito se haya ocupado en crear seres tan pequeños? Todo esto es altamente sofístico: las ideas de finito y de infinito, lejos de destruirse la una a la otra, se explican recíprocamente.

La existencia de lo finito prueba la existencia de lo infinito; y en la idea de lo infinito se encuentra la razón suficiente de la posibilidad de lo finito y la causa de su existencia. La relación de finito con lo infinito constituye la unidad de la armonía del universo: en quebrantándose este lazo, todo se confunde: el universo es un caos.

Aclaradas las ideas sobre la verdadera acepción de las palabras grande y sublime, cuando se las refiere a la naturaleza humana, examinemos si se opone a la sublimidad de las doctrinas cristianas el dogma del culto de los Santos.

Una cosa buena, aunque sea finita, podemos quererla; una cosa respetable, podemos respetarla; una cosa venerable, podemos venerarla; sin que por esto nos resulte ninguna humillación, indigna de nuestra sublimidad. Ahora permítame usted que le pregunte: si una virtud eminente es una cosa buena, respetable y venerable; y, si es así, como no cabe duda, creo que no habrá ningún inconveniente en que los cristianos rindan un tributo de amor, de respeto y de veneración a los hombres que se han distinguido por sus eminentes virtudes. Esta observación podría bastar para justificar el culto de los Santos; pero no quiero limitarme a ella, porque la cuestión es susceptible de harto mayor amplitud.

Mientras vive el hombre sobre la tierra, sujeto a todas las flaquezas, miserias y peligros que afligen a los hijos de Adán en este valle de lágrimas, nadie, por perfecto que sea, puede estar seguro de no extraviarse del camino de la virtud: la experiencia de todos los días nos da un triste testimonio de las debilidades humanas. Y he aquí una de las razones por que el amor, el respeto y la veneración que nos merece el hombre virtuoso, aun mientras vive sobre la tierra, se le tributan con cierto temor, con alguna incertidumbre, aplicando a este caso el sapientísimo consejo de no alabar al hombre antes de la muerte. Pero, cuando el justo ha pasado a mejor vida, y sus virtudes, probadas como el oro en el crisol, han sido aceptas a la Santidad infinita, y tiene asegurado para siempre el precioso galardón que con ellas ha merecido, entonces el amor, el respeto y la veneración que se deben a sus virtudes, pueden explayarse sin peligro; y he aquí el motivo del culto afectuoso, tierno, lleno de confianza y de profunda veneración, que rinden los cristianos a los justos que por sus altos merecimientos ocupan un lugar distinguido en las mansiones de la gloria.

No alcanzo, mi apreciado amigo, cómo puede haber falta de dignidad en un acto tan conforme a la razón, y aun a los sentimientos más naturales del corazón humano; al mostrársenos una persona de gran virtud, la miramos con respetuosa curiosidad, y le dirigimos la palabra con veneración y acatamiento; ¿y no podrán hacer una cosa semejante los pueblos cristianos, tratándose de hombres que, a más de sus eminentes virtudes, están íntimamente unidos con Dios en la eterna bienaventuranza? La virtud imperfecta será digna de veneración, ¿y no lo será la perfecta, la que está ya premiada con una felicidad inefable? Quien honra a un hombre virtuoso, lejos de humillarse, se ensalza, se honra a sí mismo; y esto, que es verdad con respecto a los hombres de la tierra, ¿no lo será de los hombres del cielo? Un poco más de lógica, mi apreciado amigo, que la contradicción es sobrado manifiesta: las gentes sencillas, de que usted habla con benignidad y compasión, tienen en este punto mucha más filosofía que usted.

Hablando ingenuamente, no podía imaginarme que fuera usted tan delicado, que no pudiese sufrir la muchedumbre de imágenes y estatuas de Santos de que están llenas las iglesias de los católicos. Creía yo que, si no el interés de la religión, al menos el amor del arte, le había de hacer a usted menos susceptible. Es cosa notada generalmente, tanto por los creyentes como por los incrédulos, la diferencia que va de la frialdad y desnudez de los templos protestantes al esplendor, a la vida de las iglesias católicas; y precisamente una de las causas de esta diferencia se halla en que el arte inspirado por el catolicismo ha derramado a manos llenas sus obras admirables, en que ofrece a la vista y a la imaginación de los más elevados misterios, y perpetúa con sus prodigios la memoria de las virtudes de nuestros Santos, las inefables comunicaciones con que elevándose hasta Dios, presentan en esta vida la felicidad de la venidera.

Quiero ser indulgente con usted; quiero atribuir la dificultad que me propone a una distracción, a un pensamiento poco meditado: sin esta indulgencia, me vería precisado a decirle a usted una verdad muy dura: que no tiene gusto, que no tiene corazón, si no ha percibido la belleza de que abunda en este punto la religión católica.

Extraño es que, al combatir las costumbres del catolicismo con respecto a las imágenes de los Santos, no haya advertido usted que se ponía en contradicción con uno de los sentimientos más naturales del corazón humano. ¿Cómo es posible que no haya usted descubierto aquí la mano de la religión, elevando, purificando, dirigiendo a un objeto provechoso y augusto, un sentimiento general a todos los países, a todos los tiempos? ¿Conoce usted algún pueblo que no haya procurado perpetuar la memoria de sus hombres ilustres, con imágenes, estatuas y otra clase de monumentos? ¿Y hay nada más ilustre que la virtud en grado eminente, cual la tuvieron los Santos? Muchos de éstos ¿no fueron, por ventura, grandes bienhechores de la humanidad?

¿Se atreverá usted a sostener que sea más digna de perpetuarse la memoria de los conquistadores que han inundado la tierra de sangre, que la de los héroes que han sacrificado su fortuna, su reposo, su vida, en bien de sus semejantes, y nos han trasmitido su espíritu en instituciones que son el alivio y el consuelo de toda clase de infortunios? ¿Verá usted con más placer la imagen de un guerrero que se ha cubierto de laureles, con harta frecuencia manchados con negros crímenes, que la de San Vicente de Paúl, amparo y consuelo de todos los desgraciados mientras habitó sobre la tierra, y que vive aún y se le encuentra en todos los hospitales, junto al lecho de los enfermos, en sus admirables hijas las Hermanas de la Caridad?

Me dirá usted que no todos los Santos han hecho lo que San Vicente de Paúl, es cierto; pero no puede usted negarme que son innumerables los que no se han limitado a la contemplación. Unos instruyen al ignorante, buscándole en las ciudades y en los campos; otros se sepultan en los hospitales, consolando, sirviendo con inagotable caridad al enfermo desvalido; otros reparten sus riquezas entre los pobres, y se encargan enseguida de interesar a todos los corazones benéficos en el socorro del infortunio; otros arrostran el albergue de la corrupción, con el ardiente deseo de mejorar las costumbres de seres envilecidos y degradados; en fin, apenas hallará usted un Santo en el cual no se vea un manantial de luz, de virtud, de amor, que se derramaba en todas direcciones y a grandes distancias, en bien de sus semejantes. ¿Qué encuentra usted de poco racional, de poco digno en perpetuar la memoria de acciones tan nobles, tan grandes y provechosas?; ¿no han hecho lo mismo, cada cual a su manera, todos los pueblos de todos los tiempos y países?; ¿le parece a usted que en esta obra se hallen mal empleados los prodigios del arte?

Quiero suponer que se trate de una vida deslizada suavemente en medio de la contemplación, en la soledad del desierto o en la práctica de modestas virtudes en la oscuridad del hogar doméstico; aun en este caso, no hay ningún inconveniente en que el arte se consagre a perpetuarlas en la memoria. ¿No vemos a. cada paso cuadros profanos descriptivos de una escena de familia, o que nos recuerdan una buena acción que nada tiene de heroica? La virtud, sea cual fuere, hasta en su grado más ínfimo, ¿no es bella, no es atractiva, no es un objeto digno de ser presentado a la contemplación de los hombres? Pero advierta usted que las virtudes comunes no son objeto de culto entre los católicos; para que se les tribute este homenaje de pública veneración, es necesario que sean en grado heroico, y que, además, reciban la sanción de la autoridad de la Iglesia.

Abandono con entera confianza estas reflexiones al buen juicio de usted, y abrigo la firme esperanza de que contribuirán a disipar sus preocupaciones, llamándole la atención hacia puntos de vista en que usted no había reparado. Siendo usted ardiente entusiasta de lo filosófico y bello, no podrá menos de admirar la filosofía y belleza del dogma católico en el culto de los Santos. De usted afectísimo y S. S. Q. B. S. M.

J. B.

Carta XXI. Mudanza del incrédulo

Nueva dificultad contra la invocación de los Santos. Valor de la oración de un hombre por otro. Inclinación natural a esta oración. Tradición universal en su favor. Consecuencias en pro del dogma católico.

Mi estimado amigo: Me alegro que la carta anterior no le haya producido a usted una impresión desfavorable; y que no se niegue a reconocer la belleza y la filosofía que se encierran en el dogma católico, «presentado desde este punto de vista». No quiero, sin embargo, que se atribuya al modo de presentar la cosa lo que solo pertenece a la cosa misma. Para tomar este punto de vista que a usted le agrada, no he necesitado salir de la realidad, sino mostrar los objetos tales como eran, indicando las consideraciones a que brindaban las mismas dificultades que se me habían propuesto.

Se inclina usted a creer que, para deshacerme de mi adversario, he procurado atacarle por el flanco más débil; pero que he evitado el presentar el dogma en todo su conjunto. Ya no es usted enemigo de las imágenes de los Santos en las iglesias, lo que quiere decir que ha dejado usted de ser iconoclasta. Ahora se ha refugiado en otra trinchera, y dice que, si bien no le parece mal que se perpetúe la memoria de las virtudes de los Santos en cuadros y estatuas, y hasta se les tribute en las funciones religiosas un homenaje de acatamiento y veneración, no ve la necesidad de admitir esa comunicación incesante entre los vivos y los muertos, poniendo a éstos por intercesores en cosas que podemos pedir directamente por nosotros mismos. Añade usted que, siendo uno de los caracteres principales del cristianismo el unir íntimamente al hombre con Dios, con unión imperfecta en esta vida, y perfecta en la mansión de la gloria, debe tenerse por más propio, más digno, y sobre todo más elevado, el que el hombre dirija por sí mismo sus plegarias a Dios, sin valerse de mediadores, y que no traslademos a las cosas del cielo los costumbres que tenemos acá en la tierra. Es una fortuna que sea usted quien propone la dificultad, fundándola en semejante principio; porque es bien seguro que, si por una u otra causa hubiese yo dicho que el hombre se había de dirigir inmediatamente a Dios, me hubiera usted censurado porque, sin consideración a la pequeñez humana, salvaba yo la distancia que va de lo finito a lo infinito. De esta manera, siempre ven ustedes la sinrazón de nuestra parte: si nos levantamos muy alto, dicen que exageramos, que nos desvanecemos, que nos olvidamos de la pequeñez humana; si abatimos el vuelo, en consideración a esta misma pequeñez, se dice que vamos arrastrando y que perdemos de vista la sublimidad de la humana naturaleza. Es preciso tener serenidad para sufrir con calma acusaciones tan opuestas; pero éste es un sacrificio que debemos hacer en obsequio de la causa de la verdad, la cual tiene derecho a exigirnos éste y otros mucho mayores.

El dogma de que la invocación de los Santos es, no solo lícita, sino también provechosa, puede sufrir, como todas las verdades católicas, el examen de la razón, sin peligro de salir desairado. Para fijar las ideas y evitar la confusión de las mismas, planteemos la cuestión en un terreno despejado. ¿Hay algún inconveniente en admitir que Dios oye las oraciones de los justos cuando ruegan, no para sí, sino para otros? Desearía que usted me dijese si a los ojos de una sana razón no es esto muy conforme a todas las ideas que tenemos de la bondad y misericordia de Dios, y de la predilección con que distingue a los justos. Si admite usted un Dios, y no un Dios cruel que no cuide de las obras de sus manos y cierre sus oídos a las plegarias del infeliz mortal que implora su auxilio, debe usted admitir también que la oración del hombre dirigida a Dios, no es una cosa vana, sino que puede producir y produce saludables efectos. Ahora bien; ¿hay cosa más natural, más conforme a la sana razón, más acorde con los sentimientos de nuestra alma, que el rogar a Dios no solo para nosotros, sino también para los objetos de nuestro cariño?

La madre que tiene en sus brazos a su tierno hijo, levanta los ojos al cielo implorando para él la bondad del Eterno; la esposa ruega por el esposo; la hermana por el hermano; los hijos por los padres; y el anciano moribundo reúne en torno de su lecho a su descendencia y extiende sobre ella su mano trémula, dándole su bendición, y rogando al cielo que la bendiga. La oración del hombre en favor de sus semejantes es una inclinación innata en nuestro corazón; se la halla en todas las edades, sexos y condiciones, en todos tiempos y países; se la ve expresada a cada paso en el grito de la naturaleza que nos hace invocar a Dios al presenciar un peligro ajeno.

La comunicación de las criaturas intelectuales en el seno de la divinidad, el recíproco auxilio que pueden prestarse con sus oraciones, es una tradición universal del género humano; tradición ligada con los sentimientos del corazón más íntimos y más dulces, pintada por todos los historiadores, cantada por todos los poetas, inmortalizada en el lienzo y en el mármol por innumerables artistas, admitida por todas las religiones, expresada en todos los cultos con ceremonias solemnes. Recorred la historia de los tiempos más remotos, consultad los poetas más antiguos, escuchad las narraciones populares cuyo origen se pierde en la oscuridad de los tiempos heroicos y fabulosos, examinad los monumentos y las bellezas, orgullo de los pueblos más cultos; siempre, en todas partes, encontraréis el mismo hecho. Hay una guerra: la juventud de un pueblo está corriendo peligros en el campo de batalla; las esposas, los hijos, los padres de los combatientes, imploran sobre éstos el auxilio divino, ora en el retiro del hogar doméstico, ora en los templos públicos con solemnes sacrificios. Hay un viajero de quien hace largo tiempo no se han recibido noticias: su familia desolada teme que haya sido víctima de algún accidente funesto; pero abriga todavía alguna esperanza: quizás vaga solitario y perdido por tierras desconocidas; quizás juguete de las olas ha sido arrojado a playas inhospitalarias; ¿cuál es la inspiración de aquella familia? Levantar los ojos y las manos al cielo, orar, implorando la divina misericordia en favor de aquel desventurado. La historia, la poesía, las bellas artes, son un no interrumpido testimonio de la existencia de este sentimiento, de esa firmísima creencia de que a los ojos del Altísimo son aceptas las plegarias que el hombre le dirige en favor de otro hombre.

Ahora bien, ¿hay algún inconveniente en que deseemos los unos las oraciones de los otros, aun de los que viven sobre la tierra? Claro es que no; de lo contrario, sería preciso desechar todas las religiones, y hasta ponernos en contradicción abierta con uno de los sentimientos más tiernos, más puros, que se abrigan en el corazón humano. No creo que la filosofía de usted llegue a un extremo tan deplorable; no, no puede usted profesar una doctrina la cual ahoga el grito de la naturaleza, que resuena agudo y tierno al pie de la cuna, y se exhala apagado y fatídico en los umbrales del sepulcro. No, no puede usted profesar una doctrina que responde con la sonrisa de la duda a la plegaria de la madre que ora por su hijo, de la esposa que ora por su esposo, del hijo que ora por su padre, del anciano que ora por su descendencia, del pobre socorrido que ora por su bienhechor, del amigo que ora por su amigo, de pueblos enteros que oran por los valientes que defienden la independencia de su país, o llevan a países remotos el nombre de su patria bajo un pabellón victorioso.

Las consecuencias de lo dicho apenas necesito sacarlas: usted las habrá visto ya, y por cierto sin mucho trabajo. Según nuestra doctrina, los Santos son hombres justos que disfrutan en la gloria el premio de sus virtudes; ellos no necesitan orar para sí, pues que están exentos de todos los males y peligros, y han conseguido cuanto cabe desear; pero pueden orar por nosotros: si esto podían hacerlo en la tierra, ¿cuánto más podrán hacerlo en el cielo? Si los mortales oramos por otros mortales, ¿no podrían o no querrían orar por nosotros los que han conseguido una felicidad inmortal? Sus oraciones son aceptas a Dios de una manera particular, son un incienso agradable que humea incesantemente ante el trono del Eterno. Ellos vivieron como nosotros en esta tierra de infortunio, y no se han olvidado de nosotros. La Iglesia nos dice: «Implorad la intercesión de los Santos, rogadles que oren por vosotros; esto es lícito, esto es grato a los ojos de Dios; esto os será muy provechoso en vuestras necesidades». He aquí el dogma. Si la filosofía de usted lo encuentra poco acorde con la razón natural y los sentimientos del corazón humano, me compadezco de usted y de su filosofía, y no acierto a comprender los principios en que la funda. A decir verdad, espero que cederá usted gustoso a la luz de unas razones a las cuales no veo que se pueda contestar nada sólido, ni siquiera especioso. En cuyo caso, no puedo menos de recordarle a usted la necesidad, tantas veces inculcada, de no proceder con ligereza en materias tan graves, y de reflexionar que en los dogmas mirados por la incredulidad con indiferencia y desprecio, se ocultan tesoros de sabiduría, que se encuentran tanto más profundos, cuanto más se los examina a la luz de la filosofía y de la historia. De usted su afectísimo y S. S. Q. B. S. M.

J. B.

Carta XXII. Pasajes de Leibnitz en favor del dogma católico

Cumplimiento de sus previsiones. Adoración de las reliquias. Natural extensión del sentimiento a los objetos accesorios. Veneración de los sepulcros. Restos de los hombres ilustres. Abusos. No es culpable de ellos la Iglesia. Nada prueban contra el dogma. Si el culto debe interesar la sensibilidad. Dos movimientos de adentro afuera y de afuera adentro. Naturalidad y utilidad de este culto. Resumen.

Mi apreciado amigo: Varios extremos contiene la carta de usted en contestación a mi anterior, y entre ellos noto una indicación en que, sin poner en duda la verdad de la cita, manifiesta desear que le traslade los pasajes de Leibnitz donde habla en sentido favorable al dogma católico sobre el culto de los Santos. No tengo en esto la menor dificultad. Helos aquí: «Piensan los varones prudentes y piadosos que no solo se ha de inculcar en el ánimo de los oyentes, sino también manifestar en cuanto sea posible por signos externos, la diferencia inmensa e infinita que hay entre el honor que se debe a Dios y el que se tributa a los Santos: al primero le llaman los teólogos Latría, al segundo Dulía, desde San Agustín. Itaque censent viri pii et prudentes, dandam esse operam, ut omnibus modis discrimen infinitum atque immensum inter honorem, qui Deo debetur, et qui Sanctis exhibetur, quorum illum Latriam, hunc Duliam post Augustinum theologi vocant, non tantum inculcetur audientium ac discentium animis, sed etiam externis signis, quod licet, ostendatur» (Sistema teológico).

Por de pronto tiene usted reconocida por Leibnitz la diferencia de los cultos de Latría y de Dulía; diferencia que llama nada menos que inmensa, infinita; y es de advertir que confiesa haber tomado esos términos de los mismos teólogos. En cuanto a los varones piadosos y prudentes de que habla Leibnitz, puede usted ver cumplidos sus deseos en todos los escritos católicos, desde la obra más magistral hasta el más pequeño catecismo, desde la más solemne función de la Iglesia hasta la más leve ceremonia. Pero no se contenta el ilustre filósofo con lo que acabamos de ver: se propone defender completamente a los católicos, y lo hace de la manera siguiente: «En general se ha de tener por cierto que no se aprueba el culto de los Santos y el de las reliquias, sino en cuanto se refiere a Dios, y que no debe haber ningún acto de religión que no se resuelva y termine en honor de Dios omnipotente. Así, cuando se honra a los Santos, debe entenderse como se dice en la Escritura: honrados han sido tus amigos, oh Dios; y alabad a Dios en sus Santos. Generaliter tenendum... neque cultum sanctorum aut reliquiarum probari, nisi quatenus ad Deum refertur, nullumque religionis actum esse debere, qui in honorem unius omnipotentis Dei non resolvatur ac terminetur. Itaque cum Sancti honorantur, hoc ita intelligendum est quemadmodum in Scriptura dicitur: Honorificati sunt amici tui, Deus; et laudate Dominum in Sanctis ejus» (Ibíd.).

Más abajo, combatiendo a los que acusan de idolatría el culto de los Santos, les recuerda la antiquísima costumbre de la Iglesia en celebrar las fiestas de los mártires, y las reuniones piadosas que en sus sepulcros se tenían desde los primeros siglos, y continúa con las siguientes observaciones sobremanera notables: «Es de temer que los que así piensan, abran el camino para destruir toda la religión cristiana; porque, si desde aquellos tiempos prevalecieron en la Iglesia horrendos errores, se ayuda en gran manera la causa de los arrianos y samosatenos, que computan desde aquellos tiempos el origen del error y defienden que se introdujo a un mismo tiempo el misterio de la Trinidad y la idolatría... Dejo al juicio del lector el resultado que esto deberá traer. Los ingenios audaces llevarán más allá sus sospechas, pues se admirarán de que Jesucristo, que tanto prometió a su Iglesia, haya dejado campear hasta tal punto al enemigo del género humano; de que, destruida una idolatría, le haya sucedido otra; y de los dieciséis siglos apenas halle uno o dos en que se haya conservado bien entre los cristianos la verdadera fe, cuando vemos que la religión judaica y la mahometana continuaron por muchos siglos bastante puras, conforme a la institución de sus fundadores. ¿En qué lugar quedará entonces el dictamen de

Gamaliel, que decía deberse juzgar de la religión cristiana y de la voluntad de la Providencia por el resultado?; ¿qué pensaríamos del cristianismo si no pudiese sufrir la prueba de esa piedra de toque? Verendum autem est ne qui ita sentiunt viam aperiant ad omnem rem christianam convellendam, nam si iam ab illis temporibus horrendi errores in Ecclesia praevaluerunt, arrianorum et samosatenorum causa mirifice iuvatur, qui originem erroris ab illis ipsis temporibus computant, atque obscure defendunt Trinitatis mysterium et idololatriam simul invaluisse... Iudicandum cuique relinquo quo res sit evasura, quinimo procedet ulterius suspicio audacium ingeniorum, mirabuntur enim Christum promissis tam largum erga suam Ecclesiam, tantum hosti generis humani indulsisse, ut, una idololatria profligata, succederet alia, et ex sedecim saeculis vix unum aut duo sint in quibus vera fides utcumque inter christianos sit conservata, cum iudaicam ac mahometicam religionem videamus tot saeculis satis puram secundum fundatorum instituta perstitisse. Quo igitur loco manebit consilium Gamalielis, qui de christiana religione et Providentiae voluntate ex eventu iudicandum dictitabat; aut quid de ipso christianismo iudicabitur, si lapidem hunc Lydium parum adeo sustineret?»

Las reflexiones de Leibnitz debieran ser tomadas en consideración por cuantos verían con disgusto la extirpación de los restos del cristianismo entre las sectas protestantes. Por desgracia, las previsiones de este grande hombre se van realizando en su misma patria de una manera lastimosa. La Alemania está presentando en la actualidad un espectáculo deplorable: la disolución de las ideas en materias religiosas ha llegado al último extremo: ahora se coge el fruto de la semilla esparcida en otras épocas. Se creyó que se podían atacar los dogmas católicos y guardarse al mismo tiempo del escepticismo, conservando de la religión cristiana lo que bien pareciese a los falsos reformadores; el tiempo ha venido a frustrar estas esperanzas de una manera cruel. Una lógica inflexible ha ido sacando las consecuencias de los principios establecidos; actualmente, el protestantismo no es ya más que una vana sombra de lo que fue. La anarquía religiosa ha llegado a su colmo: el escepticismo está haciendo estragos en todas las clases de la sociedad; y una filosofía nebulosa y seductora cuida de arraigarle más y más, difundiendo sus doctrinas panteístas, que en último resultado no son otra cosa que un nuevo disfraz con que se presenta el ateísmo para excitar menos repugnancia.

Otra indicación me hace usted sobre la adoración de las reliquias; aunque, según veo, lo que llevo dicho respecto al culto de los Santos, ha quebrantado mucho en el ánimo de usted la fuerza de esta última dificultad.

Es un sentimiento natural al hombre el extender su amor o su veneración a los objetos que se hallan inmediatos a la persona querida o venerada. Conservamos con sumo cuidado las prendas que pertenecieron a personas que poseían nuestro afecto: y sucede con frecuencia que cosas de un valor insignificante lo tienen inmenso, cuando se las mide por las afecciones del corazón.

Los cuerpos de los difuntos han sido mirados siempre con una especie de respeto religioso; y las profanaciones de los sepulcros causan más horror que el atropello de la habitación de los vivientes. Todos los pueblos han respetado los sepulcros y los han puesto bajo el amparo de la religión; y, además, el cadáver de un hombre ilustre ha sido considerado siempre como un tesoro de mucho valor, digno de que se lo disputasen los pueblos, y tuviesen a dicha y orgullo la fortuna de poseerlo. Esta veneración se ha extendido a todo cuanto le perteneciera. Su habitación es conservada cuidadosamente y libertada de las injurias de los tiempos para que puedan visitarla las generaciones venideras; su traje, sus utensilios, sus muebles más insignificantes, se enseñan como una preciosidad, y tienen una estimación superior a todo precio. Santifique usted ese sentimiento del género humano; purifíquele de cuanto pueda mancillarle; llévele a un orden sobrenatural por su objeto y su fin, y tiene usted una explicación filosófica del culto de las reliquias, y se libra de la necesidad de condenar a las gentes sencillas y no sencillas, que hacen, por motivos religiosos, lo que hace, hasta en las cosas profanas, todo el género humano. Ya ve usted que donde se creyera sorprender misterios de superstición, se encuentran los sentimientos más tiernos y más sublimes de nuestra alma, purificados, elevados, dirigidos por la religión católica.

Voy finalmente a contestar a la última pregunta que usted me hace sobre la utilidad del culto de los Santos, respecto a conservar y promover el espíritu religioso entre los pueblos. Teme usted que, dándose al culto una dirección sobrado sensible, se pierda de vista el objeto principal, y se sustituyan a lo esencial de la religión prácticas secundarias. Ante todo conviene advertir que la Iglesia católica no es culpable de ciertos abusos en que puedan haber caído algunos fieles. Cuando usted me arguye en este sentido, lejos de debilitar el dogma católico y la santidad de las prácticas de la Iglesia, me suministra una nueva razón para defender esas prácticas y el dogma en que se fundan. La excepción confirma la regla: no hubiera usted notado el abuso, si no fuera general el buen uso. Mucho antes que usted pensase en ello, había tomado la Iglesia las convenientes precauciones para evitar todo linaje de abusos, enseñando a los pueblos el verdadero sentido de las doctrinas católicas, y amonestándolos a que en semejantes actos procurasen conformarse al espíritu de la Iglesia y a sus venerables prácticas, con arreglo al ejemplo y enseñanza de sus legítimos pastores. Si usted insiste en que a pesar de esto ha habido algunos abusos, yo replicaré que esto es inevitable, atendida la condición de la flaca humanidad; y le rogaré que me señale una verdad, una costumbre, una institución, por puras y santas que sean, de que los hombres no hayan abusado repetidas veces. Dejando, pues, estas excepciones, que nada prueban, sino la debilidad humana, que, por cierto, no necesita ser probada de nuevo, vamos a la dificultad principal.

Tan lejos estoy de creer que pueda ser dañoso a la conservación y fomento de la religión el que se ofrezcan objetos a la sensibilidad, que antes bien lo considero útil y hasta necesario. El argumento de usted es de aquellos que, por probar demasiado, no prueban nada; pues que, sacando las últimas consecuencias del culto puramente espiritualista que usted desea, llegaríamos a condenar todo culto externo. Si hay inconveniente en interesar la sensibilidad con el culto, será preciso desterrar de los templos toda insignia religiosa, la música y toda especie de canto; y no solo esto, sino arruinar los templos mismos, pues que están destinados a conmover al alma por medio de la sensibilidad, con sus formas magníficas e imponentes. De esto resulta con toda evidencia que no se puede admitir la teoría de usted sin condenar todo culto externo; por consiguiente, lo único que puede exigirse es que la sensibilidad no traspase sus límites, y se someta a las leyes que le imponga el verdadero espíritu religioso.

Es notable que el espíritu humano está sujeto continuamente a una acción y reacción. Cuando se halla muy penetrado de una idea o de un sentimiento, expresa su afección íntima con una forma sensible, y, por el contrario, las formas sensibles ejercen sobre nuestro espíritu una reacción misteriosa, excitando y aclarando las ideas, y avivando y enardeciendo los sentimientos. Hay aquí dos movimientos que se ayudan recíprocamente: uno de dentro hacia fuera, otro de fuera hacia dentro: resultado natural de la íntima unión del cuerpo con el espíritu, y expresión de la armonía establecida por el Criador entre dos seres tan diferentes, unidos íntimamente con un lazo misterioso.

En estos principios se funda la razón filosófica de la naturalidad y utilidad del culto externo. Naturalidad, en cuanto es muy natural al hombre expresar sensiblemente sus pensamientos y sentimientos; utilidad, en cuanto esas expresiones sensibles tienen la propiedad de aclarar y conservar los pensamientos, y excitar y enardecer los sentimientos. Ahora bien: presentada la cuestión desde este punto de vista, se descubre a la primera ojeada la inmensa utilidad del culto de los Santos. En él se despliegan los sentimientos más naturales del corazón, se pone el hombre en comunicación con la divinidad por medio de seres que fueron un día frágiles como él, y que, aun ahora, son de su misma naturaleza. Les habla su lenguaje, les cuenta sus penas, los interesa para que le ayuden en su desventura; y al darles gracias por algún favor conseguido, como que se propone hacerlos participantes de su dicha. Esto, sin dejar de ser muy puro y muy santo, acomoda en cierta manera la sublimidad de la religión a la flaqueza humana: los misterios más altos se graban en la memoria con formas sensibles, y el cristiano encuentra en los Santos un dulce atractivo para la devoción, y hermosos modelos de donde puede tomar reglas seguras para dirigir su conducta.

Estas consideraciones son suficientes para desvanecer las dificultades que le presentaban a usted los dogmas católicos desde un punto de vista falso; por ellas se habrá usted convencido de que no confundimos lo principal con lo accesorio, ni lo esencial con lo accidental. Dios, Ser infinito, origen de todo, fin de todo, término final de todo culto; Jesucristo, Dios y hombre, redentor del humano linaje, en cuyo nombre esperamos salvarnos; los Santos, amigos de Dios, unidos con nosotros por el vínculo de la caridad e intercediendo por nosotros; el hombre, compuesto de cuerpo y alma, expresando sensiblemente lo que experimenta en su espíritu, y fomentando sus afecciones interiores con objetos sensibles; Dios, Jesucristo, principales objetos de nuestro culto; los Santos, objeto de nuestra veneración en cuanto están unidos con Dios y con Jesucristo, Dios y hombre: he aquí en resumen las grandes ideas del catolicismo en materia de culto. Examínelas usted bajo todos los aspectos y nada encontrará en ellas que no sea razonable, justo, santo, digno de una religión divina. De usted afectísimo y S. S. Q. B. S. M.

J. B.

Carta XXIII. Comunidades religiosas

Injusticia de ciertas restricciones. Su derecho a la libertad. Razonable opinión del escéptico sobre este punto. Si las comunidades religiosas son cosa esencial en la Iglesia. Se explican los varios sentidos de esta cuestión. Las comunidades religiosas y la sociedad; su historia y porvenir.

Mi estimado amigo: Ya extrañaba yo que, habiendo dado usted rienda suelta a su imaginación para recorrer todo lo relativo a los dogmas cristianos, sin olvidarse de la moral y del culto, no me hubiese hablado de las comunidades religiosas, siendo éstas una institución predilecta en la Iglesia católica. Los incrédulos apenas saben mentar el catolicismo, sin permitirse algunos ataques contra las comunidades religiosas; y, hablando ingenuamente, me ha sorprendido no poco el hallarle a usted tan moderado en este punto. No dudaba yo de que usted profesase principios de tolerancia y libertad; pero, como la experiencia me ha enseñado que a esos principios de libertad y tolerancia no siempre se les da una rigurosa aplicación, no estaba seguro de que no hiciese usted una excepción en contra de las comunidades religiosas, poniéndolas, por decirlo así, fuera de la ley. Afortunadamente, he tenido el placer de engañarme; y ha sido para mí una particular satisfacción el oír de boca de usted que, aun cuando no profese las doctrinas católicas, ni se sienta inclinado a trocar el bullicio del mundo por el silencio y la soledad de los claustros, no deja de comprender la posibilidad de que otros hombres se hallen en disposición de ánimo muy diferente, y abracen con sinceridad y fervor un sistema de vida totalmente contrario a las ideas y costumbres mundanas.

Además, también veo con mucho gusto que usted reconoce la necesidad y la justicia de dejar a cada cual en amplia libertad para abrazar la vida religiosa en el modo y forma que bien le pareciere. Nada tengo que añadir a las siguientes palabras que encuentro en la apreciada de usted: «Nunca he podido comprender en qué se fundan los sistemas restrictivos en lo tocante a la vida religiosa. Los que tienen dinero disfrutan amplia libertad de gastarle como mejor les agrada, y nadie se mete con ellos, aunque lo hagan lo más alegremente del mundo; los aficionados a placeres los gozan sin más restricción que los límites de su bolsillo o sus previsiones higiénicas; los amigos de festines los celebran cuando quieren sin que nadie se lo impida, aunque la algazara de los brindis y el ruido de la orquesta atruenen la vecindad; los que gustan de habitar en espléndidas moradas, y lucir soberbios trenes, lo ejecutan sin más formalidades que la de consultar las existencias de la caja o la longanimidad de los acreedores; ni siquiera falta libertad para la corrupción de costumbres, y las autoridades toleran el libertinaje bajo distintas formas, con tal que no se insulte al decoro público con demasiada impudencia. El pródigo derrama; el codicioso amontona; el inquieto se agita; el curioso viaja; el erudito estudia; el filósofo medita: cada cual vive conforme a sus ideas, necesidades o caprichos. Hay completa libertad para todo el mundo: se forman compañías de comercio; sociedades de fabricantes o de operarios; asociaciones de fomento para este o aquel ramo; sociedades de beneficencia, de ciencias, de literatura, de bellas artes; ¿y no dejaremos en libertad a algunos individuos que creen hacer una obra buena, servir a Dios, ser útiles a sus semejantes, obedecer a una vocación del cielo, reuniéndose bajo determinadas leyes, con tales o cuales obligaciones, con este o aquel objeto? Le repito a usted que jamás he podido comprender esa peregrina jurisprudencia, que restringe una cosa que, si no es buena, es ciertamente inofensiva. Alcanzo sin dificultad que, cuando las comunidades religiosas contaban no solo con crecido número de individuos, sino también con mucha riqueza, violentásemos algún tanto en su contra los principios de tolerancia y libertad; pero ahora, cuando los peligros de la dominación monástica no son más, hablando entre nosotros, que armas de partido para gritar y revolver, me parece sumamente injusto y hasta impolítico el emplear una violencia opresiva que no conduce a nada. El espíritu de la época no es ciertamente favorable a los institutos monásticos; y me parece que el mundo está más bien amenazado de ser disuelto por el amor de los goces positivos, que esterilizado y helado por el cilicio y los ayunos». De esta manera me ha evitado usted el trabajo de extenderme en reflexiones sobre este punto, expresando clara y brevemente lo mismo que sienten todos los hombres juiciosos, libres de un espíritu de rencorosa parcialidad. Voy, pues, a contestar rápidamente a las demás preguntas que se sirve usted dirigirme sobre las relaciones de los institutos religiosos con la religión misma y con la sociedad en general.

Desea usted que le aclare un tanto las ideas sobre la debatida cuestión de si los institutos religiosos son cosa tan esencial en la Iglesia, que no se los pueda combatir sin conmover los cimientos del catolicismo; pues que «la variedad que en este punto nos ofrecen la historia y la experiencia, da lugar a encontrados discursos y disputas interminables». Nada más fácil, mi apreciado amigo, que satisfacer en esta parte los deseos de usted; pues creo que, con tal que se aclaren debidamente las ideas, no hay ni puede haber discursos encontrados, ni interminables disputas, ni cuestión de ninguna clase.

Son cosas esenciales en la Iglesia católica la unidad en la fe, los sacramentos, la autoridad de los pastores legítimos, distribuidos en la conveniente jerarquía, todos bajo el primado de honor y de jurisdicción del sucesor de San Pedro y vicario de Jesucristo, el Romano Pontífice. Aquí no encuentra usted las comunidades religiosas; y, si por un momento suponemos que han sido todas suprimidas, sin quedar ni una sola sobre la faz de la tierra; la Iglesia permanece aún; vive con sus dogmas, con su moral, con sus sacramentos, con su disciplina, con su admirable jerarquía, con su autoridad divina; esto es verdad, es cierto, indudable; y, si en este sentido se quiere decir que las comunidades religiosas no son esenciales al catolicismo, se afirma una cosa muy sabida, que ningún católico niega ni puede negar. En cuyo caso no hay disputa ni cuestión de ninguna especie. Prosigamos aclarando las ideas.

En la Iglesia católica hay la fe, que nos enseña sublimes verdades sobre los destinos del hombre, unas terribles, otras consoladoras; hay la esperanza, que nos levanta en sus alas divinas, y nos lleva hacia las regiones celestiales, inspirándonos fortaleza en las adversidades de un momento que sufrimos sobre la tierra, y comunicándonos una santa moderación en la deleznable fortuna que tal vez nos sonríe, haciendo que la veamos en toda su pequeñez, en toda su volubilidad, cuando la comparamos con el bien eterno e infinito a que debemos aspirar; hay la caridad, que nos hace amar a Dios sobre todas las cosas, inclusos nosotros mismos, que nos hace amar a todos los hombres en Dios y que, por consiguiente, nos inspira el deseo de ser útiles a nuestros semejantes; hay el Evangelio, donde, a más de los preceptos cuyo cumplimiento es necesario para entrar en la vida eterna, se contienen los sublimes consejos de venderlo todo y darlo a los pobres, de llevar una vida casta como los ángeles en el cielo, de despojarse completamente de la propia voluntad, de abrazar la cruz y seguir a Jesucristo sin mirar hacia atrás: hay un espíritu vivificante que ilumina los entendimientos, domina las voluntades, ablanda los corazones, transforma al hombre entero, y le hace capaz de resoluciones heroicas, que ni siquiera podría concebir la humana flaqueza. Todo esto hay en la religión cristiana; y ¿cuál es, cuál debe ser el resultado? Helo aquí: algunos hombres no quieren limitarse al cumplimiento de los mandamientos divinos, y desean tomar por regla de su conducta no solo los preceptos, sino también los consejos del Evangelio. Recordando las palabras de Jesucristo en que recomienda la oración en común, y promete a los que así lo hagan, su asistencia de un modo particular; recordando las augustas costumbres de la primitiva iglesia, en que los fieles vendían sus propiedades y llevaban su precio a los pies de los Apóstoles; recordando lo muy agradable que es a Dios la virtud de la castidad, lo muy acepta que es a Jesucristo la obediencia, pues que él se hizo obediente hasta la muerte, se reúnen para animarse y edificarse recíprocamente; prometen a Dios observar las virtudes de pobreza, castidad y obediencia; ofreciéndole de esta manera en holocausto lo que el hombre tiene de más caro, que es la libertad, y precaviéndose al mismo tiempo contra su propia inconstancia. Los unos se abandonan a las mayores austeridades; otros se entregan a incesante contemplación; otros se dedican a la educación de la niñez; otros a la instrucción de la juventud; otros se consagran al ministerio de la divina palabra; otros al rescate de los cautivos; otros al consuelo y cuidado de los enfermos; y he aquí los institutos religiosos. Sin ellos se concibe la religión; pero ellos son un fruto natural de la religión misma; nacen espontáneamente en el campo de la fe y de la esperanza, bajo el soplo vivificante del amor de Dios. Donde se plantea la religión, allí aparecen; si se los arranca, vuelven a brotar; si se los destroza, sus miembros dispersos sirven de fecunda semilla para que resuciten bajo nuevas formas, igualmente bellas y lozanas.

Ya ve usted, mi apreciado amigo, que, mirada la cosa desde esta altura, desaparecen las cuestiones arriba indicadas. Preguntar si puede haber catolicismo sin comunidades religiosas, es preguntar si donde hay Sol que esparce en todas direcciones el calor y la luz, si donde hay un aire vivificante, si donde hay una tierra feraz regada con abundante lluvia, puede faltar la vegetación; preguntar si las comunidades religiosas pueden morir para siempre, es preguntar si los huracanes transitorios que devastan las campiñas, pueden impedir que la vegetación renazca, que los árboles florezcan de nuevo y produzcan sus frutos; que los campos se cubran de mieses. Así nos lo enseña la historia, así nos lo atestigua la experiencia; querer un catolicismo que no inspire a algunos hombres privilegiados el deseo de abandonarlo todo por amor de Jesucristo, de consagrarse a la meditación de las verdades eternas y al bien de sus semejantes, es querer un catolicismo sin el calor de la vida, es imaginarse un árbol endeble, cuyas raíces no penetran en el corazón de la tierra, y que se seca a los primeros ardores del verano, o es arrancado fácilmente al soplo del aquilón.

Me pregunta usted lo que pienso sobre la utilidad social de las comunidades religiosas, y si creo que bajo este aspecto se les puede otorgar algún porvenir, atendido el espíritu y la marcha de la civilización moderna. Como una carta no permite la amplitud requerida por la inmensa cuestión suscitada con esta pregunta, me limitaré a dos puntos de vista, que espero serán aprovechados por el talento y la ilustración de usted

Bajo el aspecto histórico, se puede establecer, por regla general, que la fundación de los diferentes institutos religiosos, a más de su objeto cristiano y místico, ha tenido otro eminentemente social, y exactamente acomodado a las necesidades de la época. Si se estudia la historia de las comunidades religiosas teniendo presente esta idea, se la encuentra realizada en todos tiempos y países, de una manera asombrosa. El oriente y el occidente, lo antiguo y lo moderno, la vida contemplativa y la activa: todo ofrece abundantes materiales históricos que comprueban la exactitud de la observación; en todas partes se la encuentra verificada con admirable regularidad.

Esto pienso sobre la historia de las comunidades religiosas; no me es posible reproducir en una carta las razones y los hechos en que fundo mi opinión; si tiene usted ocio bastante para dedicarse a esta clase de estudios, abandono con entera seguridad la cuestión al buen juicio de usted. Ahora voy a presentar en breves palabras el otro punto de vista, relativo al porvenir de dichos institutos.

Como nosotros creemos que la Iglesia no perecerá, sino que durará hasta la consumación de los siglos, estamos seguros también de que el divino Espíritu que la anima, no la dejará nunca estéril, y que la hará producir no solo los frutos necesarios para la vida eterna, sino también los que contribuyen a realzar su lozanía y hermosura. Las comunidades religiosas, pues, durarán bajo una u otra forma: ignoramos las modificaciones que ésta podrá sufrir; pero descansamos tranquilos a la sombra de la Providencia.

Tocante a la utilidad social de las comunidades religiosas en el porvenir, la cuestión es para mí muy sencilla. ¿Pueden ser útiles a la civilización moderna grandes ejemplos de moralidad, el espectáculo de virtudes heroicas, de abnegación y desprendimiento sin límites? ¿Tienen las sociedades modernas grandes necesidades que satisfacer? La educación de la infancia, y muy particularmente la de las clases pobres, la organización del trabajo, el espíritu de asociación para el fomento de los grandes intereses procomunales, las casas de expósitos, las penitenciarias, los establecimientos de corrección, y toda clase de instituciones de beneficencia, ¿dejan de ofrecer problemas sumamente complicados, de presentar gravísimas dificultades, de necesitar el auxilio del desprendimiento, del amor de la humanidad desinteresado y ardiente? Ese desinterés, esa abnegación, ese ardiente amor de la humanidad, solo pueden nacer de la caridad cristiana; ésta puede obrar de infinitas maneras; pero el secreto para que su acción sea más bien dirigida, más enérgica, más eficaz, es hacer que se personifique en algunas de esas instituciones que se sobreponen a las afecciones particulares, que viven largos siglos como un grande individuo, en el cual no figuran las personas sino como en el cuerpo humano las moléculas que entran y salen incesantemente en el movimiento de la organización.

Repito que tengo viva esperanza en la utilidad social de las comunidades religiosas. En el porvenir de la civilización moderna se me ofrecen como poderosos elementos de conservación en medio de la destrucción que nos amenaza, como un lenitivo a crueles sufrimientos, como un remedio a males terribles. El egoísmo lo invade todo; y yo no conozco medio más eficaz para neutralizarle, que la caridad cristiana. Los hombres se reúnen para ganar, y también para socorrerse por cálculo; yo deseo que se reúnan, además, para auxiliarse con absoluto desprendimiento del interés propio, ofreciéndose en holocausto por el bien de sus semejantes. Esto hacen las comunidades religiosas; y, por esta razón, me prometo mucho de su influencia en el porvenir del mundo. No pueden ser inútiles mientras haya salvajes y bárbaros que civilizar, ignorantes que instruir, hombres corrompidos que corregir, enfermos que aliviar, infortunados que consolar. De usted afectísimo S. S. Q. B. S. M.

Carta XXIV. La severidad de las comunidades religiosas

Sus razones. Qué es el religioso. Sus peligros. Contraste. Actividad humana. Necesidad de un pábulo. Leyes e instituciones. Su necesidad de preservativos. Gradación de los tránsitos del bien al mal. Ejemplo de la infracción de las leyes. Las formalidades. Las leyes más fuertes no son las más observadas. Sabiduría de los fundadores de los institutos religiosos. Abundancia de ocupaciones y prácticas. Ley de la distribución de fuerzas entre las facultades del alma. Dicho de Chateaubriand sobre San Jerónimo, San Bernardo, Santa Teresa de Jesús.

Mi apreciado amigo: Ha podido usted notar en mi carta anterior que exponía mis ideas con la mayor brevedad posible, y para esto tenía una razón especial, que consistía en el temor de que el asunto se le hiciese pesado; pues que daba yo por cierto que las comunidades religiosas no habrían sido el objeto favorito de los estudios de usted, y que, por consiguiente, solo podría soportar algunas indicaciones rápidas en las que la memoria de los claustros no le hiciese perder el recuerdo del mundo. Ahora veo que su espíritu de usted va tomando una dirección algo más seria; y no cree ya que objetos cuya historia ocupa largos siglos, y que de tal modo se enlazan con el desarrollo social de las naciones modernas, puedan ser conocidos con un estudio superficial, ni deban ser condenados con ocurrencias agudas. Al fin va usted penetrándose de la injusticia y frivolidad del método volteriano, que traduce sus dificultades en sarcasmos, y contesta a las razones más sólidas con una sonrisa burlona. El error es más tolerable cuando va acompañado de cierto amor a la razón y sentimientos de equidad. Mis observaciones sobre las comunidades religiosas le parecen a usted dignas de atención; esto me basta, pues que mi objeto no era otro que excitar la curiosidad de usted por si lograba que algún día estudiase a fondo estas materias con el detenimiento que su gravedad reclama. Mal podía lisonjearme de circunscribir esta cuestión a los reducidos límites de una carta, cuando estoy persuadido de que podría escribirse sobre este punto una interesante obra y de no escasas dimensiones. Como quiera, ya que usted se empeña en continuar discutiendo, no tengo inconveniente en satisfacer sus deseos.

Considera usted los institutos religiosos bajo el aspecto de la severidad, pareciéndole ésta un tanto excesiva, atendida la humana flaqueza; e innecesaria, además, para conseguir el objeto que los fundadores se proponían. Yo tengo sobre este particular convicciones muy diferentes; y para ello me fundo, no precisamente en el respeto debido a la sabiduría y santidad de aquellos ilustres varones, sino en razones nacidas de la naturaleza misma del corazón humano. Voy a exponerlas brevemente.

La vida religiosa aísla en cierto modo de los demás hombres al individuo que la profesa. Con los votos se rompen los lazos que le unen al mundo; la amistad y la familia desaparecen, en cuanto se opongan al objeto del instituto. El religioso es un hombre que, aunque mora sobre la tierra, está enteramente consagrado a las cosas del cielo. La propiedad, ese poderoso vínculo que liga a los individuos y a las familias, que los hace pegar, por decirlo así, a un lugar determinado, como se pega la planta a la tierra de donde recibe su vida, no existe para el religioso; no solo no la tiene, sino que se ha privado de la facultad de tenerla; por amor de Jesucristo, se ha hecho pobre para siempre; se ha condenado a no poseer nada. Con el voto de castidad está privado de la familia; y con la vida común no puede tener aquellas relaciones domésticas que sustituyen en el corazón a las de la familia propia. La obediencia no le permite elegir el lugar de su habitación, ni tampoco entregarse a sus ocupaciones predilectas. Es un hombre excepcional en todo; que en todo se mueve por reglas diferentes de las del común de los hombres.

Este individuo, aislado de esta manera, sin más contacto con el mundo que el que le permiten las prescripciones a que se halla sometido, no deja de ser hombre, no se ha convertido en ángel; tiene sus flaquezas, sus deseos, sus caprichos; abriga un corazón que late, que está sometido a las mismas impresiones que el de los que viven en medio del mundo. Lleno de juventud y de vida, su pensamiento vuela más allá del recinto monástico; su corazón se dilata, necesita satisfacerse con algunos objetos que si no los encuentra en su instituto, irá a buscarlos en otra parte. ¡Desgraciado, si aflojada la severidad de la disciplina religiosa, teniendo un pie en el claustro, pone el otro en los umbrales del mundo; si quiere vivir en dos elementos, a manera de anfibio que tan pronto se sepulta en las inmensidades de un lago, como respira un aire que abrasa, en el ardor de los arenales! Los resultados no pueden menos de ser funestos: se establece una implacable lucha entre las influencias de elementos tan contrarios; el infortunado se halla sometido a la acción de dos fuerzas opuestas; su alma necesita dividirse en dos partes, por decirlo así; su corazón, sujeto a violentas alternativas de expansión y compresión, se rompe y destroza.

Entonces, resulta por necesidad un chocante desacuerdo entre el instituto y la conducta, entre las palabras y las obras: siendo el desorden tanto más monstruoso, cuanto es más vivo el contraste. He aquí una razón profunda de la severidad de los fundadores: he aquí por qué lo que a primera vista pudiera parecer exageradamente riguroso, es altamente cuerdo y previsor. Un hombre sin propiedad, sin familia, sin libertad en sus actos, consagrado por voto a la práctica de las virtudes evangélicas, y que, sin embargo, se olvidase de sus deberes y reuniese en torpe mezcolanza el traje de la austeridad con la relajación del mundo, sería un objeto repugnante.

Ahora bien, en el fondo del alma humana hay un caudal de actividad que se despliega con el ejercicio de diferentes facultades: el entendimiento, la voluntad, la imaginación, el corazón, necesitan pábulos en que cebarse; mientras el hombre vive, sus facultades viven con él; vano empeño sería pretender ahogarlas; lo que conviene es moderarlas, dirigirlas, subordinar a las más nobles, las menos nobles; procurar que la expansión y energía de aquéllas no permitan a éstas traspasar los límites señalados por la razón y la moral. La indulgencia con las malas pasiones, con los instintos peligrosos, lejos de producir el saludable desahogo que usted se promete, levantarían en el corazón movimientos tempestuosos, y acabarían pronto con toda disciplina. La historia de la Iglesia nos ofrece repetidos ejemplos que confirman esta verdad y justifican la previsión de los fundadores de los institutos religiosos. La naturaleza humana es tan débil, son tantos los pliegues de nuestro corazón, son tan varias e ingeniosas las ilusiones con que procuramos engañarnos, que la experiencia atestigua no estar de sobra ninguna precaución cuando se trata de evitar abusos; mayormente, si es preciso extender la vista más allá de la esfera individual y ocuparse en instituciones que han de vivir largos siglos. Esta consideración me lleva naturalmente al examen de lo que usted llama «pequeñeces que se pueden despreciar sin perjuicio de la disciplina».

Todas las leyes, todas las instituciones aplicables a los hombres, necesitan, a más de su constitutivo esencial, fuertes preservativos contra la destructiva acción del tiempo y del contacto humano. El mundo moral, a semejanza del físico, está sujeto a un continuo flujo y reflujo de acción y reacción. A todo lo que debe durar mucho tiempo, no le basta abrigar un poderoso principio de vida que rechace la corrupción y la muerte de las regiones del corazón y de las vísceras indispensables a las principales funciones del organismo; es necesario que los preservativos se hallen a larga distancia del centro de la vida, en todos los puntos de la periferia, como centinelas avanzados que rechazan la corrupción y la muerte, mucho antes que lleguen a entablar su lucha destructora en los puntos más delicados de la organización.

Eche usted una ojeada sobre las leyes sin observancia, sobre las costumbres corrompidas, sobre las instituciones políticas o sociales que han perdido su fuerza; siga usted la historia de la decadencia de las cosas mejores; y notará que en el bien como en el mal hay en el mundo una ley por la cual se hacen los tránsitos de un extremo a otro, no repentinamente, sino por una gradación suave y muchas veces imperceptible.

¿Por qué ha caído en desuso una ley utilísima, hasta el punto de que nadie repara en infringirla abiertamente? ¿Se comenzó por quebrantarla sin rebozo? De ninguna manera. Lo que se hizo fue principiar por el descuido de una formalidad, al parecer de poca importancia: la prescripción de la ley quedaba cumplida; lo que se dejaba sin observancia era una cosa insignificante, puramente reglamentaria, que ni se hallaba en la mente del legislador, ni siquiera formaba parte de la ley. La rendija estaba abierta; el tiempo debía encargarse de ensancharla.

La ley, mientras estaba cubierta por la formalidad llamada insignificante, no se hallaba en contacto inmediato con las resistencias que encontraba en la ejecución. La formalidad era una especie de cuerpo tupido y elástico, que quebrantaba el ímpetu de los choques, y no dejaba que saliesen lastimados los artículos de la ley. La formalidad ha desaparecido; los artículos se hallan descubiertos, desnudos; encontrando una resistencia, ellos tendrán que sufrir el roce o el golpe; y será más fácil que los lastime. Y esa resistencia más o menos fuerte, la encuentra toda ley; porque la ley sería inútil, si no tuviese por objeto el restringir en algo la libertad, el oponerse a fuerzas que quieren extralimitarse.

¿Qué sucede en tal caso? Antes se luchaba con la formalidad, ahora se lucha con el mismo texto de la ley: su letra está terminante; pero su espíritu, cosa de suyo algo vaga, se presta a interpretaciones favorables. El legislador dijo esto; no cabe duda; pero su mente no podía ser tan rígida; las circunstancias han variado notablemente; y, además, el caso de que se trata hic et nunc, es de tal naturaleza, que, si el legislador pudiera ser consultado, se pondría de parte de la interpretación benigna. También se ha de tener presente que el artículo a cuya letra se quiere faltar, es de los menos importantes; si se tratase de alguno fundamental, ya sería otra cosa; entonces se observarían con todo rigor la mente y la letra. La transacción se ha consumado, mi apreciado amigo; el artículo de la ley es quebrantado, la rendija se ha convertido en un anchuroso boquerón: bien pronto entrarán por él cuantos deseen marchar a su objeto por el camino más corto; con el tránsito continuo la abertura se hará más espaciosa, y la ley, sin ser derogada, quedará anulada completamente. La infracción había comenzado por la formalidad insignificante, y el resultado ha sido quedar reducida la pobre ley a una insignificante formalidad; porque tales somos los hombres: cuando hay algo que contraría nuestras pasiones o intereses, atropellamos por todo, rompiendo primero las formas, destruyendo después el fondo más íntimo de los objetos; pero cuando los intereses y las pasiones pueden ya obrar holgadamente, sin encontrar ninguna resistencia, entonces nos acordamos de alguna formalidad inofensiva, la ponemos en práctica, y con la mayor seriedad del mundo nos hacemos la ilusión de que observando la formalidad, observamos todavía la difunta ley.

La historia de la infracción de las leyes es la historia de la corrupción de las costumbres, de la decadencia de las instituciones más robustas, de la degeneración de las cosas más santas. Nuestro corazón es profundamente sagaz; somos más hipócritas con nosotros mismos, que con los otros. Las arterías que empleamos para engañarlos a ellos, no tienen comparación, ni en número ni en calidad, con las que inventamos y practicamos para engañarnos a nosotros mismos.

Toda ley, toda institución, deben estar rodeadas de fuertes preservativos. La habilidad del legislador, del fundador o del institutor, se manifiesta en el modo con que ha sabido tomar las avenidas por donde su obra debía recibir los ataques de las pasiones y flaquezas humanas. Una ley puede ser muy severa, estar acompañada de una sanción terrible, y, sin embargo, no servir para su objeto, y estar segura de ser luego quebrantada; así como otra muy suave en el fondo, puede estar combinada tan sabiamente, rodeada de tan oportunos preservativos, que se estrellen en ellos los ataques más impetuosos, y posea fuerza bastante para triunfar de las mayores resistencias.

A la luz de estas observaciones, comprenderá usted sin dificultad la dilatada previsión encerrada en las minuciosidades que le escandalizan a usted. En general, los fundadores de los institutos religiosos se distinguieron no solo por su santidad, sino por un profundo conocimiento del corazón humano. No pocos, entre ellos, habrían sido excelentes legisladores. Tan distante me hallo de tener por excesivas las precauciones que a usted le parecen tales, que, por el contrario, creo no se los pudiera culpar, y antes bien alabar, si las hubiesen tomado mayores. La acción del tiempo y el fuego de las pasiones humanas ejercen de continuo un roce, destructor, que muchas veces no ha menester choques violentos para acabar con las cosas más robustas. Juzgue usted lo que sucedería, si no se hubiesen tomado a tiempo las precauciones convenientes.

No comprende usted la razón del «cúmulo de obligaciones con que se hallan abrumados algunos institutos religiosos»: siendo ésta una objeción general, solo se le puede contestar con reflexiones generales. Una de éstas, y que me parece decisiva, la tengo ya indicada anteriormente. La actividad, y sobre todo en individuos aislados, necesita un pábulo continuo. La llama de la vida ha de consumir algo; si la dejamos encerrada, ociosa en nuestro interior, nos devora a nosotros mismos. Sin mucha ocupación, sin multiplicadas prácticas, ¿cómo se llena la vida de un solitario?; ¿cómo se evita que se levanten en su corazón formidables borrascas, o que sucumba bajo el peso de un tedio insoportable? Estas consideraciones son bastantes para desvanecer las prevenciones de usted contra lo que apellida «exagerado misticismo de algunos institutos religiosos», pero, como este último punto es de la más alta importancia, quiero someter al buen juicio de usted otras reflexiones, que me parecen dignas de atención.

Es un hecho fundamental, constantemente observado, que, la actividad de nuestras facultades gasta de un fondo común, y que el aumento de fuerza en las unas suele llevar consigo disminución en las otras. No es posible tener en muchos sentidos un mismo grado de actividad; y de aquí ha nacido el proverbio de las escuelas: «pluribus intentus minor est ad singula sensus». Cuando las facultades animales tienen un gran desarrollo, las intelectuales y morales padecen debilidad; y, por el contrario, cuando la parte superior del hombre, el entendimiento y la voluntad, se desenvuelven con grande energía, las pasiones se enflaquecen y pierden su imperio sobre la conducta. Los grandes pensadores se han distinguido, casi siempre, por su alejamiento de los placeres de la vida; y los hombres entregados a la sensualidad, rara vez se distinguen por la elevación de sus pensamientos. Quien está dominado por pasiones brutales, pierde aquella delicadeza de sentimientos que hace percibir inefables bellezas en el orden moral y hasta en el físico; y un continuado ejercicio de sentimientos exquisitos y puros, que saliendo de la esfera de la sensibilidad común, parecen tocar a las regiones de un modo ideal, se opone al desarrollo de las pasiones groseras, que lastiman el alma, arrastrándola por un lodazal inmundo.

Ya habrá usted comprendido a dónde voy a parar con estas observaciones: me propongo nada menos que defender el misticismo en el terreno de la filosofía; y manifestar la utilidad de que se le desenvuelva fuertemente en los institutos religiosos. La imaginación necesita espectáculos en que pueda saborearse; el corazón ha menester de objetos que exciten su amor; si no se le ofrecen en el terreno de la virtud, irá a tomarlos en el del vicio, y la llama no dirigida hacia Dios, se enderezará hacia las criaturas. ¿Le parece a usted que un corazón como el de Santa Teresa de Jesús podía vivir sin amar? Si no se hubiese consumido con la llama purísima del amor divino, se hubiera abrasado con el fuego impuro del amor terreno. En vez de un ángel que excita la admiración de los mismos incrédulos que han leído por casualidad alguna de sus páginas admirables, tal vez hubiéramos tenido que deplorar los extravíos de una mujer peligrosa, trasladando al papel sus pasiones con caracteres de fuego.

Chateaubriand, hablando de San Jerónimo, ha dicho con profunda verdad: «aquella alma de fuego necesitaba de Roma o del desierto». ¡A cuántas y cuántas almas no pudiera aplicarse el pensamiento del ilustre poeta! El gran corazón de San Bernardo, ¿qué hubiera hecho de su sensibilidad, si no hubiese encontrado un inmenso pábulo en las cosas divinas? Aquella actividad inagotable, que atendía a las ocupaciones de religioso, a las de consejero de reyes y papas, y caudillo de un movimiento europeo que lanzaba el occidente sobre el oriente, ¿en qué se hubiera cebado, si desde sus primeros años no hubiese tenido un objeto infinito, Dios?

Hago estas indicaciones con la rapidez que exige la brevedad de una carta; usted podrá fácilmente desenvolverlas, aplicándolas a muchos personajes y a varias situaciones de la historia de la Iglesia en todos los siglos. No todos los hombres son como San Jerónimo y San Bernardo; pero todos necesitan ocuparse y amar. Si no se ocupan bien, se ocupan mal; el ocio no suele ser otra cosa que la práctica del vicio. Si no se ama lo bueno, se ama lo malo; si no arde en nuestro pecho la llama que purifica, arde la llama que afea. Queda de usted su afectísimo y S. S. Q. S. M. B.

J. B.

Carta XXV. El amor de la verdad y la fe

Relaciones entre el entendimiento y el corazón. Objeción del escéptico contra lo extraordinario. No es signo de sabiduría la incredulidad en lo extraordinario. Razón de la credulidad de los grandes pensadores. Incredulidad de los ignorantes. Lo extraordinario en muchas cosas. Origen del lenguaje. Origen del hombre. Origen del mundo. Misterio de la vida. Misterios astronómicos. Por qué los hombres grandes son religiosos. Grandor y misterios de la realidad. Alta filosofía de los católicos.

Mi estimado amigo: No me parece de mal agüero la disposición de ánimo que manifiesta usted en su última apreciada; pues, aunque duda todavía de que la religión cristiana sea verdadera, desearía que lo fuese; es decir, que comienza usted a sentirse inclinado en favor de la religión: cuando se ama un objeto considerado siquiera como puramente ideal, ya no es tan difícil creer en su existencia; de la propia suerte que el odio a una realidad molesta produce deseos de negarla. El fiel que aborrece la verdad religiosa, está ya en el camino de la incredulidad; el incrédulo que la ama, está en el camino de la fe.

Se ha dicho con profunda verdad que nuestras opiniones son hijas de nuestras acciones; esto es, que nuestro entendimiento se pone con mucha frecuencia al servicio del corazón. Conserve usted, pues, mi estimado amigo, esas disposiciones benévolas hacia las verdades religiosas; déjese usted llevar de esa inclinación suave que «en medio del escepticismo le causa con frecuencia la ilusión de que es un verdadero creyente»; ya que ha tenido la fortuna de no dudar de la Providencia, viva usted persuadido de que esta Providencia es quien le conduce: en mano todopoderosa están los entendimientos y los corazones; usted perdió la fe siguiendo las extraviadas inspiraciones de su corazón; Dios quiere volverle a la fe por inspiraciones del mismo corazón. Comience usted por amar las verdades religiosas, y bien pronto acabará por creer en ellas. Solo piden ser vistas de cerca, no ser miradas con aversión; si llegan a ponerse en contacto con una alma sincera, están seguras de triunfar. El divino Espíritu que las anima, les comunica un sano atractivo a que nada resiste, sino los corazones empedernidos.

Al lado de esta disposición de ánimo que me llena de consuelo y esperanza, he visto con alguna extrañeza una de las razones que le impiden salir del escepticismo, y que usted con admirable serenidad apellida muy poderosa. «La regularidad de las leyes que gobiernan al mundo, y que tan visible se nos ofrece en todos los fenómenos sometidos a nuestra experiencia, le inspira a usted una especie de aversión a todo lo extraordinario; haciéndole temer que todo cuanto sale del orden común, aunque sea muy bello y muy sublime, deba limitarse a las regiones de la poesía. Recela usted que haya desacuerdo entre la realidad y esas bellas creaciones de fantasías fecundas y sentimientos sublimes; por más que sea usted amigo de la poesía, no puede resignarse a trocarla por la filosofía, siquiera se presente esta última con traje prosaico.» Tampoco quiero yo cambiar la realidad por ninguna ilusión, aun cuando fuese la más bella que cabe en humana fantasía; también amo la verdad, siquiera se presente con traje prosaico; pero no comprendo que esta verdad haya de encontrarse siempre, como usted indica, «en lo ordinario, en lo común, en lo que no llama la atención con apariencias prodigiosas, ni excita admiración y entusiasmo, pero que en cambio es muy real, muy positivo, y sigue su camino con uniforme regularidad». No tengo inconveniente en que «a los ruidos nocturnos que imaginaciones poéticas o asustadas se complacerían en atribuir a seres misteriosos, prefiera usted encontrarles la causa en el viento, en la lluvia, en el chirrido de aves inocentes, que no esperaban verse trocadas en genios maléficos»; pero cuando, animado con esa filosofía positiva, sale usted al encuentro de los creyentes, y exclama «lo ordinario, lo ordinario, lo demás está poco de acuerdo con el espíritu filosófico»; dudaba si la carta que estaba leyendo era de una persona tan ilustrada como usted, sentía entonces un vivo deseo de vengarme, y espero que podré realizarlo a cumplida satisfacción.

Ante todo séame permitido observar que el no creer en cosas extraordinarias, no siempre es signo seguro de mucha filosofía. Esta incredulidad puede nacer de ignorancia; en cuyo caso, es dura, tenaz, poco menos que invencible. En la conversación con gentes poco instruidas y un tanto orgullosas, se nota este fenómeno de una manera chocante. Como los infelices han oído repetidas veces que en el mundo hay muchos engaños y que se cuentan grandes mentiras, toman esa vulgaridad por un excelente criterio, y le aplican desapiadadamente a cuanto se aparta del orden común. No tengo necesidad de protestar de que en el número de estos ignorantes no cuento a mi ilustrado adversario; pero, como usted insiste tanto en hermanar la filosofía con lo ordinario y lo común, no he podido resistir a la tentación de recordar un hecho, que me ha llamado la atención repetidas veces.

Pascal ha dicho con mucha verdad que hay dos clases de ignorantes: los que lo son completamente, y los que solo pueden llamarse tales, porque, habiendo llegado al más alto grado de sabiduría, tienen un claro conocimiento de su propia ignorancia. Este dicho es aplicable en algún modo a la incredulidad en cosas extraordinarias. Los verdaderos sabios tienen en este punto una incredulidad templada por la razón, y sometida siempre a las condiciones de posibilidad, que les ha enseñado la observación o la luz de la ciencia. En general, puede asegurarse que estos hombres son incrédulos con alguna timidez, y que no pocas veces propenden a creer lo extraordinario. Cuando se penetra en los abismos, tanto del mundo físico, como del intelectual y moral, son tales las profundidades que se descubren, son tantos los misterios que se ven divagar entre las sombras atravesadas con algunas ráfagas de luz, que los grandes pensadores, los que se han acercado al borde de aquellos abismos contemplando sus profundidades insondables, apenas encuentran nada de que se atrevan a decir: esto no ha sido, esto no será, esto es imposible. Semejantes hombres no se espantan de la palabra extraordinario, porque en los fenómenos en apariencia más ordinarios, descubren un conjunto de cosas extraordinarias: o, hablando con más exactitud, un conjunto de cosas tanto más incomprensibles, cuanto son más ordinarias.

La incredulidad de los ignorantes, cuando se trata de cosas extraordinarias, es sumamente curiosa. Si oyen hablar de un fenómeno poco común o de una ley de la naturaleza que ofrezca algo sorprendente, aplican su soberano criterio: «en el mundo hay muchos engaños; a mí no se me hace creer eso»; y menean tontamente la cabeza, con un aire de satisfacción indecible.

Ya ve usted que no soy demasiado indulgente con los enemigos de lo extraordinario; pero, ya que estas observaciones no son aplicables a una persona como usted, voy a entrar en otra clase de consideraciones sobre lo ordinario y extraordinario, sin salir nunca del terreno de los hechos.

Usted no admite que Dios haya hablado al hombre, y prefiere explicar las tradiciones del género humano por el método ordinario de las ilusiones, de las imposturas, de la previsión de los legisladores, de las necesidades sociales, etc., etc. Todo esto es muy ordinario, y por lo mismo le deja a usted muy satisfecho. Ahora bien; ¿quiere usted que yo encuentre en la raíz de esto mismo una cosa muy extraordinaria, que todos los filósofos del mundo no serán capaces de explicarme? Hela aquí. ¿Quién ha enseñado a hablar a los hombres? Hasta el fin del mundo, le doy a usted tiempo para contestarme a la pregunta, si no quiere apelar a medios extraordinarios. No necesito repetir aquí lo que usted sabe tan bien como yo, sobre la opinión de los filósofos más eminentes respecto a la imposibilidad de que los hombres hayan inventado el lenguaje. Tenemos, pues, que el género humano ha recibido este don. ¿De quién? No ciertamente de los seres mudos que le rodean; henos aquí, pues, al hombre comunicándose con un ser superior, y recibiendo de éste la palabra. Esto no es de lo que usted llama ordinario y común; pero, desgraciadamente para los incrédulos, es absolutamente necesario.

Otra cosa extraordinaria. ¿De dónde ha salido el hombre? ¿Admite usted la narración de Moisés? Si la admite, ¿qué dificultad tiene usted en que Dios, que cría al hombre, que le enseña, que le habla una vez, le hable y le enseñe otras muchas? Lo extraordinario no se halla menos en un caso que en otro. Si no admite usted la relación de Moisés, pregunto nuevamente: ¿De dónde ha salido el hombre? ¿De las entrañas de la tierra y repentinamente? He aquí una cosa bien extraordinaria. ¿Por qué, una vez nacido, ha podido propagarse? He aquí otra cosa no menos extraordinaria. ¿Se ha formado por un desarrollo sucesivo, pasando por diferentes grados en el orden animal, de manera que los ascendientes de Bossuet, Newton y Leibnitz sean ilustres monos que a su vez hayan descendido de reptiles terrestres o de monstruos acuátiles, hasta bajar al ínfimo grado de los vivientes? Todas estas cosas creo que no dejarían de ser bastante extraordinarias; y ello es cierto, sin embargo, que es preciso admitir la narración extraordinaria de Moisés u otra semejante, o bien apelar a las apariciones repentinas o a las transformaciones sucesivas, cosas todas muy extraordinarias.

El origen del mundo encierra algo que tampoco puede entrar en el cauce de los acontecimientos ordinarios. Apele usted al sistema que quisiere: a Dios o al caos, a la historia o a la fábula, a la razón o a la fantasía; poco importa para la cuestión presente; el problema del origen de las cosas está aquí: ni la existencia ni el orden de las mismas pueden explicarse sin algo extraordinario.

Hablando ingenuamente, siento verme obligado a emplear esa clase de argumentos para convencer a quien ha estudiado las ciencias naturales. La naturaleza toda ¿qué es si no un inmenso misterio? ¿Ha meditado usted alguna vez sobre la vida? ¿Ha comprendido ningún filósofo en qué consiste esa fuerza mágica, que anda por caminos desconocidos, que obra por medios incomprensibles, que mueve, que agita, que hermosea, que produce dulcísimos placeres y causa tormentos insoportables; que se encuentra en nosotros y fuera de nosotros; que no se halla cuando se la busca; que ocurre cuando no se piensa en ella; que se propaga al través de la corrupción; que se enciende y se apaga sin cesar en innumerables individuos; que revolotea como una llama imperceptible, en las regiones de la atmósfera, en la faz y en las entrañas de la tierra, en la corriente de los ríos, en la superficie y profundidades del océano? ¿No hay aquí un misterio, y un misterio incomprensible? ¿No ve usted aquí, no siente algo que no cabe en esa cosa ordinaria, que usted quiere confundir con la filosofía?

La electricidad, el galvanismo, el magnetismo, ofrecen ciertamente fenómenos extraordinarios. ¿Los negaremos por no comprenderlos? ¿Y nos haremos la ilusión de que los comprendemos, solo porque algunos de sus efectos se ofrecen a nuestros sentidos? Al fijar la consideración en esos arcanos de la naturaleza, ¿no se halla usted poseído de un profundo sentimiento de asombro?; ¿no se ha preguntado usted alguna vez?: ¿qué hay tras de ese velo con que la naturaleza cubre sus secretos?; ¿no ha sentido usted desaparecer esa pequeña filosofía que clama: lo ordinario, lo ordinario?, ¿no ha sentido usted la necesidad de reemplazarla con el pensamiento sublime de que todo es extraordinario? En lugar de ese sentimiento pequeño, que confunde al filósofo con el vulgo, y que le comunica una miserable incredulidad por las cosas extraordinarias, ¿no ha experimentado usted una secreta inclinación a ver en todas partes el sello de lo extraordinario?

En una noche serena, cuando el firmamento se despliega a nuestros ojos como un manto azul tachonado de diamantes, fije usted la vista en aquel sublime espectáculo. ¿Qué hay en aquellas profundidades; qué son aquellos cuerpos luminosos que durante largos siglos brillan en la inmensidad del espacio, y siguen su majestuosa carrera con una regularidad inefable? ¿Quién ha extendido esa faja blanquecina llamada por los astrónomos vía láctea, y que en realidad es una zona inmensa cuajada de cuerpos cuyo volumen y distancias no caben en nuestra imaginación? ¿Qué hay en esos espacios infinitos donde el telescopio descubre cada día nuevos mundos; en esos espacios cuyos umbrales se hallan a una distancia de que no alcanzamos a formarnos idea? Las estrellas más cercanas ofrecen a nuestros ojos, no su situación actual, sino la que tuvieron hace largos años. Unas 55.660 leguas de 20.000 pies recorre la luz cada segundo; y, no obstante, se ha calculado que la más cercana de las estrellas no puede hacer llegar hasta nosotros su rayo luminoso, sino en el término de diez años; ¿qué sucederá con las más distantes? Lo que está sucediendo en las Nebulosas, las revoluciones que se están operando en aquellas profundidades sin fin, ¿no le parece a usted que se explicarían perfectamente con la pequeña fórmula de lo ordinario?

Los hombres más grandes han sido religiosos, y no es de extrañar: en el mundo físico, como en el moral, se encuentran tanto grandor, tan augustas sombras, tanto manantial de elevados pensamientos, de inspiraciones sublimes, que el alma se siente profundamente conmovida, y descubre por todas partes una especie de solemnidad religiosa. La claridad es la excepción, el misterio es la regla; la pequeñez está en alguna que otra apariencia; en el fondo de las cosas hay un grandor que excede toda ponderación. Ese grandor, ese misterio, no los sentimos porque no meditamos; pero, tan pronto como el hombre se concentra y reflexiona sobre ese conjunto de seres en cuya inmensidad se halla sumergido, y piensa en esa llama que siente arder dentro de sí propio, y que es en la escala de los seres como una ligera chispa en un océano de fuego, se siente sobrecogido por un sentimiento profundo, en que el orgullo se mezcla con el abatimiento, el placer con el espanto. ¡Oh!, entonces es bien pequeña esa filosofía que habla de lo ordinario, de lo común, y que tiene un ridículo horror a todo lo que sea extraordinario o misterioso. ¡Pues qué!, ¿todo cuanto nos rodea, todo cuanto existe, todo cuanto vemos, todo cuanto somos, es, por ventura, otra cosa que un conjunto de asombrosos misterios?

Dispénseme usted, mi apreciado amigo, si se me ha ido la pluma, y me he olvidado algún tanto de que lo que escribía era una carta. Sin embargo, no me podrá usted acusar de que me haya lanzado a mundos imaginarios; no he salido de la realidad. Usted me ha provocado inculcándome la necesidad de atenernos a lo ordinario, a lo común, a lo llano, dejándonos de cosas extraordinarias y misteriosas; me he visto precisado a interrogar al universo, no al ideal, no al ficticio, sino al real, al que tenemos a nuestra vista; y no tengo yo la culpa si este universo, si esta realidad es tan grande, tan misteriosa, que no se la pueda contemplar sin un arrebato de entusiasmo.

Déjenos usted creer en cosas extraordinarias; con esto no contradecimos la verdadera filosofía, sino que estamos de acuerdo con sus más altas inspiraciones. El que no crea, el que no esté satisfecho de los motivos de credibilidad que ofrece nuestra religión augusta, opónganos, si quiere, dificultades contra la verdad de nuestras doctrinas; pero guárdese de echarnos en cara la creencia en misterios incomprensibles, y de acusarnos por esto de poca filosofía; porque entonces mejora indudablemente nuestra causa; el incrédulo se confunde con el vulgo; y están de parte del católico los filósofos más eminentes. Queda de usted su afectísimo y S. S. Q. B. S. M.

J. B.

FIN

Libros a la carta

A la carta es un servicio especializado para

empresas,

librerías,

bibliotecas,

editoriales

y centros de enseñanza;

y permite confeccionar libros que, por su formato y concepción, sirven a los propósitos más específicos de estas instituciones.

Las empresas nos encargan ediciones personalizadas para marketing editorial o para regalos institucionales. Y los interesados solicitan, a título personal, ediciones antiguas, o no disponibles en el mercado; y las acompañan con notas y comentarios críticos.

Las ediciones tienen como apoyo un libro de estilo con todo tipo de referencias sobre los criterios de tratamiento tipográfico aplicados a nuestros libros que puede ser consultado en Linkgua-ediciones.com.

Linkgua edita por encargo diferentes versiones de una misma obra con distintos tratamientos ortotipográficos (actualizaciones de carácter divulgativo de un clásico, o versiones estrictamente fieles a la edición original de referencia).

Este servicio de ediciones a la carta le permitirá, si usted se dedica a la enseñanza, tener una forma de hacer pública su interpretación de un texto y, sobre una versión digitalizada «base», usted podrá introducir interpretaciones del texto fuente. Es un tópico que los profesores denuncien en clase los desmanes de una edición, o vayan comentando errores de interpretación de un texto y esta es una solución útil a esa necesidad del mundo académico.

Asimismo publicamos de manera sistemática, en un mismo catálogo, tesis doctorales y actas de congresos académicos, que son distribuidas a través de nuestra Web.

El servicio de «libros a la carta» funciona de dos formas.

1. Tenemos un fondo de libros digitalizados que usted puede personalizar en tiradas de al menos cinco ejemplares. Estas personalizaciones pueden ser de todo tipo: añadir notas de clase para uso de un grupo de estudiantes,

introducir logos corporativos para uso con fines de marketing empresarial, etc. etc.

2. Buscamos libros descatalogados de otras editoriales y los reeditamos en tiradas cortas a petición de un cliente.

www.ingramcontent.com/pod-product-compliance
Lightning Source LLC
Chambersburg PA
CBHW030113260626
47156CB00008B/2636